行政法案例教程

刘启川 主编

东南大学出版社
·南京·

图书在版编目(CIP)数据

行政法案例教程/刘启川主编. —南京:东南大学出版社,2018.12
 ISBN 978-7-5641-8234-2

Ⅰ.①行… Ⅱ.①刘… Ⅲ.行政法-案例-中国-教材 Ⅳ.①D922.105

中国版本图书馆 CIP 数据核字(2019)第 008374 号

行政法案例教程

出版发行:	东南大学出版社
社　　址:	南京四牌楼 2 号　邮编:210096
出 版 人:	江建中
网　　址:	http://www.seupress.com
照　　排:	南京星光测绘科技有限公司
经　　销:	全国各地新华书店
印　　刷:	兴化印刷有限责任公司
开　　本:	787mm×1092mm　1/16
印　　张:	16.25
字　　数:	406 千字
版　　次:	2018 年 12 月第 1 版
印　　次:	2018 年 12 月第 1 次印刷
书　　号:	ISBN 978-7-5641-8234-2
定　　价:	52.00 元

本社图书若有印装质量问题,请直接与营销部联系。电话(传真):025-83791830

编写说明

今年是我从事行政法教学的第四个年头,感触最为深刻是,案例教学对于深度理解和有效掌握行政法制度和理论的重要性。总体而言,案例教学在行政法上的重要性源于以下几个方面:

第一,其他部门法,比如刑法、民法基本上都有统一的法典,这对于系统学习和全面理解相关部门法理论提供有据可循的载体。然而,包括我国在内绝大多数国家尚无行政法典,因此,学习行政法缺乏了如同刑法、民法那般优越的基础条件。可想而知,缺乏了统一的法律规范文本,具有鲜明实践面相的行政法学,如同战场上厮杀的士兵,缺乏攻防和退居的阵地。

第二,从近现代之前的中国法制史被称为中国刑罚史,以及1989年《行政诉讼法》实施之前行政诉讼适用民事诉讼规则的客观历史,都可以轻易地看出,行政法学的制度实践、理论深度和历史广度远逊色于刑法和民法学科。进一步来说,行政法所需要的制度资源仍然较为有限,甚至可以说极为匮乏,这也为以案例理解和发展行政法提供了契机。

第三,基于对国家治理的宏大叙事和社会运转的微观元素的关切,行政法得以在理性上建构而成。这与更多源自于感性世界以及与民众接触更为紧密的民法和刑法大有不同。相较而言,日常生活接触行政法的频次,远远低于民法和刑法,这也导致当下学生普遍对行政法的兴趣度远低于民法和刑法。在行政法教学中,破解这一窘况最为有效的方法非案例教学莫属。

第四,2014年前后,在我国法学界出现了社科法学和法教义学何者为要的学术论战,在这次学术论战中,包括法理学、民法学、刑法学、宪法学等学科的学者踊跃参与其中,遗憾的是,行政法学人在这次论战中意外缺席。在我看来,这和行政法教学中没有有效地把行政法规范、实践案例和行政法理三者融会贯通讲解,而是孤立或者单一地关注三者的某一个方面,尤其是不能在行政法案例中将三者融贯理解,有很大的关系。由此,也一定程度上造成了行政法学人在这次论战中的不自信。

无疑,当前行政法案例教材已经较为丰富,可以说,这对于理解行政法制度已然足量。然后,需要面对的现实是:其一,现有行政法案例教材并没有根据最新案例或规范修订,及时更新;其二,现有教材中,理论、制度、案例三者之间缺乏富有融贯性的深度连接和有力展开。

有鉴于此,我们借鉴《判例刑法教程》(陈兴良主编、江溯副主编,北京大学出版社2015年版)一书的体例,在选定的行政行为模式下,以选取的案例为名,从基本案情、诉讼过程及裁判理由、关联法条、争议问题、简要评论共5个层面展开。在行政行为模式上,我们选择了司法裁判实践中较为集中的行政处罚、行政许可、行政强制、政府信息公开等四类行政行为,这四类行政行为均有实定法的依据,分别以《行政处罚法》《行政许可法》《行政强制法》《政府信息公开条例》为依托,由此确保了行政法教程内容的现实意义和文本基础。

承蒙业师周佑勇教授栽培,使我对行政法有了较为深刻的体悟。感谢师母刘艳红教授的爱护,她建议由我担任《行政法案例教程》一书的主编。这既是一份沉甸甸的重托,又是一项需要持续用力的系统工程。本书是由我确立好章节设置和写作要求后,业师周佑勇教授门下的博士生承担了具体章节的编写事宜,最后由我来统稿。具体章节的分工和完成人信息如下:

第一章　宋姣,东南大学法学院博士研究生;
第二章　刘春,东南大学法学院博士研究生;
第三章　郭跃,东南大学法学院博士研究生;
第四章　翟冬,东南大学法学院博士研究生。

需要指出的是,没有两位老师的大力支持和有力推动,本书不会这么顺利地呈现在读者面前;没有四位博士师弟师妹的卓有成效的工作,本书也不会以如此的高质量面世;还应该感谢的是,没有东南大学出版社刘庆楚编审的严谨细致的工作,本书的纰漏和错讹定会令人讥笑。另外,在本书的统稿过程中,硕士师弟林泽承、陆泉旭协助我完成了本书的文字校正和法条确证工作,在此一并谨致谢忱。

刘启川谨识于东南大学法学院
2018年12月5日

目 录

第一章　行政处罚

案例1-1　莆田市城厢区喜第酒吧诉莆田市城厢区人民政府行政处罚案　/1

案例1-2　厦门加州海岸房地产开发有限公司诉厦门市海沧区城市管理行政执法局行政处罚案　/4

案例1-3　临海市环保部门"责令停止生产或使用"案　/7

案例1-4　吕雪英诉鹤山市环境保护局行政处罚案　/10

案例1-5　镇平县棉花专业合作社诉镇平县规划局行政处罚案　/13

案例1-6　张德清诉密云县公安局行政处罚决定案　/16

案例1-7　应远顺诉中华人民共和国苏州海关行政处罚决定案　/18

案例1-8　安徽省定远县金苹化工有限公司诉绍兴市盐务管理局盐业行政强制案　/21

案例1-9　金忠诉嘉兴市城市管理行政执法局规划行政处罚案　/23

案例1-10　周浩诉嘉善县环境保护局行政处罚案　/25

案例1-11　怀远县金海岸网吧诉怀远县公安局行政处罚案　/28

案例1-12　史小平诉常州市公安局交通警察支队行政处罚案　/31

案例1-13　孙鹏诉广州市公安局交通警察支队东山大队行政处罚案　/33

案例1-14　何道纯诉佛山市顺德区公安局交通警察大队行政处罚案　/35

案例1-15　吴仁水等诉庆元县住房和城乡建设局行政处罚案　/37

案例1-16　曹树凡等诉南宁市国土资源局行政处罚案　/39

案例1-17　郎有林诉民和回族土族自治县人民政府行政处罚案　/42

案例1-18　灯塔市天宝矿业有限公司诉辽阳市国土资源局行政处罚案　/44

案例1-19　周继伟诉郑州市工商行政管理局行政处罚案　/46

案例1-20　游彬诉澜沧拉祜族自治县卫生和计划生育局行政处罚案　/49

案例1-21　江西广大房地产开发有限公司衢州分公司诉衢州市地方税务局稽查局行政处罚案　/ 51

案例1-22　新乡南太行旅游有限公司诉辉县市安全生产监督管理局行政处罚案　/ 53

案例1-23　福建广电网络集团股份有限公司安溪分公司诉泉州市工商行政管理局行政处罚案　/ 56

案例1-24　李新华诉龙岩市司法局行政处罚案　/ 58

案例1-25　利津县水利局诉胡宝良行政处罚案　/ 61

第二章　行政强制

案例2-1　毛锡香诉兴宁市人民政府强制拆迁案　/ 65

案例2-2　刘云务诉山西省太原市公安局交通警察支队晋源一大队道路交通管理行政强制案　/ 68

案例2-3　谭孟权诉儋州市人民政府、儋州市住房和城乡建设局和儋州市城市开发建设总公司行政强制案　/ 72

案例2-4　李海荣诉大庆市萨尔图区城市管理局强制拆除行为案　/ 75

案例2-5　陈显伟诉阳江市公安局森林分局强制措施案　/ 77

案例2-6　孙永生诉通化市公安局二道江区分局治安行政处罚案　/ 80

案例2-7　鑫宏基(福建)投资有限公司诉福州市鼓楼区工商行政管理局行政强制案　/ 83

案例2-8　屠美红诉桐乡市人民政府、桐乡市公安局行政强制案　/ 85

案例2-9　贵溪市承信石膏矿诉贵溪市国土资源局行政强制案　/ 88

案例2-10　武国贵诉孝义市梧桐镇人民政府行政强制案　/ 90

案例2-11　张圣荣、张艳诉南通市通州区公安局行政处罚案　/ 92

案例2-12　林明先、周昕等诉商丘市睢阳区人民政府、商丘市城乡规划局房屋拆迁案　/ 95

案例2-13　汤希开诉福州市公安局台江分局交通巡逻警察大队行政强制措施案　/ 98

案例2-14　镇江市海王星海水晶有限公司诉广西壮族自治区北海盐务管理局行政强制案　/ 100

案例2-15　王震诉合肥市交通运输管理处行政强制案　/ 102

案例2-16　郭邦有诉襄阳市襄州区人民政府强制拆迁案　/ 104

案例2-17 南阳市宛城区昌隆纺织厂诉南阳市宛城区人民政府城市规划管理案 / 107

案例2-18 林凯旋诉湛江市霞山区人民政府、湛江市城市管理行政执法局强制拆除案 / 110

案例2-19 赵永芬诉贵州省毕节市黔西县人民政府规划行政强制执行案 / 112

案例2-20 殷东光诉北京市门头沟区人民政府强制拆迁案 / 115

第三章 行政许可

案例3-1 徐庆发诉桓仁满族自治县城乡规划建设局颁发3号拆迁许可证行为违法案 / 118

案例3-2 胡兆成诉盐城市人民政府行政许可案 / 121

案例3-3 南京宁扬加油站诉江苏省商务厅行政许可案 / 123

案例3-4 汤鹏波等51人诉武义县住房和城乡建设局行政许可案 / 125

案例3-5 潘成友、李吉素诉重庆市黔江区人民政府行政许可案 / 129

案例3-6 张卫斌诉杭州市人民政府行政许可案 / 131

案例3-7 连金兰诉龙海市人民政府行政许可案 / 133

案例3-8 余国郎、付木林诉岳阳开发区管委会等不履行法定职责案 / 136

案例3-9 夏存霞诉南通市规划局、华润置地(南通)有限公司行政许可案 / 139

案例3-10 陈渭庭诉北京市朝阳区房屋管理局行政许可案 / 141

案例3-11 李盛伦诉重庆市江津区中山镇人民政府规划行政许可案 / 143

案例3-12 刘明安诉临颍县政府行政许可信息公开案 / 146

案例3-13 邹积芳(姜积模)诉烟台市住房和城乡建设局拆迁行政许可案 / 148

案例3-14 洋浦交通服务有限公司诉海南省道路运输局行政许可案 / 151

案例3-15 王绍松、刘加波等诉温州经济技术开发区管理委员会行政许可案 / 153

案例3-16 张家界安顺出租车有限公司等诉张家界市道路运输管理局行政许可案 / 156

案例3-17 古洪词诉习水县人民政府撤销行政许可案 / 159

案例3-18 缪春强诉江苏省交通运输厅运输管理局行政许可案 / 163

案例3-19 任福利等诉新乡市城乡规划局行政许可案 / 166

案例3-20 莎乌西娜·达妮娅诉沈阳市铁西区对外贸易经济合作局行政许可案 / 168

第四章　政府信息公开

案例 4-1　A 诉甲政府信息公开案　／172

案例 4-2　柏岳诉济南市市中区教育局政府信息公开案　／175

案例 4-3　中华环保联合会诉贵州省贵阳市修文县环境保护局环境信息公开案　／178

案例 4-4　岳鸿森诉国家食品药品监督管理总局政府信息公开案　／181

案例 4-5　王维诉杭州市西湖区住房和城乡建设局政府信息公开案　／184

案例 4-6　淄博汇源水务设备有限公司诉淄博市国土局不履行政府信息公开法定职责案　／186

案例 4-7　李维玲诉上海市浦东新区建设和交通委员会政府信息公开案　／188

案例 4-8　邹慧楠诉中国证券监督管理委员会政府信息公开案　／191

案例 4-9　北京市丰台区源头爱好者环境研究所诉北京市环境保护局政府信息公开案　／193

案例 4-10　赵正军诉中华人民共和国卫生部政府信息公开案　／195

案例 4-11　黄同振诉阜阳市人民政府信息公开案　／197

案例 4-12　张义诉湖南省教育考试院不履行信息公开法定职责案　／200

案例 4-13　郭卫诉中华人民共和国台州海关政府信息公开案　／202

案例 4-14　郭伙佳诉佛山市南海区国土城建和水务局政府信息公开案　／204

案例 4-15　刘红刚诉济南市人民政府国有资产监督管理委员会政府信息公开案　／206

案例 4-16　夏欣诉国家卫生和计划委员会信息公开上诉案　／208

案例 4-17　衡立忠诉北京市规划委员会行政公开案　／210

案例 4-18　赵青霞诉北京市规划委员会规划管理信息公开案　／213

案例 4-19　钱惊涛诉如皋市人民政府如城街道办事处政府信息公开案　／215

案例 4-20　北京北方国讯通讯有限责任公司诉北京市海淀区人民政府政府信息公开案　／218

案例 4-21　刘华琼诉恩施土家族苗族自治州人民政府、咸丰县人民政府政府信息公开案　／219

案例 4-22　王红玉诉遵化市人民政府信息公开案　／222

案例 4-23　钱海军诉南通市人民政府信息公开案　／224

案例 4-24　彭明全诉内江市住房和城乡建设局政府信息公开案　／226

案例 4-25　陈某某诉上海市某区住房保障和房屋管理局政府信息公开案　/228

案例 4-26　华允鉴诉苏州市规划局政府信息公开案　/231

案例 4-27　王建芬诉无锡市规划局政府信息公开案　/234

案例 4-28　董春梅诉中华人民共和国住房和城乡建设部信息公开案　/236

案例 4-29　深圳市凯铭电气照明有限公司诉广东省人民政府金融工作办公室政府信息公开案　/238

案例 4-30　胡亚芬诉宁波市镇海区征地拆迁管理所、宁波市镇海区人民政府政府信息公开案　/240

案例 4-31　邓某某诉长沙市开福区人民政府信息公开案　/242

案例 4-32　陆红霞诉南通市发展和改革委员会政府信息公开案　/245

案例 4-33　徐永庆等诉天津市滨海新区人民政府大沽街道办事处政府信息公开案　/247

第一章 行政处罚

案例 1-1 莆田市城厢区喜第酒吧诉莆田市城厢区人民政府行政处罚案

一、基本案情

原告莆田市城厢区喜第酒吧位于莆田市城厢区广化路 92 号嘉禾花园一层,该建筑为商住楼,共 26 层,其中 1~3 层为商业用房,4~26 层为住宅用房。原告在经营中产生的噪声严重影响了周围群众的正常休息,以致群众多次投诉、上访。莆田市城厢区环境监测站于 2013 年 4 月 12 日和 13 日,分别对原告的夜间结构传播固定设备室内噪声和夜间边界噪声进行监测,并于 2013 年 4 月 15 日出具监测报告(莆城环测〔2013〕12 号),监测结果显示该酒吧夜间噪声排放超出国家规定标准。2013 年 5 月 13 日,被告莆田市城厢区人民政府根据监测报告的结果,向原告作出《莆田市城厢区人民政府关于对城厢区喜第酒吧噪声实行限期治理的通知》(莆城政〔2013〕82 号),并于 5 月 15 日发出,要求原告在收到通知之日起一个月内治理到位,逾期仍未完成治理任务的,将依法责令停业或关闭。限期治理届满后,莆田市环境监测站于 2013 年 6 月 14 日对原告产生的夜间噪声进监测,并于 2013 年 6 月 18 日出具监测报告(莆环测〔2013〕198 号),监测结果显示该酒吧夜间噪声排放仍超出国家规定标准。2013 年 7 月 29 日,莆田市城厢区环保局就原告的环境噪声污染行为进行立案调查,并于 2013 年 8 月 1 日作出《案件调查终结报告》。2013 年 8 月 8 日,被告作出行政处罚意见告知书(莆城环罚告〔2013〕1 号)和《行政处罚听证告知书》(莆城环听告〔2013〕1 号),向原告告知拟作出行政处罚决定的事实、理由、依据以及进行陈述或申辩、申请听证的权利,并于次日将上述告知书送达该酒吧。2013 年 9 月 6 日,被告根据查明的事实和《中华人民共和国环境噪声污染防治法》的相关规定,对原告作出行政处罚决定书(莆城环罚〔2013〕1 号),责令其关闭。原告于 2013 年 11 月 1 日向莆田市人民政府申请行政复议,莆田市人民政府于 2014 年 1 月 15 日作出莆政行复〔2014〕5 号行政复议决定书,维持了被告莆田市城厢区人民政府作出的莆城环罚〔2013〕1 号行政处罚决定书。因此原告向法院提起行政诉讼,诉称:被告作出责令关闭的行政处罚(莆城环罚〔2013〕1 号)不当,明显违背行政处罚的"处罚与违法行为相适应的原则"和"处罚与教育相结合的原则"。一审法院莆田市中级人民法院对原告诉讼主张不予支持,判决驳回原告莆田市城厢区喜第酒吧要求撤销被告莆田市城厢区人民政府 2013 年 9 月 6 日作出的莆城环罚〔2013〕1 号行政处罚决定书的诉讼请求。原告不服,向福建省高级人民法院提起上诉。

二、诉讼过程

一审法院经审理,查明被告莆田市城厢区人民政府作为环境保护管理法律授权的行政机关,根据原告莆田市城厢区喜第酒吧在限期治理期满后,仍未完成治理任务的事实作出责令关闭的行政处罚决定书(莆城环罚〔2013〕1号),认定事实清楚,适用法律依据正确,程序合法,其作出的处罚适当。虽然被告的工作人员在告知原告自行整改期的最后一天便入场进行噪声污染检测,程序上存在瑕疵,但不影响被告作出的处罚行为的效力。故原告请求撤销被告作出的行政处罚决定书(莆城环罚〔2013〕1号)具体行政行为缺乏事实和法律依据,一审法院不予支持,判决驳回原告莆田市城厢区喜第酒吧要求撤销被告莆田市城厢区人民政府2013年9月6日作出的莆城环罚〔2013〕1号行政处罚决定书的诉讼请求。莆田市城厢区喜第酒吧不服提起上诉,双方当事人并未提交新的证据,二审法院查明,原判认定事实清楚,证据确实充分,审判程序合法,适用法律规范正确,驳回上诉请求。

三、关联法条

《中华人民共和国环境噪声污染防治法》

第五十二条 违反本法第十七条的规定,对经限期治理逾期未完成治理任务的企业事业单位,除依照国家规定加收超标准排污费外,可以根据所造成的危害后果处以罚款,或者责令停业、搬迁、关闭。

前款规定的罚款由环境保护行政主管部门决定。责令停业、搬迁、关闭由县级以上人民政府按照国务院规定的权限决定。

《中华人民共和国行政诉讼法》(1990年施行;新版于2014年、2017年修正)*

第五十四条 第(二)项具体行政行为有下列情形之一的,判决撤销或部分撤销,并可以判决被告重新作出具体行政行为:

1. 主要证据不足的;
2. 适用法律、法规错误的;
3. 违反法定程序的;
4. 超越职权的;
5. 滥用职权的。

第五十四条第(四)项 行政处罚显失公正的,可以判决变更。

---

* 此处适用的法律条文是当时施行的法律条文。现在适用的行政诉讼法,应是2017年最新修正后重新公布的《中华人民共和国行政诉讼法》。全书类似问题,均同一思路,不另注明。

四、争议问题

本案中争议问题为：一是被诉的处罚决定的合法性问题；二是被诉的处罚决定的合理性问题。

五、简要评论

本案的争议焦点在于被诉行政行为是否具有合法性以及被诉行政行为作出的处罚决定是否得当的问题。在行政诉讼中，合法性原则和合理性原则是行政法中评价行政行为的标准。合法性原则是指行为主体、内容、程序和形式合法。行政行为在合法的基础上应做到合理，合理性原则具备以下要件：行政行为必须符合法定的目的、具有正当的动机、必须基于相关的考虑和必须符合公正法则。本案中，首先，根据《中华人民共和国环境噪声污染防治法》第五十二条，"违反本法第十七条的规定，对经限期治理逾期未完成治理任务的企业事业单位，除依照国家规定加收超标准排污费外，可以根据所造成的危害后果处以罚款，或者责令停业、搬迁、关闭。前款规定的罚款由环境保护行政主管部门决定。责令停业、搬迁、关闭由县级以上人民政府按照国务院规定的权限决定"，本案被诉行政行为是责令原告关闭酒吧，被上诉人莆田市城厢区人民政府是环境保护管理法律授权的行政机关，因此是实施本案行政处罚行为的合法主体。其次，根据本条，对经限期治理逾期未完成治理任务的企业事业单位，可以责令停业、搬迁、关闭。2013年5月13日，被告根据监测报告的结果向原告作出《莆田市城厢区人民政府关于对城厢区喜第酒吧噪声实行限期治理的通知》（莆城政〔2013〕82号），并告知于5月15日，要求上诉人应当在收到通知之日起一个月内治理到位。在限期治理即将届满时，2013年6月14日，莆田市环境监测站对其产生的夜间噪声进行监测，监测结果于2013年6月18日出具并显示该酒吧夜间噪声排放仍超出国家规定标准。尽管6月14日仍在上诉人限期整改的一个月期限内，但6月14日距离6月15日已经相当接近，原告此时才向被告提出整改方案，噪声治理需要一定的时间，上诉人提出的整改方案还需进一步实施，可以推知，即使被上诉人于6月15日再来测量噪声污染值，上诉人的酒吧仍然是不达标的。对于上诉人辩称的，因为股东转让，新的股东对酒吧附近环境不熟悉，所以没有来得及治理等理由。但股东转让协议是公司内部协议，不能约束外部，且不知法不是免除法律责任的正当理由。至于上诉人所提出的被上诉人作出的处罚行为证据不足，根据上诉人提交的证据10，"整改前后现场低音炮示意图，证明整改前喜第酒吧低音炮近30个，整改后只保留了3个"，证明其整改力度大，但上诉人提出的证据并不能证明上诉人在规定的整治期限内有进行整改，且保留三个低音炮并没有证明其噪声已经得到治理，因此，被上诉人作出的行政处罚行为尽管存在时间上的瑕疵，但作出的处罚行为事实清楚、适用法律法规正确，且不影响行政行为的最终作出，并非属于《中华人民共和国行政诉讼法》（1990年施行；新版于2014、2017年修正）第五十四条规定的："具体行政行为有下列情形之一的,判决撤销或者部分撤销,并可以判决被告重新作出行政行为:1. 主要证据不足的;2. 适用法律、法规错误的;3. 违反法定程序的;4. 超越职权的;5. 滥用职权的。"因此,被上诉人作出的行政处罚行为不具有可撤销原因。

本案的第二个争议焦点:被诉行政行为的合理性问题。该焦点实际上涉及法院在对行政行为进行审查时,是否可以审查行政行为的合理性的问题。《中华人民共和国行政诉讼法》(1990年施行;新版于2014年、2017年修正)第五十四条第四款规定,"行政处罚显失公正的,可以判决变更"。学理上一般认为本条已经在实质上承认并初步确定了合理性审查原则的必要性。但由于行政管理活动涉及面广,有些方面专业性很强,要处理好,需要有丰富的行政工作经验和专业知识,而人民法院的审判人员不可能具备各方面的专业知识。因此,人民法院审查行政行为的合理性受到一定条件的限制。另外,为了保证行政机关对社会实行有效的管理,需要给行政机关留有一定的自由裁量余地。根据公共利益的需要,行政机关应当享有在一定范围内的自由裁量权,法律不可能也不应对行政活动面面俱到地加以详细规定,只能划定大致的范围,给行政机关留有余地,让其根据具体情况选择适应公共利益需要的措施、方式,法院不应该干预过多。因此在《行政诉讼法》中,法院审查行政行为的合理性,仅限于显失公正的情况,原则上,法院不应对行政行为的合理性进行审查。根据法院审理查明,上诉人在经营中产生的噪声严重影响了周围群众的正常休息,以致群众多次投诉、上访。尽管上诉人提交了一组原告和业主委员会委员、成员和上访户进行沟通座谈的照片,证明上诉人已经与上访人和业主委员会成员就城厢区喜第酒吧噪声扰民问题取得谅解和理解,业主表示不上访,但噪声污染涉及公共利益,并非上诉人私下可以进行和解的,且根据上诉人提供的照片也难以证明双方和解的内容是否具有合法性,其提供的照片恰恰证明了群众多次上访、投诉的事实,且上诉人确属在整改期限内未进行整改,被上诉人在衡量群众利益与原告利益之下,作出责令上诉人关闭酒吧的行政行为,并未违背《中华人民共和国行政诉讼法》(1990年施行;分别于2014年、2017年修订)第五十四条第四款的规定。因此,被上诉人作出的行政处罚行为并无不当,也不存在显失公正的情况,因此法院不对被诉行政行为的合理性进行审查并无不当。

案例1-2 厦门加州海岸房地产开发有限公司诉厦门市海沧区城市管理行政执法局行政处罚案

一、基本案情

原告厦门加州海岸房地产开发有限公司在海沧区滨湖北路与滨湖南路交叉路口建设加州海岸庄园售楼处,该售楼处系为加州海岸庄园销售服务的临时建筑。原告于2005年年底将其建成并投入使用。2009年,建设部门许可原告临时售楼处占用道路至2011年10月7日。2011年9月,原告欲再次申请延长占道期限未获批准。2013年5月

18日,被告厦门市海沧区城市管理行政执法局依法进行立案并开展调查取证,同月25日作出厦海城执罚告字〔2013〕26号告知书,告知拟作出处罚决定书的内容及原告应享有的陈述和申辩的权利。同月31日,原告向被告提交了陈述申辩意见,但未被采纳。2013年6月3日,被告以逾期未拆除临时建筑的违法事实,责令行政管理相对人(即原告)自收到厦海城执拆字〔2013〕8号《责令拆除违法建设决定书》之日起七日内自行拆除上述违法建筑物,恢复地块原貌。逾期不履行该决定的,将依法强制执行。原告在收到被告《处罚决定书》后,向法院诉称:被告作出厦海城执拆字〔2013〕8号《责令拆除违法建设决定书》主体错误,法律适用不当,未充分考虑客观事实,依法应予撤销。

二、诉讼过程

一审法院福建省厦门市海沧区人民法院于2013年10月23日作出的(2013)海行初字第5号行政判决:认为被告对原告作出的责令拆除违法建设的行政行为事实清楚,适用法律正确,程序合法,应予维持。原告要求撤销该决定的诉讼请求理由不成立。维持被告厦门市海沧区城市管理行政执法局作出的厦海城执拆字〔2013〕8号《责令拆除违法建设决定书》。宣判后,原告、被告均未提起上诉,判决已发生法律效力。

三、关联法条

《中华人民共和国行政处罚法》(1996年施行,2009年修正;新版于2017年修正)

第八条 行政处罚的种类:

(一)警告;

(二)罚款;

(三)没收违法所得、没收非法财物;

(四)责令停产停业;

(五)暂扣或者吊销许可、暂扣或者吊销执照;

(六)行政拘留;

(七)法律、行政法规规定的其他行政处罚。

《中华人民共和国城乡规划法》(2008年施行;新版于2015年修正)

第六十六条 建设单位或者个人有下列行为之一的,由所在地城市、县人民政府城乡规划主管部门责令限期拆除,可以并处临时建设工程造价一倍以下的罚款:

(一)未经批准进行临时建设的;

(二)未按照批准内容进行临时建设的;

(三)临时建筑物、构筑物超过批准期限不拆除的。

《厦门市城市规划条例》

第四十四条第二款 临时用地和临时建筑使用年限不得超过二年;确需延期,可以申请延期一次,延长期不得超过二年。临时建筑层数不得超过两层,总高度不得超过七米。

第四十四条第三款 建设单位或个人应当严格按照批准的临时建筑规模、使用期限和使用性质建设和使用,不得改变使用性质或者出租、转让。临时建设使用期满或国家建设需要,建设单位或个人应当负责无偿自行拆除。

第五十七条第二款 使用期满不自行拆除的临时性建筑,由城市管理行政执法部门责令其限期拆除,逾期不拆除的,予以拆除。

四、争议问题

本案中的争议问题为:"责令限期拆除是属于行政处罚决定还是行政强制决定?"被告是否是"责令限期拆除"的适格主体?

五、简要评论

本案的争议问题在于被告厦门市海沧区城市管理行政执法局是否是适格主体?焦点在于"责令限期拆除"是行政处罚还是行政强制?关于"责令限期拆除"的性质,司法实践中存在不同的观点,比如国务院法制办在对四川省法制办《关于"责令限期拆除"是否是行政处罚行为的请示》(川府法〔2000〕68号)作出的答复明确提出:根据《中华人民共和国行政处罚法》(1996年施行,2009年修正;新版于2017年修正)(以下简称《行政处罚法》)第二十三条关于"行政机关实施行政处罚时,应当责令当事人改正或者限期改正违法行为"的规定,《中华人民共和国城乡规划法》(以下简称《城乡规划法》)第六十六条规定的"责令限期拆除",不应当理解为行政处罚行为。但最高人民法院(2013)行监字第279号《驳回再审申请通知书》认为"责令限期拆除"属于"行政决定",该书认为:原审判决认为责令限期拆除通知行为属于行政处罚确属不妥,从而将责令限期拆除通知行为表述为行政决定。对于"责令限期拆除"的性质,其实将其认定为"行政处罚"是具有法律依据的。《行政处罚法》第八条第(七)项规定,"法律、行政法规规定的其他行政处罚"。《城乡规划法》(2008年施行;新版于2015年修正)作为全国人大常委会制定的法律,具有各种设定行政处罚的权限,其在第六十六条中规定:"所在地城市、县人民政府城乡规划主管部门责令限期拆除,可以并处临时建设工程造价一倍以下罚款。"因此可将"责令限期拆除"认定为行政处罚种类之一。另外,还可以通过法条类比得出结论,具体可见《中华人民共和国土地管理法》(以下简称《土地管理法》)第八十三条的规定:"依照本法规定,责令限期拆除在非法占用的土地上新建的建筑物和其他设施的,建设单位或者个人必须立即停止施工,自行拆除;对继续施工的,作出处罚决定的机关有权制止。建设单位或者个人对责令限期拆除的行政处罚决定不服的,可以在接到责令限期拆除决定之日起十五日内,向人民法院起诉;期满不起诉又不自行拆除的,由作出行政处罚决定的机关依法申请人民法院强制执行,费用由违法者承担。"《土地管理法》是由全国人大常委会制定的,效力位阶高于国务院法制办的答复,也高于最高人民法院的效力。因此,从法律规定以及效力位阶上看,"责令限期拆除"属于"行政处罚"。

其次,从学理上看,行政强制措施与行政处罚区别在于:行政强制措施具有非实体性,即程序性、临时性、解除性和期限性,行政强制措施往往是行政处罚的前置程序和阶段,而行政处罚更具有最终性、确定性的特点,并非是临时性限制措施。"责令限期拆除"的法律效果在于要求行为人永久拆除不合法建筑,其决定具有长久性、最终性及确定性的特征,故责令限期拆除更具有行政处罚的特征。

本案的另一焦点问题:城市管理行政执法局是否为适格主体?在作出行政处罚决定时,被告适用的是《厦门市城市规划条例》,《厦门市城市规划条例》是《城乡规划法》的具体规定。该条例第四十四条第二款规定:"临时用地和临时建筑使用年限不得超过二年;确需延期,可以申请延期一次,延长期不得超过二年。临时建筑层数不得超过两层,总高度不得超过七米。"第四十四条第三款规定:"建设单位或个人应当严格按照批准的临时建筑规模、使用期限和使用性质建设和使用,不得改变使用性质或者出租、转让。临时建设使用期满或国家建设需要,建设单位或个人应当负责无偿自行拆除。"该条例第五十七条第二款规定:"使用期满不自行拆除的临时性建筑,由城市管理行政执法部门责令其限期拆除,逾期不拆除的,予以拆除。"又根据国法函〔2002〕226号《关于在福建省厦门市开展相对集中行政处罚权试点工作的通知》及《福建省人民政府关于在厦门市开展相对集中行政处罚权试点工作的函》闽政函〔2002〕22号的有关规定,在厦门市城乡规划管理方面的法律、法规、规章规定的行政处罚已由城市管理行政执法部门行使。故被告职权来源合法,主体适格。

案例1-3 临海市环保部门"责令停止生产或使用"案

一、基本案情

2013年9月29日,临海市环境污染整治工作领导小组办公室(以下简称"整治办")下发临环整办〔2013〕12号《关于要求临海市新华万泰粗纸厂限期停产的通知》(以下简称《通知》),该《通知》称:根据省、台州市关于造纸行业整治提升政策精神和《临海市印染造纸制革化工等行业整治提升方案》(临政办发〔2013〕89号)要求,原告厂属于落后产能淘汰对象,请原告厂在2013年9月30日规定期限内停止造纸生产活动。如逾期继续从事造纸生产活动,将根据《临海市印染造纸制革化工等行业整治提升方案》和相关法律法规规定,通知相关部门依法采取停止供电供水措施。原告罗学飞诉称,2013年9月29日,整治办在未经任何正当程序的情况下发布临环整办〔2013〕12号《通知》,责令原告在2013年9月30日规定期限内停止造纸生产活动。原告认为该《通知》责令限期停产的行为属于《行政处罚法》第八条规定的具体行政行为,但并未依照《行政处罚法》的规定履行立案、调查、取证、事先告知、作出决定等程序,且该具体行政行为依据事实错误、适用法律错误,严重侵犯了原告的合法权益。原告请求撤销被告临海市人民政府设立的整治办在2013年9月29日发布的临环整办〔2013〕12号《关于要求临海市新华万泰粗纸厂限期停产的通知》。

二、诉讼过程

一审法院认为,整治办作出的被诉《通知》系超越职权、适用法律法规错误、程序违法,原告起诉主张撤销被诉《通知》的诉讼请求成立,一审法院予以认定。判决撤销被告临海市人民政府设立的临海市环境污染整治工作领导小组办公室于2013年9月29日作出的临环整办〔2013〕12号《关于要求临海市新华万泰粗纸厂限期停产的通知》。宣判后,原告、被告均未提起上诉,判决已发生法律效力。

三、关联法条

《最高人民法院关于执行〈中华人民共和国行政诉讼法〉若干问题的解释》(1999年,已废止)

第二十条第一款　行政机关组建并赋予行政管理职能但不具有独立承担法律责任能力的机构,以自己的名义作出具体行政行为,当事人不服提起诉讼的,应当以组建该机构的行政机关为被告。

《环境行政处罚办法》

第十条　根据法律、行政法规和部门规章,环境行政处罚的种类有:

(一)警告;

(二)罚款;

(三)责令停产整顿;

(四)责令停产、停业、关闭;

(五)暂扣、吊销许可证或者其他具有许可性质的证件;

(六)没收违法所得、没收非法财物;

(七)行政拘留;

(八)法律、行政法规设定的其他行政处罚种类。

第十四条第一款　县级以上环境保护主管部门在法定职权范围内实施环境行政处罚。

第三十六条　环境保护主管部门可以利用在线监控或者其他技术监控手段收集违法行为证据。经环境保护主管部门认定的有效性数据,可以作为认定违法事实的证据。

《建设项目环境保护管理条例》(1998年施行;新版于2017年修订)

第二十八条　违反本条例规定,建设项目需要配套建设的环境保护设施未建成、未经验收或者验收不合格,主体工程正式投入生产或者使用的,由……环境保护行政主管部门责令停止生产或者使用,可以处10万元以下的罚款。

四、争议问题

本案的争议问题在于被诉"责令停止生产或使用"的行政行为是属于"行政命令"还

是"行政处罚"？被告作出的行政行为是否符合法定程序？

五、简要评论

本案的争议焦点在于临环整办〔2013〕12 号《关于要求临海市新华万泰粗纸厂限期停产的通知》的性质是属于"行政处罚"还是"行政命令"。首先，根据《行政处罚法》（1996 年施行，2009 年修正；新版于 2017 年修正）第八条的规定以及《环境行政处罚办法》第十条的规定"根据法律、行政法规和部门规章，环境行政处罚的种类有：（一）警告；（二）罚款；（三）责令停产整顿；（四）责令停产、停业、关闭；（五）暂扣、吊销许可证或者其他具有许可性质的证件；（六）没收违法所得、没收非法财物；（七）行政拘留；（八）法律、行政法规设定的其他行政处罚种类"，可以看出"责令停产停业"属于环境行政处罚的种类之一。其次，有学者指出，根据《环境行政处罚办法》第十二条规定"根据环境保护法律、行政法规和部门规章，责令改正或者限期改正违法行为的行政命令的具体形式有：（一）责令停止建设；（二）责令停止试生产；（三）责令停止生产或使用；（四）责令限期建设配套设施；（五）责令重新安装使用；（六）责令限期拆除；（七）责令停止违法行为；（八）责令限期治理；（九）法律、法规或者规章设定的责令改正或者限期改正违法行为的行政命令的其他具体形式"，责令停产停业应该属于行政命令。但实际上，行政命令与行政处罚最大的区别在于，行政命令是一种基础性行政行为，其功能在于实现法定义务的直接履行，其实质在于将法定义务具体化、明确化，使得行为人负担一定义务。而行为人负担的义务是其本应当承担的法定义务，行政命令的目的在于使行为人的法定义务得到及时、充分、完整的实现。而行政处罚则属于保障性行政行为，其功能在于调整被破坏的法律关系，其前提通常是行为人对法定义务的违反，时间是在事件发生之后。因此，行政处罚的作用并非是对法定义务而言，且与行政命令相比，行政处罚行为具有惩戒性。在本案中，临海市环境污染整治工作领导小组办公室下发临环整办〔2013〕12 号《关于要求临海市新华万泰粗纸厂限期停产的通知》的前提是行政主体认为原告厂违反了《临海市印染造纸制革化工等行业整治提升方案》（临政办发〔2013〕89 号）的要求。前提是原告违反了先前的义务，整治办下发的通知是为行为人创设了新的义务，而非使行为人的法定义务得以实现，该行为具有惩戒性，因此《通知》是属于行政处罚，而非行政命令。另外，根据《环境行政处罚办法》第三十六条"环境保护主管部门可以利用在线监控或者其他技术监控手段收集违法行为证据。经环境保护主管部门认定的有效性数据，可以作为认定违法事实的证据"以及《建设项目环境保护管理条例》（1998 年施行，新版于 2017 年修订）第二十八条"违反本条例规定，建设项目需要配套建设的环境保护设施未建成、未经验收或者验收不合格，主体工程正式投入生产或者使用的，由审批该建设项目环境影响报告书、环境影响报告表或者环境影响登记表的环境保护行政主管部门责令停止生产或者使用，可以处 10 万元以下的罚款"可以看出，立法是将违反环保办理手续的处罚并列为两种方式：一是责令停止生产或使用，二是罚款。罚款是典型的行政处罚类型，在立法上，只有性质相同的类型才可能并列,因此,被诉的"责令停止生产或使用",应当是行政处罚而非行政命令。

对于行政主体在实施行政处罚行为时应当遵守的程序,根据《行政处罚法》第五章行政处罚的决定可以看出,行政处罚分为两个程序:一是简易程序,二是一般程序。由于本案涉及责令停产停业,不属于简易程序范围,所以应当适用一般程序。一般的行政处罚程序应当包括履行立案、调查、取证、事先告知等法定程序,但被告提供的证据并不能证明其已履行处罚的法定程序,故其程序违法。

最后,整治办作为临海市人民政府设立的机构,不具有对外承担责任的能力。根据《最高人民法院关于执行〈中华人民共和国行政诉讼法〉若干问题的解释》(1999年,已废止)第二十条第一款规定,"行政机关组建并赋予行政管理职能但不具有独立承担法律责任能力的机构,以自己的名义作出具体行政行为,当事人不服提起诉讼的,应当以组建该机构的行政机关为被告",以及《环境行政处罚办法》第十四条的规定,县级以上环境保护主管部门是环境行政处罚的主体。因此,本案中的整治办作出被诉《通知》系超越职权。

综上,整治办作出的被诉《通知》系超越职权、适用法律法规错误、程序违法,原告起诉主张撤销被诉《通知》的诉讼请求成立。

案例1-4 吕雪英诉鹤山市环境保护局行政处罚案

一、基本案情

一审鹤山市人民法院经审理查明:吕雪英从2006年4月开始,在鹤山市古劳镇沿江路11号经营古劳镇海边楼餐厅,从事餐饮生意。2010年4月,鹤山市环保局的执法人员在执行公务中发现,吕雪英的餐厅在经营过程中所产生的餐饮废水没有配套环保治理设施就直接排入西江,产生的油烟、废气经烟囱直接向外排放。鹤山市环保局依法向吕雪英发出《鹤山市环境违法行为改正通知书》,要求吕雪英改正违法行为。同年5月19日,鹤山市环保局对该行为进行跟踪调查,发现该餐厅产生的餐饮废水及生活污水经排入楼底三个化粪池后直接排入西江,且餐饮未能提供环评报建资料及项目竣工验收批复文件。鹤山市环保局认为吕雪英未向其申报进行环境影响评价,在鹤山市古劳镇沿江路11号成立鹤山市古劳镇海边楼餐厅经营中餐制售,建成餐饮场所项目,项目需要配套建设的水污染防治设施未建成、未经验收,主体工程便正式投入使用,违反了《中华人民共和国水污染防治法》(1984年施行,2008年修订;新版于2017年修正)第十七条第一款、第三款、第七十一条的规定。因此,鹤山市环保局于同年7月19日对吕雪英作出《鹤山市环境保护责令停止生产或者使用决定书》,决定对吕雪英经营的鹤山市古劳镇海边楼餐厅场所项目作出责令停止生产或使用的决定,限于接到该决定通知之日起立即执行。吕雪英不服,于同年10月25日向鹤山市人民法院提起行政诉讼,请求撤销鹤山市环保局作出的《鹤山市环境保护责令停止生产或者使用决定书》。但一审法院经过审理,判决维持鹤山市环保局于 2010 年 7 月 19 日作出的鹤环行限〔2010〕第 120 号《鹤山市环境保护责令停止生产或者使用决定书》。吕雪英提出上诉,并认为一审法院对其提出对涉案的《鹤山市环境保护责令停止生产或者使用听证告知书》所附的送达回证中"黄建华"签名进行笔迹鉴定的申请不予批准,存在程序不当。

二、诉讼过程

广东省鹤山市人民法院于 2010 年 12 月 20 日作出〔2010〕鹤法行初字第 9 号行政判决:维持鹤山市环保局于 2010 年 7 月 19 日作出的鹤环行限〔2010〕第 120 号《鹤山市环境保护责令停止生产或者使用决定书》。宣判后,吕雪英提出上诉。二审法院广东省江门市中级人民法院于 2011 年 4 月 18 日作出〔2011〕江中法行终字第 12 号行政判决:驳回上诉、维持原判。

三、关联法条

《中华人民共和国行政诉讼法》(1990 年施行;新版于 2014 年、2017 年修正)

第三十五条 在诉讼过程中,人民法院认为对专门性问题需要鉴定的,应当交由法定鉴定部门鉴定;没有法定鉴定部门的,由人民法院指定的鉴定部门鉴定。

《中华人民共和国行政处罚法》(1996 年施行,2009 年修正;新版于 2017 年修正)

第四十二条 行政机关作出责令停产停业、吊销许可证或者执照、较大数额罚款等行政处罚决定之前,应当告知当事人有要求举行听证的权利;当事人要求听证的,行政机关应当组织听证……

《中华人民共和国水污染防治法》(1984 年施行,2008 年修订;新版于 2017 年修正)

第十七条第一款、第三款 新建、改建、扩建直接或者间接向水体排放污染物的建设项目和其他水上设施,应当依法进行环境影响评价。

建设项目的水污染防治设施,应当与主体工程同时设计、同时施工、同时投入使用。水污染防治设施应当经过环境保护主管部门验收,验收不合格的,该建设项目不得投入生产或者使用。

第七十一条 违反本法规定,建设项目的水污染防治设施未建成、未经验收或者验收不合格,主体工程即投入生产或者使用的,由县级以上人民政府环境保护主管部门责令停止生产或者使用,直至验收合格,处五万元以上五十万元以下的罚款。

四、争议问题

本案的中争议问题为:(1) 鹤山市环保局对吕雪英作出涉案的具体行政行为,是否违反公正、公平、公开原则?(2) 一审法院对吕雪英提出对涉案听证告知书所附的送达回证中"黄建华"签名进行笔迹鉴定的申请不予批准,是否属于程序不当?

五、简要评论

本案的第一个争议焦点,即鹤山市环保局对吕雪英作出的涉案的具体行政行为,是否违反公正、公平、公开原则?上诉人诉称,其自2006年4月27日开始经营鹤山市古劳镇海边楼餐饮至今,从未对水资源和环境造成污染。且在同一西江流域内,从事餐饮业的餐厅有很多间。但鹤山市环保局仅针对吕雪英作出具体行政行为,却没有对其他主体作出行政行为,对吕雪英而言,在执法上,是不公平的,有违行政执法中公正、公平、公开原则。行政法上的公正、公平、公开原则这三项原则是行政法上的三大原则。公正、公平原则是指要平等对待行政相对人,不偏私,不歧视。违反此原则就表现为歧视对待,相同情况,差别对待;不同情况,相同对待。公开原则是指除涉及国家秘密和依法受到保护的商业秘密、个人隐私外,行政机关实施行政管理应当公开,以保障公民的知情权、了解权。本案吕雪英主要认为,鹤山市环保局作出的具体行政行为仅处罚她一家餐厅,而未处罚其他餐厅,违反了公平、公正原则。但根据一审法院查明,鹤山市环保局分别于2010年4月16日和5月19日,先后两次到海边楼餐厅进行现场检查,制作现场检查笔录和拍照,查实了该餐饮场所项目所需配套建设的水污染防治措施未建成或未经验收,主体工程便正式投入生产或使用以及将餐饮废水排入西江等违法事实。并按照法定程序于6月30日向吕雪英送达一份《鹤山市环境保护责令停止生产或者使用听证告知书》,拟对其经营的海边楼餐厅作出停止生产或使用的决定,告知其享有的权利,并于7月19日作出涉案的《鹤山市环境保护责令停止生产或者使用决定书》,于7月23日送达吕雪英。鹤山市环保局对吕雪英作出的行政程序合法,认定事实清楚、证据充分,符合《中华人民共和国行政处罚法》相关规定。吕雪英提出的行政行为违反公平、公正原则,并不影响该具体行政行为的合法性。公平原则中的相同情况,相同对待,不同情况,不同对待,指的是其他餐厅也出现违法事实时,行政主体应当作出相同的行政决定。但在本案中,吕雪英并未提交证据证明其他餐厅存在违法情况,而行政机关给予不同处理结果的事实,且行政行为具有独立性,其他餐厅的违法行为与本案的行政诉讼之间并没有关联关系,因此吕雪英主张鹤山市环保局对其选择性执法的理由不能成立。

第二个争议焦点,即一审法院对吕雪英提出对涉案听证告知书所附的送达回证中"黄建华"签名进行笔迹鉴定的申请不予批准,是否属于程序不当?根据《中华人民共和国行政诉讼法》(1990年施行,新版于2014年、2017年修正)第三十五条规定,在诉讼过程中,人民法院认为对专门性问题需要鉴定的,应当交由法定鉴定部门鉴定;没有法定鉴定部门的,由人民法院指定的鉴定部门鉴定。因此在对专门性问题进行鉴定时,由人民法院根据需要决定是否需要鉴定。在本案中,人民法院判断是否需要鉴定,主要根据两个原则:一是该笔迹的鉴定是否具有合理的必要性,当事人申请鉴定是否有提出相应的证据让人对其真实性产生怀疑;二是在鉴定中也应当符合诉讼经济原则。吕雪英向法院提出笔迹司法鉴定,目的在于查明《鹤山市环境保护责令停止生产或者使用听证告知书》

中签收人"黄建华"签名并非是其员工所为,进而认定被告所作出的具体行政行为违反程序。但吕雪英在提出进行司法鉴定时,并未提供相应的证据证明该签名非黄建华所签。作为餐厅的经营者,吕雪英应该有能力提供黄建华当日的去向,比如事发时,黄建华并未在餐厅,因此不可能签名。但根据原审法院对送达人吕剑斐、李炳贤进行调查取证,证明了当时黄建华当日签收《鹤山市环境保护责令停止生产或者使用听证告知书》的事实。吕雪英仅根据一张书面申请表,且在法院已有证据证明笔迹真实性的情况下申请对笔迹进行司法鉴定,法院可以依据诉讼经济原则驳回吕雪英的申请,避免无故拖延诉讼和增加诉讼费用。因此法院驳回其申请的行为,并无不当。

案例1-5 镇平县棉花专业合作社诉镇平县规划局行政处罚案

一、基本案情

2010年11月17日,镇平县棉花专业合作社与镇平县国土资源局签订《国有土地使用权出让合同》,约定建筑容积率≤2.4。2011年3月1日,镇平县人民政府召开建设用地容积率变更县长办公会,并形成镇政纪〔2011〕5号《建设用地容积率变更管理县长办公会会议纪要》,对单位申请调整容积率经规划审批后办理补缴土地出让金等手续的程序及调整补缴土地出让金计算办法进行了规定。2010年8月3日,镇平县规划委员会以镇规发〔2010〕3号《镇平县规划委员会会议纪要》同意镇平县棉花专业合作社所建的玉都华府项目容积率调整为3.9。2011年4月17日,镇平县规划局对镇平县国土资源局出具镇函〔2011〕29号《函》,同意玉都华府项目设计容积率为3.9。2011年6月15日,镇平县规划局作出《关于对县棉花专业合作社申请的答复》:"玉都华府项目宗地出让容积率≤2.4,设计容积率3.9。"2011年12月12日,镇平县规划局为镇平县棉花专业合作社颁发了建字第2011110号"建设工程规划许可证",准许其建设玉都华府1#楼26层、13327平方米。2013年7月18日,镇平县规划局作出〔2013〕镇规案立字第013号"立案审批表",决定对原告玉都华府1#楼立案查处,当日对原告1#楼制作《现场检查笔录》《勘验笔录》,认定:"原告1#楼主体26层,顶层局部跃层,总建筑面积为13821.47平方米,规划审批26层,面积为13327平方米,超出494.47平方米。"该两笔录只有检查人员签名,没有被检查(勘验)单位人员或见证人签名或盖章。原告诉称,被告作出的行政处罚行为事实不清、证据不足,违反法定程序,请求依法撤销被告作出的行政处罚决定书。一审法院经过审查认为,被告对原告作出的〔2013〕镇规罚字第013号行政处罚决定,主要事实不清、证据不足,且违反法定程序,依法应予撤销。被告不服,提起上诉。

二、诉讼过程

一审法院河南省信阳市中级人民法院作出的(2014)信行初字第3号行政判决:认为被告对原告作出的〔2013〕镇规罚字第013号行政处罚决定,主要事实不清、证据不足,且违反法定程序,依法应予撤销。撤销被告镇平县规划局 2013 年 8 月 6 日对原告镇平县棉花专业合作社作出的〔2013〕镇规罚字第 013 号行政处罚决定。镇平县规划局不服,提起上诉,二审法院审理后判决驳回一审被告上诉,维持原判。

三、关联法条

《中华人民共和国行政诉讼法》(1990 年施行;新版于 2014 年、2017 年修正)

第五条　人民法院审理行政案件,对行政行为是否合法进行审查。

《中华人民共和国城乡规划法》(2008 年施行;新版于 2015 年修正)

第六十四条　未取得建设工程规划许可证或者未按照建设工程规划许可证的规定进行建设的,由县级以上地方人民政府城乡规划主管部门责令停止建设;尚可采取改正措施消除对规划实施的影响的,限期改正,处建设工程造价百分之五以上百分之十以下的罚款;无法采取措施消除影响的,限期拆除,不能拆除的,没收实物或者违法收入,可以并处建设工程造价百分之十以下的罚款。

《最高人民法院关于行政诉讼证据若干问题的规定》

第十五条　根据行政诉讼法第三十一条第一款第(七)项的内容,被告向人民法院提供的现场笔录,应当载明时间、地点和事件等内容,并由执法人员和当事人签名。当事人拒绝签名或者不能签名的,应当注明原因。有其他人在现场的,可由其他人签名。法律、法规和规章对现场笔录的制作形式另有规定的,从其规定。

第五十四条第(二)项　具体行政行为有下列情形之一的,判决撤销或者部分撤销,并可以判决被告重新作出具体行政行为:

1. 主要证据不足的;
2. 适用法律、法规错误的;
3. 违反法定程序的;
4. 超越职权的;
5. 滥用职权的。

四、争议问题

被告对原告作出的行政处罚是否事实清楚、证据充分、程序合法?

五、简要评论

本案的争议问题在于被告对原告作出的行政处罚是否事实清楚、证据充分、程序合法?焦点在于行政行为的合法要件。根据《中华人民共和国行政诉讼法》(1989 年,已废止)(以下简称《行政诉讼法》)第五条的规定,人民法院审理行政案件,对具体行政行为是否合法进行审查。按照学理分析,行政行为分为具体行政行为和抽象行政行为,两者合法要件存在区别。具体行政行为是指行政主体对特定的、具体事件所做的能直接改变被管理者权利与义务的行为,特点在于对象的特定化与具体化,行政强制、行政处罚等都属于具体行政行为,本案属于行政处罚,因此本案的行政行为属于具体行政行为。根据我国行政诉讼法和行政复议法,判断具体行政行为合法性的基本标准是:(1)行使行政职权的主体合法;(2)合乎法定职权范围;(3)作出的具体行政行为事实清楚、证据确凿;(4)适用法律法规正确;(5)符合法定程序;(6)不滥用职权。行政机关采取的具体行政行为,符合以上条件就是合法的,若违反其中一个要件,就构成违法,将被撤销、变更。具体行政行为合法要件第一项、第二项及第四项关于主体是否合法、是否合乎法定职权范围以及法律法规是否适用正确。根据《中华人民共和国城乡规划法》第六十四条规定:未取得建设工程规划许可证或者未按照建设工程规划许可证的规定进行建设的,由县级以上地方人民政府城乡规划主管部门责令停止建设;尚可采取改正措施消除对规划实施的影响的,限期改正,处建设工程造价百分之五以上百分之十以下的罚款;无法采取措施消除影响的,限期拆除,不能拆除的,没收实物或者违法收入,可以并处建设工程造价百分之十以下的罚款。镇平县规划局是辖区内的规划主管部门,有权依法对违反规划的行为进行处罚,因此本案中,镇平县规划局是行使职权的合法主体,作出的行政处罚决定在其法定职权范围内,且适用法律正确。

具体行政行为是否合法,另一方面则是要判断作出的具体行政行为是否事实清楚、证据确凿?事实清楚指的是被告依法作出行政处罚行为所依据的事实,本案中,镇平县规划局作出行政处罚,依据的是经现场检查、勘验后查明的原告违反法律规定的事实。根据建设部《建筑工程建筑面积计算规范》3.0.1规定:单层建筑物高度在2.20米及以上者应计算全面积;高度不足2.20米者应计算1/2面积。利用坡屋顶内空间时净高超过2.10米的部位应计算全面积;净高在1.20米至2.10米的部位应计算1/2面积;净高不足1.20米的部位不应计算面积。其3.0.13规定:建筑物顶部有围护结构的楼梯间、水箱间、电梯机房等,层高在2.20米及以上者应计算全面积;层高不足2.20米者应计算1/2面积。但在镇平县规划局提供的证据里,并没有出现测量跃层建筑物的高度超出许可面积的高度的相关证据。镇平县规划局不测量建筑物高度,仅测量平面面积便推定涉案建筑物应计算全部平面面积,可以认定镇平县规划局作出的行政处罚决定事实不清、证据不足。

最后,关于具体行政行为程序合法性问题。根据《行政诉讼法》(1990年施行;新版于2014年、2017年修正)第三十一条第一款第(七)项规定的勘验笔录和现场笔录这一证据形式,《最高人民法院关于行政诉讼证据若干问题的规定》第十五条,镇平县规划局向人民法院提供的现场笔录,应当载明时间、地点和事件等内容,并由执法人员和当事人签名。当事人拒绝签名或者不能签名的,应当注明原因。有其他人在现场的,可由其他人签名。法律、法规和规章对现场笔录的制作形式另有规定的,从其规定。《现场检查笔录》并没有被检查单位相关人员签名或盖章,《勘验笔录》也没有被勘验单位相关人员或应邀参加人或见证人签名或盖章,属于形式程序上的违法,即行政法律行为的作出应当采取某种法定形式而未采取或采取了法律禁止的形式。

根据《行政诉讼法》(1990年施行;新版于2014年、2017年修正)第五十四条第(二)项规定:具体行政行为有下列情形之一的,判决撤销或者部分撤销,并可以判决被告重新作出具体行政行为:1.主要证据不足的;2.适用法律、法规错误的;3.违反法定程序的;4.超越职权的;5.滥用职权的。综上,镇平县规划局对原告镇平县棉花专业合作社作出的行政处罚决定主要事实不清、证据不足,且违反法定程序,依法应予撤销。

案例1-6 张德清诉密云县公安局行政处罚决定案

一、基本案情

2013年4月7日19时许,在密云县巨各庄镇金山子村,原告张德清与第三人赵江波发生争执后双方互殴。被告密云县公安局受理案件后,进行了调查取证,履行了调解、告知等义务。2013年5月3日,北京市密云县公安司法鉴定中心作出京密公司鉴(临床)字〔2013〕第280号法医学人体损伤程度鉴定书,鉴定意见为:张德清身体所受损伤程度属轻微伤(偏重)。

2013年6月4日,被告密云县公安局对赵江波作出京公密行罚决字〔2013〕000330号行政处罚决定。密云县公安局根据《中华人民共和国治安管理处罚法》第四十三条第一款之规定,决定给予赵江波行政拘留6日并处200元罚款的处罚。

原告张德清不服上述行政处罚决定,于2013年7月8日向密云县人民政府申请行政复议。密云县人民政府于2013年8月22日作出密政复决字〔2013〕6号行政复议决定,维持了被告密云县公安局作出的京公密行罚决字〔2013〕000330号行政处罚决定。

原告张德清诉称:2013年4月7日,我无故被赵江波打伤。经法医鉴定,我身体所受损伤程度为轻微伤(偏重)。我伤病在身,不可能与赵江波互殴,京公密行罚决字〔2013〕000330号行政处罚决定认定的事实与实际不符。

原告张德清于2013年9月2日向北京市密云县人民法院提起行政诉讼,请求撤销被告密云县公安局于2013年6月4日作出的京公密行罚决字〔2013〕000330号行政处罚决定,并责令被告重新调查作出认定。

二、诉讼过程

一审法院认为密云县公安局作出的行政处罚决定认定事实清楚,适用法律正确,程序并无不当,判决驳回张德清诉讼请求。

张德清不服提起上诉,二审法院经审查后认定:张德清的上诉请求和理由没有相应的事实根据和法律依据,因此判决驳回上诉,维持一审判决。

三、关联法条

《中华人民共和国治安管理处罚法》

第二条 扰乱公共秩序,妨害公共安全,侵犯人身权利、财产权利,妨害社会管理,具有社会危害性,依照《中华人民共和国刑法》的规定构成犯罪的,依法追究刑事责任;尚不够刑事处罚的,由公安机关依照本法给予治安管理处罚。

第四十三条 殴打他人的,或者故意伤害他人身体的,处五日以上十日以下拘留,并处二百元以上五百元以下罚款;情节较轻的,处五日以下拘留或者五百元以下罚款。

有下列情形之一的,处十日以上十五日以下拘留,并处五百元以上一千元以下罚款:

(一)结伙殴打、伤害他人的;

(二)殴打、伤害残疾人、孕妇、不满十四周岁的人或者六十周岁以上的人的;

(三)多次殴打、伤害他人或者一次殴打、伤害多人的。

第九十一条 治安管理处罚由县级以上人民政府公安机关决定;其中警告、五百元以下的罚款可以由公安派出所决定。

四、争议问题

本案中争议问题为:密云县公安局是否有权作出行政处罚决定?密云县公安局作出行政处罚决定的程序是否合法?

五、简要评论

在本案中,原告张德清、第三人赵江波以及其他相关人员经过公安机关的调查询问/讯问,可以确定案件的事实即张德清和赵江波因栽树问题发生了口角,而后赵江波将张德清打伤。京密公司鉴(临床)字〔2013〕第280号法医学人体损伤程度鉴定书,证明张德清的伤情经北京市密云县公安司法鉴定中心鉴定为轻微伤(偏重)。依照《中华人民共和国刑法》的规定,赵江波的行为并未构成犯罪。依照《中华人民共和国治安管理处罚法》(以下简称《治安管理处罚法》)第二条,赵江波的行为侵犯了张德清的人身权利,但尚不够刑事处罚,因此由公安机关依照法律给予治安管理处罚。依照《治安管理处罚法》第九十一条,治安管理处罚由县级以上人民政府公安机关决定。因此,北京市密云县公安局对赵江波侵害张德清人身权利致使张德清身体受到轻微伤(偏重)的行为有权依据《治安管理处罚法》对其作出相应的处罚。综上所述,密云县公安局有权对赵江波作出行政处罚决定。

2013年4月7日,赵江波和张德清因栽树问题发生口角,后赵江波将张德清打伤。密云县公安局在法定期限内依照法定程序对赵江波、张德清发生口角和双方的互殴过程进行了询问/讯问并做了询问/讯问笔录,并且对该事件相关人员孙桂山、张进明、张春顺分别进行了询问/讯问并做了询问/讯问笔录。由询问/讯问笔录可以证实,赵江波和张德清发生了互殴的过程。密云县公安局在作出行政处罚决定前对事件的双方当事人履行了告知义务并做了调解工作,但两次调解均未成功。此外,京密公司鉴(临床)字〔2013〕第280号法医学人体损伤程度鉴定书,证明张德清的伤情经北京市密云县公安司法鉴定中心鉴定为轻微伤(偏重)。密云县公安局同时向法院提供了受案登记表、受案回执、传唤证2份、呈请延长办案时间审批表、行政处罚告知笔录、京公密行罚决字〔2013〕000330号行政处罚决定书、拘留通知家属材料、执行回执、送达回执、到案经过材料,均证明其做出的京公密行罚决字〔2013〕000330号行政处罚决定的程序合法。2013年6月4日,被告密云县公安局对赵江波作出京公密行罚决字〔2013〕000330号行政处罚决定。密云县公安局根据《中华人民共和国治安管理处罚法》第四十三条第一款之规定,决定给予赵江波行政拘留6日并处200元罚款的处罚。该决定建立在合法的鉴定意见基础之上,依据《治安管理处罚法》第四十三条做出了合法合理的处罚,密云县公安局适用法律正确。综上所述,密云县公安局对赵江波作出的行政处罚决定事实清楚、证据确凿、适用依据正确、处罚适当,符合法定程序。

基于以上理由,对本案而言,原告张德清所持起诉理由缺乏事实根据和法律依据,被告密云县公安局针对第三人赵江波作出的行政处罚决定事实清楚、证据确凿、适用依据正确、处罚适当,符合法定程序。

案例1-7 应远顺诉中华人民共和国苏州海关行政处罚决定案

一、基本案情

2010年1月14日,应远顺从日本大阪邮局寄出路单号为CC311231706JP的邮包,申报品名为"衣服、书"。2010年2月5日,经苏州海关查验,邮包内另有6个光盘包,共计装有光盘303张。

苏州海关缉私分局委托苏州市公安局金阊分局对涉案邮包中的303张光盘进行鉴定。苏州市公安局金阊分局作出苏公(金)鉴字〔2010〕第002号淫秽物品审查鉴定书(以下简称"〔2010〕第002号鉴定书"),认定上述303张光盘中名称为《大感谢祭》《穗花》等130张自行记录DVD光盘均系淫秽物品。

2011年5月24日,苏州海关向应远顺送达了行政处罚告知单。2011年5月26日,应远顺向苏州海关提出书面申请,表示同意适用《中华人民共和国海关行政处罚实施条例》第二十条规定的处罚,但认为罚款人民币1万元无事实依据和法律依据,故向苏州海关申请进行听证。2011年6月30日,苏州海关举行了听证。2011年9月5日,苏州海关作出苏关缉查字〔2011〕3号行政处罚决定书。

应远顺不服该行政处罚决定,向法院提起诉讼。

二、诉讼过程

一审法院认为苏州海关对应远顺的违法行为作出苏关缉查字〔2011〕3号行政处罚

决定认定事实清楚,适用法律正确,程序合法,判决驳回应远顺诉讼请求。

应远顺不服,提起上诉,二审法院经审查后认定:上诉人应远顺的上诉理由依法不能成立,本院不予采纳。原审判决认定事实清楚,适用法律正确,审判程序合法,判决驳回上诉,维持原判。

三、关联法条

《中华人民共和国海关法》(2000年施行;后于2013年、2016年、2017年修正)

第八十二条第一款第(一)项　违反本法及有关法律、行政法规,逃避海关监管,偷逃应纳税款,逃避国家有关进出境的禁止性或者限制性管理,有下列情形之一的,是走私行为:

(一)运输、携带、邮寄国家禁止或者限制进出境货物、物品或者依法应当缴纳税款的货物、物品进出境的。

《中华人民共和国海关行政处罚实施条例》

第二条　依法不追究刑事责任的走私行为和违反海关监管规定的行为,以及法律、行政法规规定由海关实施行政处罚的行为的处理,适用本实施条例。

第七条第(二)项　违反海关法及其他有关法律、行政法规,逃避海关监管,偷逃应纳税款、逃避国家有关进出境的禁止性或者限制性管理,有下列情形之一的,是走私行为:

(二)经过设立海关的地点,以藏匿、伪装、瞒报、伪报或者其他方式逃避海关监管,运输、携带、邮寄国家禁止或者限制进出境的货物、物品或者依法应当缴纳税款的货物、物品进出境的。

第九条第(一)项　有本实施条例第七条、第八条所列行为之一的,依照下列规定处罚:

(一)走私国家禁止进出口的货物的,没收走私货物及违法所得,可以并处100万元以下罚款;走私国家禁止进出境的物品的,没收走私物品及违法所得,可以并处10万元以下罚款。

第二十条　运输、携带、邮寄国家禁止进出境的物品进出境,未向海关申报但没有以藏匿、伪装等方式逃避海关监管的,予以没收,或者责令退回,或者在海关监管下予以销毁或者进行技术处理。

四、争议问题

本案中争议问题为:应远顺邮寄的光盘是否属于淫秽物品?苏州海关销毁淫秽物品并处罚款的决定是否合法适当?

五、简要评论

本案中,经苏州海关查验,应远顺邮寄的邮包内除了申报的"衣服、书"以外,另有6个光盘包,共计装有光盘303张。二审中,应远顺上诉称,其邮寄的光盘不属淫秽物品,苏州市公安局金阊分局作出的〔2010〕第002号鉴定书错误。

在查获邮包内的光盘后,苏州海关缉私分局委托苏州市公安局金阊分局对涉案邮包中的303张光盘进行了鉴定。苏州市公安局金阊分局作出苏公(金)鉴字〔2010〕第002号淫秽物品审查鉴定书,认定上述303张光盘中名称为《大感谢祭》《穗花》等130张自行记录DVD光盘均系淫秽物品。2010年6月13日,苏州海关将鉴定结论告知应远顺,应远顺表示"以上鉴定结论我已看过,无异议。不再申请补充鉴定或重新鉴定"。〔2010〕第002号鉴定书的鉴定主体是苏州市公安局金阊分局,具备法定鉴定资格;该鉴定书依据合法,鉴定结论具体明确。苏州海关将鉴定结论告知应远顺,应远顺明确表示对鉴定结论无异议,不申请重新鉴定。原审法院和二审法院在庭审中,均当庭对苏州海关提交的鉴定结论原件进行了审查、核实。经质证,确认该鉴定结论鉴定主体资格合法,所作结论具体明确。因此,苏州海关依据该鉴定结论作出苏关缉查字〔2011〕3号行政处罚决定并无不当。

综上所述,应远顺邮寄的光盘确属于淫秽物品。依照《中华人民共和国海关行政处罚实施条例》第二条、第七条第(二)项的规定,应远顺在明知淫秽光盘属于国家禁止进出境物品的情况下,故意隐瞒邮包中含有淫秽光盘的客观事实,以瞒报的方式将淫秽光盘邮寄进境,已构成走私行为。由于应远顺并非出于传播或牟利的目的,尚不构成犯罪,应当依照《中华人民共和国海关行政处罚实施条例》由苏州海关作出行政处罚。

本案中,2011年5月24日,苏州海关向应远顺送达了行政处罚告知单。2011年5月26日,应远顺向苏州海关提出书面申请,表示同意适用《中华人民共和国海关行政处罚实施条例》第二十条规定的处罚,但认为罚款人民币1万元无事实依据和法律依据,故向苏州海关申请进行听证。

2011年6月30日,苏州海关举行了听证。2011年9月5日,苏州海关作出苏关缉查字〔2011〕3号行政处罚决定书。苏州海关就行政处罚决定的内容向应远顺进行告知,并依应远顺申请于2011年6月30日依法举行公开听证,后作出苏关缉查字〔2011〕3号行政处罚决定并向应远顺进行送达。由于淫秽物品属于我国禁止进出境的物品,苏州海关对该130张光盘予以没收,苏州市公安局金阊分局于2011年3月3日将光盘进行销毁。

根据《中华人民共和国海关法》(2000年施行;后于2013年、2016年、2017年修正)第八十二条第(一)项的规定,应远顺的行为已构成走私行为。而且该走私行为具有以"藏匿、伪装等方式逃避海关监管"的性质,不应适用《中华人民共和国海关行政处罚实施条例》第二十条的规定。苏州海关根据《中华人民共和国海关行政处罚实施条例》第九条第(一)项"走私国家禁止进出境的物品的,没收走私物品及违法所得,可以并处10万元以下罚款"的规定,考虑到应远顺尚不具有牟利或者传播的目的,决定没收应远顺走私进境的淫秽光盘130张,从轻并处罚款人民币1万元并无不当。

综上所述,苏州海关销毁淫秽物品并处罚款的决定适用法律正确,程序合法,并无不当。

案例 1-8　安徽省定远县金苹化工有限公司诉绍兴市盐务管理局盐业行政强制案

一、基本案情

2006年3月19日,原告安徽省定远县金苹化工有限公司将23吨"印染助剂"从江苏省淮安市运销至绍兴市福全镇富强村第二印染厂。被告绍兴市盐务管理局接举报,查获正在该厂卸货的上述"印染助剂",并以原告涉嫌销售可疑盐产品为由,对该批盐产品进行了证据登记保存。当日,被告即依法对上述"印染助剂"抽样,并委托浙江省盐务管理局盐业产品质量检测中心进行检验。同月21日,该中心出具浙盐质(委)2006年第24号检验报告,判定送检的样品为不合格的工业盐。

2006年3月24日,绍兴市盐务管理局以安徽省定远县金苹化工有限公司未经批准,擅自向绍兴市福全镇富强村第二印染厂销售其他用盐的行为涉嫌违反了《浙江省盐业管理条例》(1999年施行;后于2009年、2012年、2014年、2016年分别修正)第二十四条规定为由,根据《盐业行政执法办法》第二十四条之规定作出了(浙绍)盐政扣〔06〕第0303号"盐政执法查封、扣押物品通知书",对先行登记保存的23吨其他用盐予以了查封、扣押。

原告安徽省定远县金苹化工有限公司不服该行政处罚决定,向法院提起诉讼。

二、诉讼过程

一审法院认为被告绍兴市盐务管理局对查获的不合格的工业盐实施的查封、扣押行为认定事实清楚,适用法律正确,程序合法,判决驳回原告安徽省定远县金苹化工有限公司的诉讼请求。

原告安徽省定远县金苹化工有限公司不服提起上诉,二审法院经审查后认定:上诉人安徽省定远县金苹化工有限公司的上诉理由不能成立,本院不予采纳。原审判决认定事实清楚,适用法律正确,审判程序合法,判决驳回上诉,维持原判。

三、关联法条

《盐业行政执法办法》

第二十四条　在盐业违法案件当事人有隐匿、销毁证据可能的情况下,对违法物品,盐政执法机构可予以先行封存、扣押,并向当事人出具封存、扣押通知书。

《浙江省盐业管理条例》(1999年施行,后于2009年、2012年、2014年、2016年分别修正)

第二条　本条例适用于在本省行政区域内从事的盐资源开发、利用和盐产品生产、加工、购销、储运等活动。

第二十四条　食盐、其他用盐从省外调入或调供省外及其进出口业务,由省盐业主管机构统一管理。未经省盐业主管机构批准,任何单位和个人不得向省外购销食盐、其他用盐。

第二十五条 食盐运输实行准运证制度。调拨到省外的食盐的运输,应当持有国务院盐业主管机构核发的准运证。省内跨市(地)、县(市、区)调拨的食盐、其他用盐的运输,应当持有省盐业主管机构或市(地)盐业主管机构核发的准运证。

四、争议问题

本案中争议问题为:原告所运销的产品是属于印染助剂还是工业盐?鉴定结论是否正确?其他用盐在浙江省销售是否需要经过行政许可?被告绍兴市盐务管理局实施行政强制措施进行查封、扣押的程序是否合法?

五、简要评论

本案中,原告安徽省定远县金苹化工有限公司提出其运销的产品属印染助剂而非工业用盐。根据浙江省盐务管理局盐业产品质量检测中心的检验,判定送检的样品为不合格的工业盐。2006年3月21日,浙江省盐务管理局盐业产品质量检测中心出具浙盐质(委)2006年第24号检验报告,判定送检的样品为不合格的工业盐。中华人民共和国国家标准《制盐工业术语》(GB/T 19420—2003)第3.1.7和3.1.7.4规定,工业盐是指供各类工业使用的盐,其他工业用盐是指供轻工、纺织、冶金、机械、化工等行业使用的盐。《关于进一步规范和加强其他用盐管理的通知》第一条明确规定:根据《浙江省盐业管理条例》的立法精神,参照其他省、市(区)盐业法规对盐产品的定量界定,我省各级盐业主管机构应当认定氯化钠含量达到50%以上的产品即属于盐产品,统一纳入全省盐的分配调拨计划和盐业市场监管。本案中,涉案物品氯化钠含量达到80%以上,且供纺织行业使用,应属于其他工业用盐。

本案中,原告安徽省定远县金苹化工有限公司提出鉴定机构浙江省盐务管理局盐业产品质量检测中心是浙江省盐务管理局的内设机构,与被告存在利害关系,其作出的鉴定结论有失公正性,况且检测结果明显不对。浙盐质(委)2006年第24号检验报告是由浙江省盐务管理局盐业产品质量检测中心按照国家规定的标准,对涉案盐产品作出的检验结论,该检验结论是盐业主管机构认定涉案盐产品是否属于不合格工业盐的有效依据。从鉴定主体、鉴定程序、鉴定结论和鉴定人来看,并不违法。因此,鉴定结论符合法律的规定。

本案中,原告安徽省定远县金苹化工有限公司认为相关法律并未规定其他用盐须经审批。依照《浙江省盐业管理条例》(1999年施行;后于2009年、2012年、2014年、2016年分别修正)第二十四条规定:"食盐、其他用盐从省外调入或调供省外及其进出口业务,由省盐业主管机构统一管理。未经省盐业主管机构批准,任何单位和个人不得向省外购销食盐、其他用盐。"结合《浙江省盐业管理条例》第二条规定:本条例适用于在本省行政区域内从事的盐资源开发、利用和盐产品生产、加工、购销、储运等活动。因此,在浙江省内从事盐产品购销活动,标的物在浙江省内的,应当经过省盐业主管机构批准。综上所述,其他用盐在浙江省销售需要经过省盐业主管机构的批准。

本案中,原告安徽省定远县金苹化工有限公司提出其收到被告扣押通知书和清单时,货物已被查扣数天,这种先扣押后告知的行政行为违反法定程序。绍兴市盐务管理局采取扣押措施是建立在登记保存的基础上,而登记保存时物品经当事人和相关人员签名确认,在登记保存时与扣押时的物品未发生变化的情况下,绍兴市盐务管理局采取扣押措施的当天将扣押通知书和清单邮寄给安徽省定远县金苹化工有限公司,其扣押行为不违反有关法律、法规的规定。

案例1-9 金忠诉嘉兴市城市管理行政执法局规划行政处罚案

一、基本案情

1993年5月12日,嘉兴市城区乡镇企业局作出批复,同意嘉兴市南湖区南湖街道八字桥经济合作社(以下简称"八字桥合作社")建立嘉兴市城南加油站。该加油站属八字桥村办企业,经营柴油、汽油、润滑油的零售、服务,地址为南湖乡七号桥十二组。1998年,该加油站取得划拨土地2081.8平方米。

1997年9月8日,八字桥合作社与嘉兴市东方石化销售公司签订《租赁协议》,将加油站租赁给嘉兴市东方石化销售公司,租赁期限5年(自1997年9月15日至2002年9月15日)。

2000年3月30日,金忠以嘉兴市新丰镇竹林加油站名义与八字桥合作社签订《租赁协议书》一份,八字桥合作社同意将加油站租赁给金忠经营,租赁期限自2003年1月1日至2022年12月31日。租赁费每年8万元,其中与嘉兴市东方石化销售公司租赁协议自2002年9月16日结束后到2002年12月31日的3个半月时间,为停止重建加油站的补偿期,不计租赁费。2000年上半年,金忠考虑到该加油站日后由其经营,遂重建3间营业用房,改建了加油大棚。2004年4月30日,金忠将该加油站转租给中国石油天然气股份有限公司上海销售分公司,转租后加油站更名为城兴加油站。

2008年3月3日,嘉兴市城市管理行政执法局(以下简称"嘉兴市执法局")接到举报后派员到现场查勘,因当事人未能出具城市规划行政主管部门的相关批准手续,遂于当日立案。立案后,嘉兴市执法局进行了现场勘查、调查询问,并发函咨询嘉兴市规划与建设局,取得了对加油站建筑物违法性质的确认。2008年4月14日,嘉兴市执法局出具嘉开执法罚字〔2008〕2-003号行政处罚告知书,拟对金忠作出限期拆除违法建设的建筑物的处罚,并送达金忠。同年5月4日,嘉兴市执法局作出嘉开执法罚字〔2008〕2-003号行政处罚决定书,对金忠作出限期十五日内自行拆除违法建筑物的行政处罚决定。5月23日,金忠因不服该处罚决定,向嘉兴市人民政府申请行政复议。

7月14日,嘉兴市人民政府作出嘉政复决字〔2008〕03号行政复议决定书,维持嘉兴市执法局的处罚决定。

原告金忠不服该行政处罚决定,向法院提起诉讼。

二、诉讼过程

一审法院认为被告嘉兴市执法局认定事实清楚,适用法律正确,程序合法,判决驳回原告金忠的诉讼请求,维持嘉兴市执法局作出嘉开执法罚字〔2008〕2-003号行政处罚决定书的具体行政行为。

原告金忠不服提起上诉,二审法院经审查后认定:嘉兴市执法局对金忠作出的嘉开执法罚字〔2008〕2-003号行政处罚决定,主要证据不足,适用法律错误,依法应予撤销。原审判决维持该具体行政行为不当,应予纠正。金忠提出的部分上诉理由成立。判决撤销嘉兴市南湖区人民法院(2008)南行初字第20号行政判决;撤销嘉兴市城市管理行政执法局于2008年5月4日作出的嘉开执法罚字〔2008〕2-003号行政处罚决定。

三、关联法条

《中华人民共和国行政处罚法》(1996年施行;新版于2009年、2017年修正)

第十六条 国务院或者经国务院授权的省、自治区、直辖市人民政府可以决定一个行政机关行使有关行政机关的行政处罚权,但限制人身自由的行政处罚权只能由公安机关行使。

第二十九条 违法行为在二年内未被发现的,不再给予行政处罚。法律另有规定的除外。

前款规定的期限,从违法行为发生之日起计算;违法行为有连续或者继续状态的,从行为终了之日起计算。

《中华人民共和国城乡规划法》(2008年施行,2015年修正)

第六十四条 未取得建设工程规划许可证或者未按照建设工程规划许可证的规定进行建设的,由县级以上地方人民政府城乡规划主管部门责令停止建设;尚可采取改正措施消除对规划实施的影响的,限期改正,处建设工程造价百分之五以上百分之十以下的罚款;无法采取改正措施消除影响的,限期拆除,不能拆除的,没收实物或者违法收入,可以并处建设工程造价百分之十以下的罚款。

四、争议问题

本案中争议问题为:被告嘉兴市执法局所作的行政处罚决定证据是否确凿?嘉兴市执法局是否可以依据《城乡规划法》作出行政处罚决定?

五、简要评论

本案中,原告金忠提出原判对嘉兴市执法局职权的论述,实质上认定了其只有相对集中行使处罚权的权力,没有认定违法行为的权力。根据《中华人民共和国行政处罚法》《国务院关于进一步推进相对集中行政处罚权工作的决定》的有关规定,行政处罚权与行政许可权是由不同的行政机关行使的,嘉兴市执法局不具备认定行为违法的权力。

被告嘉兴市执法局所作的处罚决定书中引用的"经嘉兴市规划与建设局确认,当事人(即金忠)建设的建筑物属严重违反城市规划的违法建筑"的内容,其来源于其他行政机关依嘉兴市执法局《技术鉴定联系函》的要求,以工作联系函的形式所回复的一个内部书面意见。该书面意见的性质仅是两个行政机关之间因工作关系需要发送的内部文书,对金忠不发生法律效力,并非是影响当事人权利义务的具体行政行为。虽然嘉兴市执法局在行政处罚告知书中已将上述其他行政机关的内部确认意见告知了金忠,但由于确认主体不是嘉兴市执法局,又是通过内部形式完成的,金忠无法就此问题行使抗辩权与行政、司法救济权。因此,对金忠所建建筑物的违法事实确认并非是一个生效的具体行政行为,嘉兴市执法局据此作出处罚决定不当;由于是其他行政机关对金忠的违法建筑性质予以确认,嘉兴市执法局在诉讼中也未提供证明违法建筑的证据,故本案主要证据不足,不足以证明金忠建设的建筑物确属严重违反城市规划的违法建筑。

本案中,原告金忠提出行政处罚决定适用《城乡规划法》第六十四条违背法理。金忠一直认为自己和出租人未申办建设工程许可是错误的,也向嘉兴市规划与建设局和出租人要求补办批准手续,但均未得到答复。如果说是违法建筑,其并非违反了《城乡规划法》,而是违反当时的建筑法。法无明文规定者,无溯及既往的法律效力。根据《行政处罚法》第二十九条第二款的规定,违法行为有连续或者继续状态的,从行为终了之日起计算。金忠未经审批的建设行为已于 2000 年上半年就已完成,而《城乡规划法》于 2008 年 1 月 1 日起施行,故嘉兴市执法局依据该法对金忠作出的行政处罚决定违背了法不溯及既往的法律适用原则。因此,嘉兴市执法局所作行政处罚决定适用法律错误。

案例 1-10　周浩诉嘉善县环境保护局行政处罚案

一、基本案情

2009 年 5 月 5 日,原告周浩取得个体工商户营业执照,在嘉善县干窑镇黎明村北环桥 107 号经营加工小木板、拼板(临时个体工商户营业执照注册号:330421630033840,未登记字号,有效期自 2009 年 5 月 5 日至 2010 年 4 月 30 日,对外自称"嘉善浩天拼板厂"),自 5 月份投入生产。该项目未经环境影响评价审批,项目建成后也未申请环境保护设施竣工验收。

2009 年 6 月 19 日,嘉善县环境保护局魏塘环境保护所向原告周浩下达了限期改正通知书,要求其于 2009 年 6 月 30 日前完成环保审批手续,但其逾期仍未办理环境影响评价审批。

2009 年 10 月 30 日,被告嘉善县环境保护局(以下简称"嘉善环保局")作出善环罚字〔2009〕146 号行政处罚决定,责令中板项目停止生产,罚款人民币二万元。

原告周浩不服,申请行政复议,复议机关嘉善县人民政府于 2010 年 3 月 12 日作出善政复决字〔2010〕3 号行政复议决定,认为该行政处罚决定认定事实清楚、适用依据正确,但量罚明显不当,决定撤销该处罚决定,并责令嘉善环保局在 30 日内重新作出具体行政行为。

2010 年 5 月 4 日,被告嘉善环保局作出被诉的善环罚字〔2010〕21 号行政处罚决定(以下简称"21 号处罚决定"),内容为:"责令中板项目停止生产、罚款人民币五万五千元。"周浩申请行政复议,经复议维持后在法定期限内提起本案诉讼。

2010 年 9 月 20 日,原告周浩个体工商户营业执照被嘉善县工商行政管理局核准注销。

原告周浩不服被告嘉善环保局作出的"21 号处罚决定",向法院提起诉讼,请求撤销嘉善环保局于 2010 年 5 月 4 日作出的"21 号处罚决定"。

二、诉讼过程

一审法院认为嘉善环保局作出的行政处罚决定认定事实清楚,适用法律正确,程序并无不当,判决驳回周浩的诉讼请求。

周浩不服提起上诉,二审法院经审查后认定:嘉善环保局所作被诉"21 号处罚决定",程序违法,罚款五万五千元的决定内容,不符合法律、法规的规定,属适用法律、法规错误,依法应予撤销。

三、关联法条

《中华人民共和国环境影响评价法》(2003 年施行;新版于 2016 年修正)

第十六条 国家根据建设项目对环境的影响程度,对建设项目的环境影响评价实行分类管理。

建设单位应当按照下列规定组织编制环境影响报告书、环境影响报告表或者填报环境影响登记表(以下统称环境影响评价文件):

(一)可能造成重大环境影响的,应当编制环境影响报告书,对产生的环境影响进行全面评价;

(二)可能造成轻度环境影响的,应当编制环境影响报告表,对产生的环境影响进行分析或者专项评价;

(三)对环境影响很小、不需要进行环境影响评价的,应当填报环境影响登记表。

建设项目的环境影响评价分类管理名录,由国务院环境保护行政主管部门制定并公布。

第三十一条 建设单位未依法报批建设项目环境影响评价文件，或者未依照本法第二十四条的规定重新报批或者报请重新审核环境影响评价文件，擅自开工建设的，由有权审批该项目环境影响评价文件的环境保护行政主管部门责令停止建设，限期补办手续；逾期不补办手续的，可以处五万元以上二十万元以下的罚款，对建设单位直接负责的主管人员和其他直接责任人员，依法给予行政处分。

建设项目环境影响评价文件未经批准或者未经原审批部门重新审核同意，建设单位擅自开工建设的，由有权审批该项目环境影响评价文件的环境保护行政主管部门责令停止建设，可以处五万元以上二十万元以下的罚款，对建设单位直接负责的主管人员和其他直接责任人员，依法给予行政处分。

海洋工程建设项目的建设单位有前两款所列违法行为的，依照《中华人民共和国海洋环境保护法》的规定处罚。

《建设项目环境保护管理条例》（1998年施行；新版于2017年修订）

第二十八条 违反本条例规定，建设项目需要配套建设的环境保护设施未建成、未经验收或者经验收不合格，主体工程正式投入生产或者使用的，由审批该建设项目环境影响报告书、环境影响报告表或者环境影响登记表的环境保护行政主管部门责令停止生产或者使用，可以处10万元以下的罚款。

四、争议问题

本案中争议问题为：原告周浩是否为被处罚人？嘉善环保局所作的"21号处罚决定"处罚程序是否合法？嘉善环保局所作的罚款的处罚决定是否符合法律、法规的规定？

五、简要评论

本案中，周浩提出其个体工商户营业执照于2010年4月30日有效期届满，在2010年4月25日已被注销。嘉善环保局于2010年5月4日对周浩作出处罚，是对不可能"存在未经环评审批、且未按规定进行环保验收的环境违法行为"的公民的处罚，认定被处罚主体错误。周浩在二审庭审时陈述称骆国伟于2010年4月26日在其原经营地址取得了个体工商户营业执照，故据此推断其个体工商户营业执照已于2010年4月25日被注销。这一观点不能成立，经营期限届满与营业执照被注销系两个不同的概念，况且，周浩的个体工商户营业执照何时被注销，并不影响其作为行政处罚的相对人。周浩作为未起字号的个体工商户，在营业执照有效期内经营加工中板的项目未经环境影响评价审批，项目建成后也未申请环境保护设施竣工验收即投入生产，嘉善环保局以周浩为环境违法行为人而作出行政处罚，认定被处罚人主体正确。

本案中，原告周浩所经营的位于干窑镇黎明村北环桥107号的"嘉善浩天拼板厂"中板项目未经环保审批，且未按规定进行环保验收，于2009年5月投产的事实，有周浩于

2009年8月19日在现场检查(勘察)笔录上的签字确认及在8月20日的调查询问笔录中的陈述为证。被诉的"21号处罚决定"认定原告周浩经营中板项目未经环保审批,且未按规定进行环保验收,于2009年5月投产。该处罚决定认定事实清楚,但是在作出行政处罚前的告知程序、听证程序以及"21号处罚决定"中均未明确告知系分别适用《中华人民共和国环境影响评价法》(以下简称《环境影响评价法》)、《建设项目环境保护管理条例》的规定作出的相应的罚款处罚。根据《环境影响评价法》(2003年施行,新版于2016年修正)第三十一条的规定,环境保护行政主管部门责令建设单位停止建设。本案中,派出机构魏塘环境保护所在被诉的"21号处罚决定"作出前以自己的名义向周浩发出《环境违法行为限期改正通知书》,超越职权,违反了上述规定。因此,嘉善环保局所作的"21号处罚决定"程序违法。

本案中,被诉的"21号处罚决定"查明的周浩经营中板项目"未经环保审批,且未按规定进行环保验收",系两个不同的违法行为,分别违反了国家强制规定的建设项目环境保护的"环评"制度和"三同时"制度,应当分别引用不同的法律条款,分别适用不同的处罚种类作出行政处罚。全国人大常委会法制工作委员会2007年3月21日作出《关于建设项目环境管理有关法律适用问题的答复意见》(法工委复〔2007〕2号)批复国家环保总局:"关于建设单位未依法报批建设项目环境影响评价文件却已建成建设项目,同时该建设项目需要配套建设的环境保护设施未建成、未经验收或者经验收不合格,主体工程正式投入生产或者使用的,应当分别依照《中华人民共和国环境影响评价法》(2003年施行;新版于2016年修正)第三十一条、《建设项目环境保护管理条例》(1998年施行;新版于2017年修订)第二十八条的规定作出相应处罚。"被诉的"21号处罚决定"中责令周浩经营的中板项目停止生产,符合《建设项目环境保护管理条例》(1998年施行;新版于2017年修订)第二十八条的规定。但"罚款人民币五万五千元"的决定内容,只是一个笼统的罚款数额,没有区分系适用上述法律、法规的规定分别作出的罚款处罚,属适用法律、法规不正确。且嘉善环保局在处罚前的告知程序和听证程序中也未明确告知周浩将适用上述法律、法规的规定分别给予相应的罚款。

案例1-11　怀远县金海岸网吧诉怀远县公安局行政处罚案

一、基本案情

2016年1月26日,被告怀远县公安局组织派出机构永平派出所的民警对其所在辖区内网吧进行检查。在检查过程中,民警发现原告怀远县金海岸网吧存在未按规定核对、登记上网消费者有效身份证的情形。原告的经营场所在被告检查时共有72名上网消费者,原告的管理人员对其中的10名上网消费者未进行核对、登记有效身份证件。2016年2月26日,被告怀远县公安局向原告进行处罚前告知,并于2016年3月4日对其作出行政处罚决定,决定给予原告怀远县金海岸网吧警告并处罚款5 000元的处罚。

原告以被告作出的行政处罚违法为由,诉至法院,请求法院撤销该行政处罚决定。

二、诉讼过程

一审法院认为,被告怀远县公安局作出的行政处罚决定,认定事实清楚,证据确实充分,适用法律正确,程序合法,驳回了原告的诉讼请求;原告怀远县金海岸网吧不服提起上诉,并以不存在违法事实,被告处罚违法为由,要求改判并支持其诉讼请求。二审法院经审查后认定:被告对原告的日常检查符合法律、法规的规定,作出行政处罚的程序合法,一审认定事实清楚,适用法律正确,审理程序合法。因此判决驳回上诉,维持原判。

三、关联法条

《互联网上网服务营业场所管理条例》

第二十三条　互联网上网服务营业场所经营单位应当对上网消费者的身份证等有效证件进行核对、登记,并记录有关上网消息。登记内容和记录备份保存时间不得少于60日,并在文化行政部门、公安机关依法查询时予以提供。登记内容和记录备份在保存期内不得修改或者删除。

《互联网上网服务营业场所管理条例》

第三十一条　互联网上网服务营业场所经营单位违反本条例的规定,有下列行为之一的,由文化行政部门给予警告,可以并处 15 000 元以下的罚款;情节严重的,责令停业整顿,直至吊销《网络文化经营许可证》:

（一）在规定的营业时间以外营业的;
（二）接纳未成年人进入营业场所的;
（三）经营非网络游戏的;
（四）擅自停止实施经营管理技术措施的;
（五）未悬挂《网络文化经营许可证》或者未成年人禁入标志的。

《侵害消费者权益行为处罚办法》

第十一条第一款　经营者收集、使用消费者个人信息,应当遵循合法、正当、必要的原则,明示收集、使用信息的目的、方式和范围,并经消费者同意。经营者不得有下列行为:

（一）未经消费者同意,收集、使用消费者个人信息;
（二）泄露、出售或者非法向他人提供所收集的消费者个人信息;
（三）未经消费者同意或者请求,或者消费者明确表示拒绝,向其发送商业性信息。

四、争议问题

本案中的争议问题为:原告怀远县金海岸网吧是否存在"未按规定核对、登记上网消费者有效身份证件"的违法事实?被告怀远县公安局对网吧的日常监督检查和行政处罚行为是否合法?

五、简要评论

在本案中,对于第一个争议点,原告怀远县金海岸网吧认为,网吧经营者与上网消费者属于两个平等主体,法律未赋予网吧经营者强制核对、登记上网消费者个人信息的权力,上网消费者的个人信息受法律保护,根据《侵害消费者权益行为处罚办法》的相关规定,未经消费者同意,非法收集消费者受法律保护的个人信息,侵犯消费者权益。且核对、登记行为是双方行为,非网吧经营者的单方行为,若消费者的行为合法,相应地,经营者之行为也不违法,不应受行政处罚。原告指出,个别上网消费者身份证信息登记不规范属于正常范围,不构成企业违规,因而原告不存在"未按规定核对、登记上网消费者有效身份证件"的违法事实。

既然原告提到了《侵害消费者权益行为处罚办法》,我们来看看其具体规定,也就是第十一条:"经营者收集、使用消费者个人信息,应当遵循合法、正当、必要的原则,明示收集、使用信息的目的、方式和范围,并经消费者同意。经营者不得有下列行为:(一)未经消费者同意,收集、使用消费者个人信息……"这一条确实规定,非法收集消费者受法律保护的个人信息,属于侵犯消费者权益。但必须指出的是,第十一条的目的是为了保护消费者的个人信息不被非法收集和使用,其具体的措施则是加重经营者在交易过程中的责任。而且,该条还规定了收集、使用消费者个人信息的原则,即遵循合法、正当、必要的原则。根据《互联网上网服务营业场所管理条例》的相关规定,上网消费者负有实名登记上网的义务,互联网上网服务营业场所经营单位也负有对上网消费者的身份证等有效证件进行核对、登记,并记录有关上网消息的义务。所以,原告的"核对、登记行为是双方行为,非网吧经营者的单方行为,若消费者的行为合法,相应地,经营者之行为也不违法"之说,于法无据。此外,原告的经营场所在被告检查时共有72名上网消费者,原告的管理人员对其中的10名上网消费者未进行核对、登记有效身份证件,72名上网消费者中有10名未核对、登记,显然不是个别情况,也不属于正常范围。因此,原告怀远县金海岸网吧"未按规定核对、登记上网消费者有效身份证件"的违法事实清楚。

对于第二个争议点,依据《互联网上网服务营业场所管理条例》第二十三条,互联网上网服务营业场所经营单位也负有对上网消费者的身份证等有效证件进行核对、登记、记录有关上网消息,并配合文化行政部门和公安机关检查的义务,显然怀远县公安局是有权对原告进行日常检查的。并且,《互联网上网服务营业场所管理条例》第三十一条,对互联网上网服务营业场所经营单位违反本条例的规定,公安机关可以依职权处以15 000元以下的罚款,所以被告怀远县公安局对原告处以5 000元罚款是合法的。另外,被告还向原告进行处罚前告知,处罚程序不存在瑕疵。

网吧上网需要实名登记,这是网吧的义务,也是上网消费者的义务。但是现实生活中,"网吧为了私利,不履行登记核对义务,还引诱未成年人上网",这样的新闻屡见不鲜。

因此,加大对上网服务营业场所的监管,不但有利于规范网络秩序,预防犯罪,而且有利于保护未成年人的身心健康。

案例 1‑12　史小平诉常州市公安局交通警察支队行政处罚案

一、基本案情

原告史小平系某驾校的机动车驾驶培训教练员,持有 A2 型机动车驾驶证和机动车驾驶培训教练员证。2015 年 9 月 17 日,史小平驾驶苏 D×××××学的教练车,在接受被告溧阳市公安局交通警察大队杨庄中队的例行检查时,被检测出饮酒驾驶。原告对检测结果无异议并签字确认,在接受询问时承认其确实饮酒。2015 年 10 月 22 日,溧阳市公安局交通警察大队告知原告拟作出 5 000 元罚款,吊销机动车驾驶证,五年内不得重新取得机动车驾驶证的行政处罚决定,同时告知其有陈述、申辩的权利。史小平要求进行听证。2015 年 10 月 27 日,常州市公安局交通警察支队(以下简称"交警支队")向原告邮寄听证通知书,并于 2015 年 11 月 4 日举行听证会。原告在听证会上并未提供合理申辩,故被告对其作出行政处罚决定。原告以该行政处罚违法为由,诉至法院,请求法院撤销该行政处罚决定。

二、诉讼过程

一审法院认为,被告常州市公安局交通警察支队在录入车牌号时虽未标明"学"字,存在瑕疵,但并不足以构成认定行政处罚决定违法的条件,因此,被告作出的行政处罚决定,程序合法,认定事实清楚,适用法律正确,驳回了原告史小平的诉讼请求;原告不服提起上诉,以被诉的行政处罚决定程序严重违法为由,要求改判,并支持其诉讼请求。二审法院经审查后认定:被告所作出的行政处罚决定虽有具体表示上的瑕疵,但并不影响其合法性,一审法院判决驳回原告的诉讼请求并无不当。因此,判决驳回上诉,维持原判。

三、关联法条

《中华人民共和国道路交通安全法》

第五条　国务院公安部门负责全国道路交通安全管理工作。县级以上地方各级人民政府公安机关交通管理部门负责本行政区域内的道路交通安全管理工作。

县级以上各级人民政府交通、建设管理部门依据各自职责,负责有关的道路交通工作。

《中华人民共和国道路交通安全法实施条例》(2004 年施行;新版于 2017 年修正)

第一百零九条　对道路交通安全违法行为人处以罚款或者暂扣驾驶证处罚的,由违法行为发生地的县级以上人民政府公安机关交通管理部门或者相当于同级的公安机关交通管理部门作出决定;对处以吊销机动车驾驶证处罚的,由设区的市人民政府公安机关交通管理部门或者相当于同级的公安机关交通管理部门作出决定。

公安机关交通管理部门对非本辖区机动车的道路交通安全违法行为没有当场处罚的,可以由机动车登记地的公安机关交通管理部门处罚。

《中华人民共和国行政处罚法》(1996年施行,2009年修正;新版于2017年修正)

第四十二条　行政机关作出责令停产停业、吊销许可证或者执照、较大数额罚款等行政处罚决定之前,应当告知当事人有要求举行听证的权利;当事人要求听证的,行政机关应当组织听证。当事人不承担行政机关组织听证的费用。听证依照以下程序组织:

(一)当事人要求听证的,应当在行政机关告知后三日内提出;

(二)行政机关应当在听证的七日前,通知当事人举行听证的时间、地点;

(三)除涉及国家秘密、商业秘密或者个人隐私外,听证公开举行;

(四)听证由行政机关指定的非本案调查人员主持;当事人认为主持人与本案有直接利害关系的,有权申请回避;

(五)当事人可以亲自参加听证,也可以委托一至二人代理;

(六)举行听证时,调查人员提出当事人违法的事实、证据和行政处罚建议;当事人进行申辩和质证;

(七)听证应当制作笔录;笔录应当交当事人审核无误后签字或者盖章。

当事人对限制人身自由的行政处罚有异议的,依照治安管理处罚法有关规定执行。

四、争议问题

本案中争议问题为:被告的听证通知书在举行听证七日前交邮和涉案车辆信息错误是否构成行政处罚程序严重违法?

五、简要评论

首先,关于听证通知的时限问题,《中华人民共和国行政处罚法》(1996年施行,2009年修正;新版于2017年修正)第四十二条第(二)项规定:行政机关应当在听证的七日前,通知当事人举行听证的时间、地点。原告认为,这一款项规定的"听证七日前通知当事人"应当理解为通知到达大于七日,而不是七日前交邮。这里的"七日前通知当事人"该作何解释呢?

从字面意思上来看,法律并没有明确规定,听证通知是七日前送达,还是七日前交邮。但从立法目的来看,听证是为可能被处以严重行政处罚的当事人特别设置的程序性权利。法律规定听证七日前通知是为了保证当事人知悉听证时间、地点,如果理解为七日前交邮,则无法保证送达的日期,很有可能影响当事人的听证权。所以,七日前通知应当理解为七日前有效通知,即七日前应当送达通知。此外,法律上的期间是有开始、有届满的时间段,听证七日前通知与期间概念不同,不能适用期间的相关规定。

在本案中,2015年10月29日原告收到听证通知,并于2015年11月4日参加听证。

所以,被告常州市公安局交通警察支队对听证通知的送达不符合法律规定。但是,原告收到了通知并参加了听证,其享有的听证权与行政处罚的公正性并未受到侵害。因此,交警支队在听证通知的程序上存在轻微瑕疵,但并不足以产生程序违法的法律后果。

其次,关于涉案车辆的信息问题。本案中,原告本人对饮酒驾驶苏D×××××学教练车被交警查获这一事实是认可的。被诉的行政处罚决定中的被处罚对象是驾驶员史小平,车牌号码等内容为被处罚对象的具体描述。具体描述上的瑕疵并不影响交警支队对史小平本人作出的行政处罚决定的合法性。

因此,被告常州市公安局交通警察支队虽然在听证送达通知上和涉案车辆的信息录入上存在轻微瑕疵,但并不构成行政处罚程序的严重违法。

交通违规受罚是日常生活中很常见的行政法律现象,但本案给了我们两点启发:其一,当法律条文意思不明确时,可以通过立法者本意来寻求目的解释,但最重要的应该是完善法律法规、尽量确保意思明确;其二,行政机关工作人员在执行公务时,应当提高其责任心,多多注意核对相关信息,尽可能少地留有瑕疵。

案例1-13 孙鹏诉广州市公安局交通警察支队东山大队行政处罚案

一、基本案情

2015年6月25日17时59分,原告孙鹏驾驶粤B×××××号小型汽车在被告广州市公安局交通警察支队东山大队辖区东风东路路段丝绸大厦旁路口西往东方向对开停车时,实施了机动车违反禁令标志的交通违法行为(该路段西往东方向设有禁止停车禁令标志)。被告执勤民警发现后上前要求原告出示证件,告知其交通违法的基本事实,拟作出的行政处罚、依据以及相关的权利和义务。被告执勤民警听取了原告的陈述和申辩后,认为其申辩理由不成立,当场出具了《公安交通管理简易程序处罚决定书》,认定原告实施了机动车违反禁止停车禁令标志指示的违法行为,并依据《中华人民共和国道路交通安全法》第九十条规定,决定给予原告罚款200元的行政处罚,另根据《机动车驾驶证申领和使用规定》的规定,对原告的上述违法行为记扣3分。原告以被告作出的被诉《公安交通管理简易程序处罚决定书》行政行为违法为由,诉至法院,请求法院予以撤销。

二、诉讼过程

一审法院认为,原告驾驶汽车实施了违反停放、临时停车规定的行为,被告民警依据职权对其作出处罚,因此,被告作出的行政处罚决定,程序合法,认定事实清楚,适用法律正确,驳回了原告的诉讼请求;原告不服提起上诉,以停车时间较短,情节轻微为由,要求改判,并支持其诉讼请求。二审法院经审查后认定:原告交通违法事实清楚,被告作出行政处罚的程序合法,一审认定事实清楚,适用法律正确,审理程序合法。因此判决驳回上诉,维持原判。

三、关联法条

《中华人民共和国道路交通安全法》

第五十六条　机动车应当在规定地点停放。禁止在人行道上停放机动车；但是，依照本法第三十三条规定施划的停车泊位除外。

第一百一十四条　公安机关交通管理部门根据交通技术监控记录资料，可以对违法的机动车所有人或者管理人依法予以处罚。对能够确定驾驶人的，可以依照本法的规定依法予以处罚。

《中华人民共和国道路交通安全法实施条例》（2004年施行；新版于2017年修正）

第六十三条　机动车在道路上临时停车，应当遵守下列规定：

（一）在设有禁停标志、标线的路段，在机动车道与非机动车道、人行道之间设有隔离设施的路段以及人行横道、施工地段，不得停车；

（二）交叉路口、铁路道口、急弯路、宽度不足4米的窄路、桥梁、陡坡、隧道以及距离上述地点50米以内的路段，不得停车；

（三）公共汽车站、急救站、加油站、消防栓或者消防队（站）门前以及距离上述地点30米以内的路段，除使用上述设施的以外，不得停车；

（四）车辆停稳前不得开车门和上下人员，开关车门不得妨碍其他车辆和行人通行；

（五）路边停车应当紧靠道路右侧，机动车驾驶人不得离车，上下人员或者装卸物品后，立即驶离；

（六）城市公共汽车不得在站点以外的路段停车上下乘客。

《道路交通安全违法行为处理程序规定》

第四十二条　适用简易程序处罚的，可以由一名交通警察作出，并应当按照下列程序实施：

（一）口头告知违法行为人违法行为的基本事实、拟作出的行政处罚、依据及其依法享有的权利；

（二）听取违法行为人的陈述和申辩，违法行为人提出的事实、理由或者证据成立的，应当采纳；

（三）制作简易程序处罚决定书；

（四）处罚决定书应当由被处罚人签名、交通警察签名或者盖章，并加盖公安机关交通管理部门印章；被处罚人拒绝签名的，交通警察应当在处罚决定书上注明；

（五）处罚决定书应当当场交付被处罚人；被处罚人拒收的，由交通警察在处罚决定书上注明，即为送达。

交通警察应当在二日内将简易程序处罚决定书报所属公安机关交通管理部门备案。

四、争议问题

本案中争议问题为：原告孙鹏的交通违法行为是否属于情节轻微，可以要求免于处罚的情况?

五、简要评论

本案中,原告认为,根据《中华人民共和国道路交通安全法》第八十七条和第九十三条的规定,当时停车时间短,仅为临时停车接人,未影响其他社会车辆、公交车辆和行人通行,属于情节轻微的情况,交警应先根据上述规定指出违法行为,并给予口头警告,责令立即驶离。如果原告拒绝立即驶离,妨碍其他车辆、行人通行的,再给予罚款扣分处罚。

这显然是对法条的误解和对事实的误认。从法条本身来说,本案的原告违反禁令标志停车的交通违法属于行为犯,处罚的是其违法停车的行为,而非结果犯。其保护的法益是道路交通秩序的良好有序,构成要件不以停车时间的长短,是否造成交通事故,是否导致交通完全中断等实害结果为评判标准。在设有禁止停车禁令标志的路段,一旦着手实施非法定事由的停车行为,就属于违反禁止停车禁令标志的行为,即构成违反禁令标志交通违法。因此,原告以其停车时间较短为由,要求免除处罚的理由不成立。

从违法事实来看,原告停车的路段是广州市交通最为繁忙并设有禁停标志、标线的城市快速路主干道路段,违法停车时间又适逢下班交通高峰期(违停时间是17时59分)。原告既有违反禁止停车禁令标志停车的行为,且又造成了车辆减速、交通缓慢的后果,其交通违法行为明显不属于情节轻微,未影响道路通行的情况。

此外,本案中,该名交警采取的是简易程序,因为依照《道路交通安全违法行为处理程序规定》第四十一条第一款规定,"对违法行为人处以警告或者二百元以下罚款的,可以适用简易程序",两百元以下包括两百元,所以采取简易程序是合法的。当然,采用简易程序也必须符合《道路交通安全违法行为处理程序规定》第四十二条所规定的执法程序,充分保证行政相对人的权益。

案例 1-14 何道纯诉佛山市顺德区公安局交通警察大队行政处罚案

一、基本案情

2015年11月21日16时10分,何道纯驾驶车牌号为川R×××××的普通摩托车在佛山市顺德区518县道1公里600米处行驶,被佛山市顺德区公安局交通警察大队(以下简称"顺德交警大队")的执勤民警查获。顺德交警大队的民警依据《关于落实限制外地籍摩托车行驶路线的通知》(佛公通〔2006〕221号)的规定,518县道不属于顺德区内允许外地籍摩托车行驶路线,认定何道纯实施了机动车违反禁令标志指示的违法行为,违反了《中华人民共和国道路交通安全法》,当场向何道纯作出《公安交通管理简易程序处罚决定书》,对何道纯处以罚款200元并记扣3分。原告以被告作出的被诉《公安交通管理简易程序处罚决定书》行政行为违法为由,诉至法院,请求法院予以撤销。

二、诉讼过程

一审法院认为,被告根据现场检查情况,对原告何道纯违反禁令标志指示的违法行为作出行政处罚,认定事实清楚,证据充分,驳回了原告的诉讼请求;原告不服提起上诉,以被告作出的行政处罚决定的法律依据违法为由,要求改判,并支持其诉讼请求。二审法院经审查后认定:原告交通违法事实清楚,被告作出行政处罚的程序合法,一审认定事实清楚,适用法律正确,审理程序合法。因此判决驳回上诉,维持原判。

三、关联法条

《中华人民共和国道路交通安全法》

第五条 国务院公安部门负责全国道路交通安全管理工作。县级以上地方各级人民政府公安机关交通管理部门负责本行政区域内的道路交通安全管理工作。

县级以上各级人民政府交通、建设管理部门依据各自职责,负责有关的道路交通工作。

第三十九条 公安机关交通管理部门根据道路和交通流量的具体情况,可以对机动车、非机动车、行人采取疏导、限制通行、禁止通行等措施。遇有大型群众性活动、大范围施工等情况,需要采取限制交通的措施,或者作出与公众的道路交通活动直接有关的决定,应当提前向社会公告。

《中华人民共和国立法法》

第八条 下列事项只能制定法律:

(一)国家主权的事项;

(二)各级人民代表大会、人民政府、人民法院和人民检察院的产生、组织和职权;

(三)民族区域自治制度、特别行政区制度、基层群众自治制度;

(四)犯罪和刑罚;

(五)对公民政治权利的剥夺、限制人身自由的强制措施和处罚;

(六)税种的设立、税率的确定和税收征收管理等税收基本制度;

(七)对非国有财产的征收、征用;

(八)民事基本制度;

(九)基本经济制度以及财政、海关、金融和外贸的基本制度;

(十)诉讼和仲裁制度;

(十一)必须由全国人民代表大会及其常务委员会制定法律的其他事项。

四、争议问题

本案中争议问题为:佛公通〔2006〕221号文件是否合法?案涉路段设置禁止外地籍摩托车通行的交通标志是否合法?

五、简要评论

对于第一个争议点,原告认为,从法律效力等级来看,佛公通〔2006〕221号文件属于部门规范性文件,没有经地方人民代表大会审议通过,不能仅由一个政府部门出个通告就解决了;又依照《中华人民共和国立法法》第八条第(五)项的规定,限制人身自由的强制措施和处罚只能由法律规定,目前,《中华人民共和国道路交通安全法》并没有明确授权公安机关交通管理部门可以对外市摩托车采取禁止通行措施的法定依据,故上述佛公通〔2006〕第221号文件依法无效。

原告对援引的法条存在理解错误,具体来说,是对"限制人身自由的强制措施和处罚"理解错误。限制人身自由的行政强制措施是指特定的行政法主体为预防、控制违法行为或危险状态以及调查取证和执行的便利而依法对相对人的人身进行限制并保持一定状态的程序上的处置行为。限制人身自由的行政处罚是指行政机关或其他行政主体依法定职权和程序对违反行政法规尚未构成犯罪的相对人限制其人身自由的具体行政行为。二者针对的是相对人的人身自由权。佛公通〔2006〕221号文中所规定的对外地籍摩托车限制通行、禁止通行等措施属于交通管制手段,而非限制人身自由的强制措施或处罚。

对于第二个争议点,根据《中华人民共和国道路交通安全法》第三十九条的规定,公安机关道路交通管理部门有权根据道路和交通流量的具体情况,对机动车、非机动车、行人采取疏导、限制通行、禁止通行等措施。佛山市公安局作为佛山市辖区内交通管理部门,依据上述法律所赋予的职权,发布佛公通〔2006〕221号《关于落实限制外地籍摩托车行驶路线的通知》,对佛山市内部分路段限制非佛山市籍摩托车通行,继而在案涉路段设置禁止外地籍摩托车通行的交通标志,同时也尽到了提前向社会公告的义务,符合法律规定。

案例1-15 吴仁水等诉庆元县住房和城乡建设局行政处罚案

一、基本案情

原告吴仁水、吴红姿户房屋坐落于庆元县松源街道坑西村西源路,与第三人叶兆金户、沈从云户涉案房屋东西向毗邻。2014年6月12日,被告庆元县住房和城乡建设局向第三人叶兆金户、沈从云户分别颁发了涉案房屋乡村建设规划许可证,后原告户认为被告对第三人作出的乡村建设规划许可行为严重侵犯其合法权益,故向龙泉市人民法院提起诉讼,龙泉市人民法院判决撤销被告向第三人叶兆金户、沈从云户颁发的乡村建设规划许可。第三人叶兆金不服该判决提出上诉,丽水市中级人民法院驳回上诉,维持原判。2016年4月15日,被告庆元县住房和城乡建设局对第三人叶兆金户、沈从云户作出行政处罚决定书,要求拆除超允许审批的超层建设部分以及自行改正不符合规划许可的外挑部分。原告以被告作出的行政处罚决定未就第三人所有的房屋涉及的违法事项进行全面处罚,侵害了其正常通行权为由诉至法院,请求撤销已作出的行政处罚决定,并重新作出拆除违章建筑决定。

二、诉讼过程

法院经审理认为,被告作为县级政府城乡规划主管部门,具体负责本行政区域内城镇违法建筑处置工作,依法具有作出本案被诉行政处罚决定的法定职权。两原告的房屋与第三人涉案房屋客观相邻,故与被诉行政处罚决定具有利害关系,有权提起本案诉讼。被告作出的处罚决定属认定事实不清,主要证据不足,应予撤销,同时责令被告庆元县住房和城乡建设局在法定期限内对第三人叶兆金户、沈从云户涉案房屋重新作出处理决定。一审判决生效后,双方均上诉,判决已生效。

三、关联法条

《中华人民共和国城乡规划法》(2008年施行,2015年修正)

第六十四条 未取得建设工程规划许可证或者未按照建设工程规划许可证的规定进行建设的,由县级以上地方人民政府城乡规划主管部门责令停止建设;尚可采取改正措施消除对规划实施的影响的,限期改正,处建设工程造价百分之五以上百分之十以下的罚款;无法采取改正措施消除影响的,限期拆除,不能拆除的,没收实物或者违法收入,可以并处建设工程造价百分之十以下的罚款。

《中华人民共和国行政处罚法》(1996年施行,2009年修正;新版于2017年修正)

第三十条 公民、法人或者其他组织违反行政管理秩序的行为,依法应当给予行政处罚的,行政机关必须查明事实;违法事实不清的,不得给予行政处罚。

《中华人民共和国行政诉讼法》(1990年施行,2014年修正;新版于2017年修正)

第七十条 行政行为有下列情形之一的,人民法院判决撤销或者部分撤销,并可以判决被告重新作出行政行为:

(一) 主要证据不足的;
(二) 适用法律、法规错误的;
(三) 违反法定程序的;
(四) 超越职权的;
(五) 滥用职权的;
(六) 明显不当的。

四、争议问题

本案中争议问题为:被告庆元县住房和城乡建设局对第三人叶兆金户、沈从云户作出的行政处罚是否违法?

五、简要评论

因违法建筑受到行政处罚而提起诉讼这样的案例,现实生活中并不少见。然而,本案的特殊之处在于,本案的原告并不是行政处罚的相对人或者说被处罚人,而是看似好像与行政处罚无关的第三人。原告有权提起针对该行政处罚的诉讼吗?《中华人民共和国行政诉讼法》(1990年施行,2014年修正;新版于2017年修正)第十二条明确规定了行政诉讼的受案范围,其中第(十二)项规定:认为行政机关侵犯其他人身权、财产权等合法权益的。也就是说,本案的原告吴仁水、吴红姿虽然不是行政处罚的相对人,但是两原告的房屋与第三人涉案房屋客观相邻,故与本被诉行政处罚决定有利害关系,有权提起本案诉讼。

至于被告庆元县住房和城乡建设局作出的行政处罚是否违法,从法定职权上来看,被告并未越权。根据《中华人民共和国城乡规划法》第六十四条之规定,被告作为县级政府城乡规划主管部门,具体负责本行政区域内城镇违法建筑处置工作,依法具有作出本案被诉行政处罚决定的法定职权。

然而,从具体作出行政处罚的依据来看,被告作出行政处罚决定的事实不清,主要证据不足。根据《中华人民共和国行政处罚法》(1996年施行,2009年修正;新版于2017年修正)第三十条规定,公民、法人或者其他组织违反行政管理秩序的行为,依法应当给予行政处罚的,行政机关必须查明事实。本案被告所作处罚决定,除对第三人房屋底层垫高问题作了认定外,仅根据《庆元县农村居民建房审批管理办法》认定"第三人叶兆金、沈从云符合建房审批条件,可审批建筑层次3.5层,两户为父子关系,直系亲属允许联建"。这一认定属于对第三人建房资格的认定,而非对涉案建筑物3.5层范围内是否符合规划要求作出的认定。也就是说,被告并未完全查明违法事实,作出的行政处罚决定未就第三人所有的房屋涉及的违法事项进行全面处罚,从而侵害了原告的正常通行权。

根据《中华人民共和国行政诉讼法》(1990年施行,2014年修正;新版于2017年修正)第七十条之规定,作出行政行为有下列情形之一的,人民法院判决撤销或者部分撤销,并可以判决被告重新作出行政行为:主要证据不足;适用法律、法规错误的;违反法定程序的;超越职权的;滥用职权的;明显不当的。本案中,被告作出的行政行为属于主要证据不足的情况。因此,被告庆元县住房和城乡建设局对第三人叶兆金户、沈从云户作出的行政处罚构成违法,应予撤销,同时责令被告庆元县住房和城乡建设局在法定期限内对第三人叶兆金户、沈从云户涉案房屋重新作出处理决定。

案例1-16 曹树凡等诉南宁市国土资源局行政处罚案

一、基本案情

2007年7月,仁华砖厂办理了个体工商户营业执照,经营者为杨小国。12月,该厂被注销登记。2013年5月,被告南宁市国土资源局的执法人员对仁华砖厂的采矿区进行现场核查,发现该厂未取得采矿许可证而擅自采矿,于当日向仁华砖厂下达《责令停止矿产违法行为通知书》。原告曹树凡等在接受被告询问时,承认自己系仁华砖厂的投资人。经过现场勘测,被告于2013年8月5日,依法向原告下达《国土资源行政处罚听证告知书》。原告进行听证时,为了逃避处罚,向被告提交了虚假的票据。听证结束后,原告又提交了新的票据。被告依法不予以采纳,并向原告作出《国土资源行政处罚决定书》。原告以被告作出的被诉《国土资源行政处罚决定书》行政行为违法为由,诉至法院,请求法院予以撤销。

二、诉讼过程

一审法院认为,原告曹树凡等非法采矿的违法行为认定事实清楚,适用法律、法规正确,证据充分,驳回了原告的诉讼请求;原告不服提起上诉,以被告作出的行政处罚决定违法为由,要求改判,并支持其诉讼请求。二审法院经审查后认定:原告非法采矿的违法事实清楚,被告作出行政处罚的程序合法,一审认定事实清楚,适用法律正确,审理程序合法。因此判决驳回上诉,维持原判。

三、关联法条

《中华人民共和国矿产资源法》

第三条 矿产资源属于国家所有,由国务院行使国家对矿产资源的所有权。地表或者地下的矿产资源的国家所有权,不因其所依附的土地的所有权或者使用权的不同而改变。

国家保障矿产资源的合理开发利用。禁止任何组织或者个人用任何手段侵占或者破坏矿产资源。各级人民政府必须加强矿产资源的保护工作。

勘查、开采矿产资源,必须依法分别申请、经批准取得探矿权、采矿权,并办理登记;但是,已经依法申请取得采矿权的矿山企业在划定的矿区范围内为本企业的生产而进行的勘查除外。国家保护探矿权和采矿权不受侵犯,保障矿区和勘查作业区的生产秩序、工作秩序不受影响和破坏。

从事矿产资源勘查和开采的,必须符合规定的资质条件。

第四十五条 本法第三十九条、第四十条、第四十二条规定的行政处罚,由县级以上人民政府负责地质矿产管理工作的部门按照国务院地质矿产主管部门规定的权限决定。第四十三条规定的行政处罚,由县级以上人民政府工商行政管理部门决定。第四十四条规定的行政处罚,由省、自治区、直辖市人民政府地质矿产主管部门决定。给予吊销勘查许可证或者采矿许可证处罚的,须由原发证机关决定。依照第三十九条、第四十条、第四十二条、第四十四条规定应当给予行政处罚而不给予行政处罚的,上级人民政府地质矿产主管部门有权责令改正或者直接给予行政处罚。

《最高人民法院关于执行〈中华人民共和国行政诉讼法〉若干问题的解释》（1999年，已废止）

第五十六条　有下列情形之一的，人民法院应当判决驳回原告的诉讼请求：

（一）起诉被告不作为理由不能成立的；

（二）被诉具体行政行为合法但存在合理性问题的；

（三）被诉具体行政行为合法，但因法律、政策变化需要变更或者废止的；

（四）其他应当判决驳回诉讼请求的情形。

《违反矿产资源法规行政处罚办法》（1994年，已废止）

第九条　处以责令赔偿损失行政处罚的，其赔偿数额由行政处罚机关根据直接财产损失和矿产资源的损失程度确定；赔偿数额大于五万元的，应当由行政处罚机关组织有关专业技术人员论证确定。

对无证开采、越界开采处以没收违法所得行政处罚的，其违法所得数额应当按照销售凭据确定，没有销售凭据的，按照决定行政处罚当时、当地的市场价格计算，不得扣除开采成本；对买卖、出租、转让矿产资源处以没收违法所得行政处罚的，其违法所得数额应当按照实际非法获利额确定；对非法转让勘查许可证，非法买卖、出租采矿权处以没收违法所得行政处罚的，违法所得数额应当扣除其他固定资产在买卖、出租价款中所占的部分；对将采矿权用作抵押处以没收违法所得行政处罚的，违法所得包括因抵押取得的资金和其他财物。

处以罚款，需要根据损失情况或者违法所得确定数额的，参照本条一、二款执行。

四、争议问题

本案中争议问题为：原告曹树凡等作为该行政处罚的对象是否合法？原告非法采矿违法所得及罚款金额如何确认？

五、简要评论

关于第一个争议点，从事实上来看，南宁市仁华砖厂的工商登记信息已于2007年12月注销，2007年7月工商部门向杨小国核发的南宁市仁华砖厂个体工商户营业执照也因注销而失效。在被告对原告所作的询问笔录，以及调查阶段原告向被告提交的入股收据，还有原告经营仁华砖厂过程中产生的其他票据中，均无与杨小国相关的信息。通过这些事实，可以得知原告曹树凡等是仁华砖厂的投资人和实际经营者。

从法律上来看，根据《广西壮族自治区矿产资源管理条例》第四十一条的规定，非法采矿的被处罚人为"未取得采矿许可证，擅自开采矿产资源的"行为人，本案中，非法采矿行为虽然以仁华砖厂的名义进行，但该厂工商登记已经被注销，不能作为行政处罚的主体。因此，本案应按实际实施非法采矿行为的人来确定被处罚人。根据询问笔录、原告向被告提交的相关票据等相关证据，原告曹树凡等系仁华砖厂非法采矿的违法行为人，作为该行政处罚的主体也合法。

既然行政处罚的主体已确定,原告非法采矿违法所得及罚款金额如何确认?根据《违反矿产资源法规行政处罚办法》(1994年,已废止)第九条第二款规定:"对无证开采、越界开采处以没收违法所得行政处罚的,其违法所得数额应当按照销售凭据确定,没有销售凭据的,按照决定行政处罚当时、当地的市场价格计算,不得扣除开采成本。"(作出本案行政处罚时该办法仍在施行)被告在调查阶段,明确向上诉人告知了其应承担如实提供有关资料、回答询问的义务,如作虚假陈述或提供虚假材料,将承担法律责任。在清楚自己权利义务的情况下,原告向被告如实陈述了非法采矿以及经营南宁市仁华砖厂的基本事实,提交了南宁市仁华砖厂的经营票据、台账。虽然上诉人在处罚听证会结束后,重新提交了新的经营票据、台账,但据此计算出的违法所得数额前后相差巨大,明显是上诉人为了逃避处罚而为,被告对此不予采纳,依据决定行政处罚当时、当地的市场价格计算,依法确定了原告非法采矿违法所得及罚款金额。

案例1-17　郎有林诉民和回族土族自治县人民政府行政处罚案

一、基本案情

1995年,原告郎有林取得民和回族土族自治县石英岩矿采矿证,办理了相关手续后开始采矿经营活动。后因原告经营的矿山存在安全隐患,青海省安全生产委员会办公室于2007年2月下发督办通知,要求青海省国土资源厅责成海东地区国土资源局立即收回原告的采矿许可证。民和回族土族自治县国土资源局于2007年3月书面通知原告立即停止矿山开采,并直接执行关闭决定,原告矿山遂关闭。2007年12月,青海省安全生产委员会办公室根据海东地区安全生产委员会办公室的请示作出批示,采石场关闭后遗留的相关问题建议由海东地区国土资源部门按照矿产资源管理的有关规定妥善处理。2008年2月,民和回族土族自治县人民政府(以下简称"民和县人民政府")根据上级机关的要求,作出关闭原告矿山的处罚决定。原告郎有林得知后,以被告民和县人民政府作出关闭矿山企业的具体行政行为违法为由,诉至法院,请求法院予以撤销。

二、诉讼过程

一审法院认为,民和县人民政府作出关闭原告矿山的处罚决定不属于具体行政行为,原告要求确认被告民和县人民政府作出的具体行政行为违法的理由不能成立,驳回了原告的诉讼请求;原告不服提起上诉,以被告作出关闭决定的行政行为违法为由,要求改判,并支持其诉讼请求。二审法院经审查后认定:原告非法采矿的违法事实清楚,被告作出行政处罚的程序合法,一审认定事实清楚,适用法律正确。因此判决驳回上诉,维持原判。

三、关联法条

《中华人民共和国行政处罚法》（1996年施行；新版于2009年、2017年修正）

第八条　行政处罚的种类：

（一）警告；

（二）罚款；

（三）没收违法所得、没收非法财物；

（四）责令停产停业；

（五）暂扣或者吊销许可证、暂扣或吊销执照；

（六）行政拘留；

（七）法律、行政法款规定的其他行政处罚。

第三十一条　行政机关在作出行政处罚决定之前，应当告知当事人作出行政处罚决定的事实、理由和依据，并告知当事人依法享有的权利。

第三十二条　当事人有权进行陈述和申辩。行政机关必须充分听取当事人的意见，对当事人提出的事实、理由和证据，应当进行复核；当事人提出的事实、理由或者证据成立的，行政机关应当采纳。

行政机关不得因当事人申辩而加重处罚。

第四十条　行政处罚决定书应当在宣告后当场交付当事人；当事人不在场的，行政机关应当在七日内按照民事诉讼法的有关规定，将行政处罚决定书送达当事人。

第四十一条　行政机关及其执法人员在作出行政处罚决定之前，不依照本法第三十一条、第三十二条的规定向当事人告知给予行政处罚的事实、理由和依据，或者拒绝听取当事人的陈述、申辩，行政处罚决定不能成立；当事人放弃陈述或者申辩权利的除外。

《中华人民共和国安全生产法》（2002年施行，新版于2009年、2014年修正）

第九十四条第二款　予以关闭的行政处罚，由负责安全生产监督管理的部门报请县级以上人民政府按照国务院规定的权限决定。

四、争议问题

本案中争议问题为：被告民和县人民政府作出的关闭行为是否侵害了原告郎有林的合法权益？

五、简要评论

本案原告所经营的矿山在被告民和县人民政府作出关闭矿山的行政处罚决定之前，已经被关闭。被告的行政处罚决定也未告知原告，原告是通过其他途径得知该处罚决定，从而起诉到法院，要求撤销该行政处罚决定。

关于这个争议问题，可以分成两个小问题——被告作出的具体行政行为是否合法、该具体行政行为是否侵害了原告的合法权益。

从行政法上来说,具体行政行为是指国家机关和行政机关工作人员、法律法规授权的组织、行政委托的组织,或者个人在行政管理活动中行使行政职权,针对特定的公民、法人或者其他组织就特定的具体事项,作出的有关该公民、法人或者其他组织权利义务的单方行为。具体行政行为因其具有单方性且直接影响公民、法人或其他组织的权利义务,所以必须对具体行政行为予以规范,以充分保证行政相对人的权利。《中华人民共和国行政处罚法》(1996年施行;新版于2009年、2017年修正)第四十一条规定:行政机关及其执法人员在作出行政处罚决定之前,不依照本法第三十一条、第三十二条的规定向当事人告知给予行政处罚的事实、理由和依据,或者拒绝听取当事人的陈述、申辩,行政处罚决定不能成立。也就是说,具体行政行为的成立,必须以行政机关履行告知和听取申辩的义务为前提。本案中,民和县人民政府作出关闭决定之前未向郎有林履行告知义务,作出关闭决定后也未在规定时限内将其送达郎有林,更不用说听取当事人的陈述、申辩,故未产生实际法律效力,依法不能成立。

从事实上来说,本案中民和回族土族自治县国土资源局于2007年3月书面通知原告立即停止矿山开采,原告矿山遂关闭了。被告民和县人民政府根据青海省安全生产委员会办公室、青海省国土资源厅以及海东地区国土资源局等上级机关的要求,于2008年2月作出关闭原告矿山的行政处罚决定。但该决定作出时原告的矿山已经关闭,关闭在前,民和县人民政府的行政处罚决定在后,况且该决定作出后并没有送达原告郎有林,该关闭决定未对郎有林实体权利造成影响。

因此,被告民和县人民政府作出的关闭行为依法不能成立,并未侵害原告郎有林的合法权益。

案例1-18　灯塔市天宝矿业有限公司诉辽阳市国土资源局行政处罚案

一、基本案情

2013年7月8日,被告辽阳市国土资源局的下属机构监察支队依据辽宁省地质测绘院出具的灯塔市天宝矿业有限公司(以下简称"天宝公司")在2号、3号坐标点南端越界采矿2.9万吨铁矿石的测量结果,决定对原告灯塔市天宝矿业有限公司进行行政处罚,罚款791 116.20元。原告认为被告作出的行政行为事实不清,程序违法:第一,被告认定天宝公司越界开采,处以罚款,这是一种行政处罚行为,但被告没有按照行政处罚法的有关规定进行,即没有给原告以限期改正的机会,没有告知原告享有听证的权利,没有制作处罚决定书,也没有告知原告享有提出复议或提起行政诉讼的权利;第二,被告处罚依据的测量结果与事实不符。因此,天宝公司诉至法院,请求法院予以撤销。

二、诉讼过程

法院经审理认为,被告辽阳市国土资源局对本辖区内超越批准的矿区范围采矿行为具有行政处罚权。但其下属事业单位辽阳市国土资源监察支队对国土资源违法案件不具有行政处罚权。因此,被告辽阳市国土资源局对原告灯塔市天宝矿业有限公司收取罚款的行为违法,责令被告如数返还。一审判决生效后,双方均上诉,判决已生效。

三、关联法条

《中华人民共和国矿产资源法》

第三十九条 违反本法规定,未取得采矿许可证擅自采矿的,擅自进入国家规划矿区、对国民经济具有重要价值的矿区范围采矿的,擅自开采国家规定实行保护性开采的特定矿种的,责令停止开采、赔偿损失,没收采出的矿产品和违法所得,可以并处罚款;拒不停止开采,造成矿产资源破坏的,依照刑法有关规定对直接责任人员追究刑事责任。

单位和个人进入他人依法设立的国有矿山企业和其他矿山企业矿区范围内采矿的,依照前款规定处罚。

第四十条 超越批准的矿区范围采矿的,责令退回本矿区范围内开采、赔偿损失,没收越界开采的矿产品和违法所得,可以并处罚款;拒不退回本矿区范围内开采,造成矿产资源破坏的,吊销采矿许可证,依照刑法有关规定对直接责任人员追究刑事责任。

第四十二条 买卖、出租或者以其他形式转让矿产资源的,没收违法所得,处以罚款。违反本法第六条的规定将探矿权、采矿权倒卖牟利的,吊销勘查许可证、采矿许可证,没收违法所得,处以罚款。

第四十五条 本法第三十九条、第四十条、第四十二条规定的行政处罚,由县级以上人民政府负责地质矿产管理工作的部门按照国务院地质矿产主管部门规定的权限决定。第四十三条规定的行政处罚,由县级以上人民政府工商行政管理部门决定。第四十四条规定的行政处罚,由省、自治区、直辖市人民政府地质矿产主管部门决定。给予吊销勘查许可证或者采矿许可证处罚的,须由原发证机关决定。

依照第三十九条、第四十条、第四十二条、第四十四条规定应当给予行政处罚而不给予行政处罚的,上级人民政府地质矿产主管部门有权责令改正或者直接给予行政处罚。

《最高人民法院关于执行〈中华人民共和国行政诉讼法〉若干问题的解释》(1999年,已废止)

第五十七条 人民法院认为被诉具体行政行为合法,但不适宜判决维持或者驳回诉讼请求的,可以作出确认其合法或者有效的判决。

有下列情形之一的,人民法院应当作出确认被诉具体行政行为违法或者无效的判决:

(一)被告不履行法定职责,但判决责令其履行法定职责已无实际意义的;

(二)被诉具体行政行为违法,但不具有可撤销内容的;

(三)被诉具体行政行为依法不成立或者无效的。

四、争议问题

本案中争议问题为：辽阳市国土资源监察支队作出的行政处罚行为是否合法？

五、简要评论

本案的案情本来很简单，诉讼过程中却出现了戏剧化的情景——原告向法院诉称，被告作出的行政行为事实不清，程序违法，请求予以撤销并返还罚款。被告却直接辩称，并未向原告下达行政处罚决定，更没有收取原告的任何罚款，因此被告不是适格主体，也就不存在原告要求的撤销处罚决定和返还罚款。后来，法院一查，才发现该处罚是由被告辽阳市国土资源局的下属单位辽阳市国土资源监察支队作出的。

在回答"辽阳市国土资源监察支队作出的行政处罚行为是否合法"这个问题之前，我们先得了解有权实施行政处罚的主体有哪些？《行政处罚法》规定，实施行政处罚的主体有以下三类：一是有行政处罚权的行政机关，但必须在法定职权的范围内行使；二是法律、法规授权的具有管理公共事务职能的组织，可以在授权范围内以自身名义作出行政处罚；三是受行政机关委托的组织，但被授权组织必须以授权机关的名义作出处罚。

辽阳市国土资源监察支队系被告辽阳市国土资源局的下属机构，其对国土资源违法案件不具有行政处罚权，其行使行政处罚权只能受辽阳市国土资源局的委托，以辽阳市国土资源局的名义进行。辽阳市国土资源监察支队以自己名义所作出的具体行政行为产生的法律后果应由辽阳市国土资源局承担。因此，辽阳市国土资源局为本案适格的被告，其辩称不是本案适格被告的理由不能成立。被告辽阳市国土资源局在对原告未作出任何行政处罚决定的前提下，其下属机构监察支队直接以原告越界开采为由收取其罚款的行为违法。

一般而言，行政机构是行政机关的一个非独立组织，原则上不能以自己名义对外行使职权，但在有的情况下，法律、法规、规章直接把行政处罚权授予行政机构，这时行政机构就获得了行政处罚的主体资格。这主要有两种情况：其一，行政机关的内部机构成为行政处罚主体。例如，《中华人民共和国道路交通管理条例》第八十六条第二款规定：警告、五十元以下罚款、吊扣二个月以下驾驶证的处罚，可以由交通警察队裁决。其二，行政机关的派出机关可以成为处罚主体。例如，《中华人民共和国治安管理处罚条例》第三十三条第二款规定：警告、五十元以下罚款，可以由公安派出所裁决。

案例 1-19　周继伟诉郑州市工商行政管理局行政处罚案

一、基本案情

2014年，原告周继伟在郑州居然之家家居建材市场有限公司（以下简称"居然之家"）三楼东方百盛家具专柜购买一批家具，其后向被告郑州市工商行政管理局书面举报郑州居然之家家居建材市场有限公司,称其三楼的东方百盛家具商户冒用环境标志质量认证,涉嫌虚假宣传误导消费者。被告以被举报人虚假宣传违法事实证据不足、违法事实不成立为由,对该案作了撤案处理。原告不服,诉至法院,经过两审,均被驳回诉讼请求。2015年,原告又以郑州居然之家家居建材市场有限公司东方百盛家具摆放的宣传册内容涉嫌违反《印刷品广告管理办法》(已废止)等相关法律规定,向被告举报,要求对被举报人的违法事实进行调查处理,并将处理结果告知举报人。2016年,被告立案调查之后,向原告作出回复,决定予以销案处理。原告以被告作出的行政行为违法为由,诉至法院,请求法院予以撤销。

二、诉讼过程

一审法院认为,被告在郑州居然之家家居建材市场有限公司违法事实基本存在的情况下,以回复的形式认定本案原告的举报违法事实不成立,并予以销案处理的决定事实不清、主要证据不足、适用法律法规错误,应予撤销,并应依法重新作出行政处理决定。被告不服提起上诉,以原告主体不适格为由,要求改判,并支持其诉讼请求。二审法院经审查后认定:居然之家涉嫌违法的基本事实存在,其作出的撤案处理违法,一审认定事实清楚,适用法律正确。因此判决驳回上诉,维持原判。

三、关联法条

《印刷品广告管理办法》(2004年11月30日发布,自2005年1月1日起施行;2016年4月29日废止)

第十七条 凡发布于商场、药店、医疗服务机构、娱乐场所以及其他公共场所的印刷品广告,广告主、广告经营者要征得上述场所管理者的同意。上述场所的管理者应当对属于自己管辖区域内散发、摆放和张贴的印刷品广告负责管理,对有违反广告法规规定的印刷品广告应当拒绝其发布。

第十九条 违反本办法规定的,依照《中华人民共和国广告法》《广告管理条例》等有关法律、行政法规以及《广告管理条例施行细则》的规定予以处罚。《中华人民共和国广告法》《广告管理条例》等有关法律、行政法规以及《广告管理条例施行细则》没有规定的,由工商行政管理机关责令停止违法行为,视情节处以违法所得额3倍以下的罚款,但最高不超过3万元,没有违法所得的,处以1万元以下的罚款。

《最高人民法院关于执行〈中华人民共和国行政诉讼法〉若干问题的解释》(1999年,已废止)

第四十四条 有下列情形之一的,应当裁定不予受理;已经受理的,裁定驳回起诉:

(一)请求事项不属于行政审判权限范围的;

(二)起诉人无原告诉讼主体资格的;

(三)起诉人错列被告且拒绝变更的;

（四）法律规定必须由法定或者指定代理人、代表人为诉讼行为，未由法定或者指定代理人、代表人为诉讼行为的；

（五）由诉讼代理人代为起诉，其代理不符合法定要求的；

（六）起诉超过法定期限且无正当理由的；

（七）法律、法规规定行政复议为提起诉讼必经程序而未申请复议的；

（八）起诉人重复起诉的；

（九）已撤回起诉，无正当理由再行起诉的；

（十）诉讼标的为生效判决的效力所羁束的；

（十一）起诉不具备其他法定要件的。

前款所列情形可以补正或者更正的，人民法院应当指定期间责令补正或者更正；在指定期间已经补正或者更正的，应当依法受理。

四、争议问题

本案中争议问题为：原告提起该诉讼是否合法？被告对居然之家作出的撤案处理是否合法？

五、简要评论

本案中，原告周继伟虽然不是具体行政行为的相对人，但是其在举报时已提供其在被举报商场购物的交款凭证等相关材料，其中商场前涉嫌违法的巨幅喷绘广告内容清晰翔实，被告所作销案决定仍认定被举报商场尽到了管理义务、违法事实不存在，该销案决定的作出对被上诉人的权利义务必然产生实际影响。因此，原告属于具体行政行为的利害关系人，有权提起诉讼。

通过基本案情，可以知道原告之前已经对被告提起过一次诉讼，而且判决也已生效，这次起诉是否属于重复起诉呢？我们知道，重复起诉是指基于同一个事实和理由而提起的诉讼或者就同一案件向两个法院提起的诉讼。原告第一次举报的是销售商户销售的产品冒用环境标志质量认证，涉嫌虚假宣传误导消费者，其第二次系举报商场摆放的宣传册内容涉嫌违反《印刷品广告管理办法》（已废止）等相关法律规定，两次举报内容不同、被举报对象不同，被告针对两次举报所作销案决定亦不同，所以原告对第二次销案决定提起行政诉讼不属于重复起诉。因此，原告有权提起诉讼，且符合法律规定。

关于第二个争议点，虽然东方百盛家具商户和郑州居然之家家居建材市场有限公司是租赁关系，有签订租赁协议，商户属自主经营、自负盈亏，是独立经营主体，独立承担民事行政责任。但是根据《印刷品广告管理办法》（已废止）第十七条的规定，公共场所的管理者应当对属于自己管辖区域内散发、摆放和张贴的印刷品广告负责管理，对有违反广告法规规定的印刷品广告应当拒绝其发布。对于东方百盛家具商户违法散发、摆放印刷广告的行为，郑州居然之家家居建材市场有限公司负有管理责任。不管居然之家是否和其商户签订了免责合同,是否制定了广告管理制度及是否对相关人员进行了相关培训,均不能影响其作为经营场所的管理者,没有做到对管理区域内宣传行为的有效管理的事实。因此,居然之家涉嫌违法的基本事实存在。

综上所述,被告在郑州居然之家家居建材市场有限公司违法事实基本存在的情况下,以回复的形式认定本案原告的举报违法事实不成立,并予以销案处理的决定事实不清、主要证据不足、适用法律法规错误,应当予以撤销,并由工商行政管理机关责令停止违法行为,视情节处以罚款。

案例1-20 游彬诉澜沧拉祜族自治县卫生和计划生育局行政处罚案

一、基本案情

2008年8月,为帮助证明福建籍许某夫妇等人子女的出生情况,原告游彬私自找到四份出生医学证明,并擅自加盖澜沧县中医院公章,由其为许某夫妇填写出具了一份出生医学证明,并将三份加盖了澜沧县中医院公章的空白出生医学证明交由许某夫妇按照其样式填写。2015年5月,澜沧拉祜族自治县卫生和计划生育局(以下简称"澜沧县卫生局")收到福建省莆田市城厢区卫生局关于确定出生证明真伪的调查函,要求调查四份原告游彬出具的出生医学证明。经澜沧县卫生局的调查,持有这四份出生医学证明的儿童均未有在澜沧县中医院分娩的记录,这些出生医学证明均是由时任澜沧县中医院外产科医师游彬出具的。澜沧县卫生局作出行政处罚决定,给予原告游彬警告并处罚款人民币一万五千元,同时责令立即改正违法行为的行政处罚。原告以被告作出的被诉决定行政行为违法为由,诉至法院,请求法院予以撤销。

二、诉讼过程

法院经审理认为,原告的违法行为,已超过了两年的处罚期限,被告澜沧县卫生局在作出处罚的取证过程中,未向相关当事人出示执法证件,在诉讼过程中,也未向法庭提供其具有执法主体资格的相关证据材料,故其执法程序违法,应予以撤销。一审判决生效后,双方均上诉,判决已生效。

三、关联法条

《中华人民共和国行政处罚法》(1996年施行,2009年修正;新版于2017年修正)

第二十九条 违法行为在二年内未被发现的,不再给予行政处罚。法律另有规定的除外。

前款规定的期限,从违法行为发生之日起计算;违法行为有连续或者继续状态的,从行为终了之日起计算。

第三十七条 行政机关在调查或者进行检查时,执法人员不得少于两人,并应当向当事人或者有关人员出示证件。当事人或者有关人员应当如实回答询问,并协助调查或者检查,不得阻挠。询问或者检查应当制作笔录。

行政机关在收集证据时,可以采取抽样取证的方法;在证据可能灭失或者以后难以取得的情况下,经行政机关负责人批准,可以先行登记保存,并应当在七日内及时作出处理决定,在此期间,当事人或者有关人员不得销毁或者转移证据。

执法人员与当事人有直接利害关系的,应当回避。

《母婴保健专项技术服务许可及人员资格管理办法》

第十条 凡从事《中华人民共和国母婴保健法》规定的婚前医学检查、遗传病诊断、产前诊断、施行结扎手术和终止妊娠手术以及家庭接生技术服务的人员,必须符合《母婴保健专项技术服务基本标准》的有关规定,经考核合格,取得《母婴保健技术考核合格证书》《家庭接生员技术合格证书》。

四、争议问题

本案中争议问题为:原告游彬的违法行为是否超过追责时效?被告澜沧县卫生局作出的行政处罚决定是否合法?

五、简要评论

根据《中华人民共和国执业医师法》《母婴保健专项技术服务许可及人员资格管理办法》等相关法律之规定,医师须按照执业类别、执业范围从事相应业务,不得出具与自己执业范围无关或者与执业类别不相符的医学证明文件。原告游彬在未取得母婴保健助产技术服务许可的情况下,擅自以澜沧县中医院的名义出具了四份出生医学证明是违反规定的,其本应受到相应的行政处罚。

但根据《中华人民共和国行政处罚法》(1996年施行,2009年修正;新版于2017年修正)第二十九条规定,"违法行为在二年内未被发现的,不再给予行政处罚。法律另有规定的除外。前款规定的期限,从违法行为发生之日起计算;违法行为有连续或者继续状态的,从行为终了之日起计算"。本案中,原告游彬于2008年8月擅自向他人出具了出生医学证明,被告作为卫生行政监督管理机关,应当依法及时履行卫生监督管理职责,但至2015年5月,其在收到福建省莆田市城厢区卫生局关于确定出生证明真伪的调查函后,才发现原告的违法行为,此时,原告的违法行为已超过了两年的处罚期限。追溯期限已经超过,原告之前的违法行为不应受行政处罚。

此外,被告澜沧县卫生局在作出处罚的取证过程中,未向相关当事人出示执法证件,在诉讼过程中,也未向法庭提供其具有执法主体资格的相关证据材料,故其执法程序违法。因此,被告澜沧县卫生局对原告游彬的行政处罚决定违法。

本案争议的焦点在于对《中华人民共和国行政处罚法》(1996年施行,2009年修正;新版于2017年修正)第二十九条的理解,这一条是对行政处罚罪责时效的规定。本条第一款具体规定了行政处罚的追责时效为两年,超过两年的违法行为不予追责。同时,针对某些特殊形式的行政违法案件,其他法律如果对时效有特殊规定的,依其规定。例如,《中华人民共和国治安管理处罚法》第十八条的规定。本条第二款则明确规定了追责时效的起算方法,这里所说的"违法行为有连续或者继续状态的",就是指连续行政违法行为或继续行政违法行为。连续行政违法行为指同一违法行为当事人连续两次或两次以上实施性质相同的违法行为。继续行政违法行为是指同一违法行为当事人在一定时间内所实施的处于继续状态的违法行为。本案中,原告擅自以澜沧县中医院的名义出具了四份出生医学证明的违法行为,既不属于连续违法行为,也不属于继续违法行为。因此,本案中原告游彬的违法行为显然已经超过追责时效,澜沧县卫生局作出的行政处罚决定违法。

案例1-21 江西广大房地产开发有限公司衢州分公司诉衢州市地方税务局稽查局行政处罚案

一、基本案情

原告江西广大房地产开发有限公司衢州分公司成立于2007年,系企业非法人。同日,原告取得税务登记证,纳税人名称登记为原告。2013年,原告因未参加2012年度年检,被依法吊销营业执照,但未被注销。2013年9月,被告决定对原告实施立案检查,同时向原告送达税务检查通知书,决定对原告自2010年1月1日至2013年8月31日期间的纳税情况进行检查。2015年6月,被告作出《重大税务案件审理提请书》,将该案报请衢州市地方税务局审理委员会审理。同年8月,衢州市地方税务局稽查局作出税务行政处罚事项告知书,告知原告拟处罚决定及陈述、申辩、听证权利。因无法向原告直接送达,被告于2015年10月公告送达,公告送达期限为30日。公告期满,原告未签收。2015年11月16日,被告对原告作出衢地税稽罚〔2015〕64号税务行政处罚决定书,决定对原告少缴税行为处以少缴营业税、城市维护建设税、企业所得税税款各百分之五十的罚款。原告以被告作出的处罚决定书认定事实不清、证据不足,适用法律错误为由,诉至法院,请求法院予以撤销。

二、诉讼过程

法院经审理认为,被告认定原告少缴营业税、城市维护建设税、企业所得税的事实清楚,适用法律正确,处罚适当,而且处罚程序合法,原告的诉讼请求缺乏事实与法律依据,本院不予支持。一审判决生效后,双方均上诉,判决已生效。

三、关联法条

《中华人民共和国税收征收管理法》

第十九条 纳税人、扣缴义务人按照有关法律、行政法规和国务院财政、税务主管部门的规定设置账簿,根据合法、有效凭证记账,进行核算。

第二十四条 从事生产、经营的纳税人、扣缴义务人必须按照国务院财政、税务主管部门规定的保管期限保管账簿、记账凭证、完税凭证及其他有关资料。

账簿、记账凭证、完税凭证及其他有关资料不得伪造、变造或者擅自损毁。

第三十五条 纳税人有下列情形之一的,税务机关有权核定其应纳税额:

(一)依照法律、行政法规的规定可以不设置账簿的;

(二)依照法律、行政法规的规定应当设置账簿但未设置的;

(三)擅自销毁账簿或者拒不提供纳税资料的;

(四)虽设置账簿,但账目混乱或者成本资料、收入凭证、费用凭证残缺不全,难以查账的;

(五)发生纳税义务,未按照规定的期限办理纳税申报,经税务机关责令限期申报,逾期仍不申报的;

(六)纳税人申报的计税依据明显偏低,又无正当理由的。

税务机关核定应纳税额的具体程序和方法由国务院税务主管部门规定。

第六十三条 纳税人伪造、变造、隐匿、擅自销毁账簿、记账凭证,或者在账簿上多列支出或者不列、少列收入,或者经税务机关通知申报而拒不申报或者进行虚假的纳税申报,不缴或者少缴应纳税款的,是偷税。对纳税人偷税的,由税务机关追缴其不缴或者少缴的税款、滞纳金,并处不缴或者少缴的税款百分之五十以上五倍以下的罚款;构成犯罪的,依法追究刑事责任。

扣缴义务人采取前款所列手段,不缴或者少缴已扣、已收税款,由税务机关追缴其不缴或者少缴的税款、滞纳金,并处不缴或者少缴的税款百分之五十以上五倍以下的罚款;构成犯罪的,依法追究刑事责任。

四、争议问题

本案中争议问题为:原告江西广大房地产开发有限公司衢州分公司被吊销营业执照后是否仍可以作为适格的被处罚对象?被告对原告企业所得税应当核定征收还是查账征收?

五、简要评论

对于第一个争议点,原告江西广大房地产开发有限公司衢州分公司作为依法登记、独立核算的纳税人,被告衢州市地方税务局稽查局认为其纳税行为违法,以其为处罚对象进行处罚,并无不当。原告虽因未参加2012年度年检,于2013年11月被吊销,但其并未被注销,结合《最高人民法院关于企业法人营业执照被吊销后,其民事诉讼地位如何确定的复函》(法经〔2000〕24号函)关于"吊销企业法人营业执照,是工商行政管理机关依据国家工商行政法规对违法的企业法人作出的一种行政处罚。企业法人被吊销营业执照后,应当依法进行清算,清算程序结束并办理工商注销登记后,该企业法人才归于消灭。因此,企业法人被吊销营业执照后至被注销登记前,该企业法人仍应视为存续,可以自己的名义进行诉讼活动"的规定,本案原告虽然被吊销营业执照,但其作为企业法人在法律上并未归于消灭。因此,从事实和法律上看,原告作为被处罚主体适格。

至于第二个争议点,我们可以从三个方面来分析。第一,原告有依法设置、保管账簿、记账凭证、完税凭证等的法定义务。《中华人民共和国税收征收管理法》第十九条规定,纳税人、扣缴义务人按照有关法律、行政法规和国务院财政、税务主管部门的规定设置账簿,根据合法、有效凭证记账,进行核算。该法第二十四条规定,从事生产、经营的纳税人、扣缴义务人必须按照国务院财政、税务主管部门规定的保管期限保管账簿、记账凭证、完税凭证及其他有关资料。账簿、记账凭证、完税凭证及其他有关资料不得伪造、变造或者擅自损毁。可见,依法设置、保管账簿、记账凭证、完税凭证等系纳税人的法定义务,税务主管部门有权查账核算应纳税数额。原告认为其资料保管不善导致无法提供完整的开发成本资料,该违反法定义务的行为不应当成为减轻其责任的正当事由。第二,核定被征收企业所得税的纳税人,应当依法定程序经有权机关审批确定。《中华人民共和国税收征收管理法》第三十五条规定了税务机关有权核定征收的具体情形,并规定税务机关核定应纳税额的具体程序和方法由国务院税务主管部门规定。《国家税务总局关于印发〈企业所得税核定征收办法〉(试行)的通知》(国税发〔2008〕30号)第十条至第十四条分别规定了确定核定征收企业所得税的企业的鉴定程序、公示程序以及纳税人的纳税申报等。本案中,原告未经上述程序,不符合核定征收条件。第三,被告经查账,确定原告应申报、已申报、少申报或多申报企业所得税额,符合法律规定。原告认为被告少列其成本,并提供了相应的合同证明,因合同本身并不能证明合同已经实际履行,在原告未提供合同已经履行完毕的发票、结算凭证的情况下,被告未将其列为成本,符合《国家税务总局关于印发〈房地产开发经营业务企业所得税处理办法〉的通知》(国税发〔2009〕31号)第三十四条关于"企业在结算计税成本时其实际发生的支出应当取得但未取得合法凭据的,不得计入计税成本,待实际取得合法凭据时,再按规定计入计税成本"的规定。因此原告关于应当核定征收其企业所得税的主张,理由不能成立。

案例1-22 新乡南太行旅游有限公司诉辉县市安全生产监督管理局行政处罚案

一、基本案情

2015年4月8日上午,辉县市峪河镇丰城村村民刘运枝等一行19人到天界山老爷顶烧香。她们每人买了2元钱的香客门票进入景区,到达老爷顶以后,刘运枝坐在石块上休息时,突然发生意外,坠落到其身后距焚香平台3.5米高的地面上。事故发生后,景区工作人员立刻实施救援,将伤者刘运枝送往水利医院进行救治,由于伤势较重,随后转往新乡市中心医院进行治疗。辉县市安全生产监督管理局接到群众举报,经过调查,确认这起事故是一起责任事故。在辉县市人民政府作出批复以及辉县市安全生产监督管理局依规定进行行政听证之后,辉县市安全生产监督管理局向新乡南太行旅游有限公司下达了行政处罚决定书,决定对新乡南太行旅游有限公司作出罚款二十万元的行政处罚。原告不服,以被告作出的行政处罚决定,适用法律不当,处罚错误为由,诉至法院,请求予以撤销。

二、诉讼过程

法院经审理认为,被告辉县市安全生产监督管理局在事实不清的情况下,按一般事故作出了行政处罚,该处罚事实不清,证据不足,适用法律、法规、规章错误,原告请求依法撤销的理由正当,其请求本院予以支持。一审判决生效后,双方均上诉,判决已生效。

三、关联法条

《中华人民共和国安全生产法》

第二条 在中华人民共和国领域内从事生产经营活动的单位(以下统称生产经营单位)的安全生产,适用本法;有关法律、行政法规对消防安全和道路交通安全、铁路交通安全、水上交通安全、民用航空安全以及核与辐射安全、特种设备安全另有规定的,适用其规定。

第三十二条 生产经营单位应当在有较大危险因素的生产经营场所和有关设施、设备上,设置明显的安全警示标志。

第一百零九条 发生生产安全事故,对负有责任的生产经营单位除要求其依法承担相应的赔偿等责任外,由安全生产监督管理部门依照下列规定处以罚款:

(一)发生一般事故的,处二十万元以上五十万元以下的罚款;

(二)发生较大事故的,处五十万元以上一百万元以下的罚款;

(三)发生重大事故的,处一百万元以上五百万元以下的罚款;

(四)发生特别重大事故的,处五百万元以上一千万元以下的罚款;情节特别严重的,处一千万元以上二千万元以下的罚款。

《生产安全事故报告和调查处理条例》

第三条 根据生产安全事故(以下简称事故)造成的人员伤亡或者直接经济损失,事故一般分为以下等级:

(一)特别重大事故,是指造成30人以上死亡,或者100人以上重伤(包括急性工业中毒,下同),或者1亿元以上直接经济损失的事故;

(二)重大事故,是指造成10人以上30人以下死亡,或者50人以上100人以下重伤,或者5 000万元以上1亿元以下直接经济损失的事故;

(三)较大事故,是指造成3人以上10人以下死亡,或者10人以上50人以下重伤,或者 1 000 万元以上 5 000 万元以下直接经济损失的事故；

（四）一般事故，是指造成 3 人以下死亡，或者 10 人以下重伤，或者 1 000 万元以下直接经济损失的事故。

国务院安全生产监督管理部门可以会同国务院有关部门，制定事故等级划分的补充性规定。

本条第一款所称的"以上"包括本数，所称的"以下"不包括本数。

《〈生产安全事故报告和调查处理条例〉罚款处罚暂行规定》

第十四条第一款　事故发生单位对造成 3 人以下死亡，或者 3 人以上 10 人以下重伤（包括急性工业中毒），或者 300 万元以上 1 000 万元以下直接经济损失的事故负有责任的，处 10 万元以上 20 万元以下的罚款。

四、争议问题

本案中争议问题为：辉县市安全生产监督管理局对新乡南太行旅游有限公司作出罚款二十万元的行政处罚是否合法？

五、简要评论

本案中，新乡南太行旅游有限公司认为，事故发生区域在老爷顶，系宗教活动场所，且受害人刘运枝进入老爷顶是上香并非旅游，其所购买的是 2 元钱的香客票，并非是 60 元钱的旅游票。受害人和原告之间不形成经营合同关系，事故所在区域并非是生产经营单位，不属于《中华人民共和国安全生产法》第二条规定的适用范围。

这一观点并不正确，虽然受害人购买的是 2 块钱的香客票，价款方面远不如 60 块钱的旅游票，但是新乡南太行旅游有限公司出售香客票，受害人购买香客票，二者之间已经形成经营合同关系。而且，老爷顶系新乡南太行旅游有限公司经营管理的区域，其未在有较大危险因素的生产经营场所设置明显的安全标志，未完善旅游安全防护设施，未在景区危险或者不宜进入的地段和场所，设置警示标志或禁止进入标志，导致事故发生。新乡南太行旅游有限公司确实违反了《中华人民共和国安全生产法》之规定，未尽到旅游安全防护之义务。

虽然原告对受害人具有不可推卸的责任，但是被告作出该处罚事实不清，证据不足，适用法律、法规、规章错误，违反相关法律之规定。《生产安全事故报告和调查处理条例》第三条规定："根据生产安全事故（以下简称事故）造成的人员伤亡或者直接经济损失，事故一般分为以下等级……（四）一般事故，是指造成 3 人以下死亡，或者 10 人以下重伤，或者 1 000 万元以下直接经济损失的事故。国务院安全生产监督管理部门可以会同国务院有关部门，制定事故等级划分的补充性规定。"该条例第三十七条规定："事故发生单位对事故发生负有责任的，依照下列规定处以罚款：（一）发生一般事故的，处 10 万元以上 20 万元以下的罚款……"《〈生产安全事故报告和调查处理条例〉罚款处罚暂行规定》

第十四条规定:"事故发生单位对造成 3 人以下死亡,或者 3 人以上 10 人以下重伤(包括急性工业中毒),或者 300 万元以上 1 000 万元以下直接经济损失的事故负有责任的,处 10 万元以上 20 万元以下的罚款。"依据上述相关规定,原告发生的事故是造成一人受伤,本事故直接经济损失也未进行评估,在事实不清的情况下,被告按一般事故作出了行政处罚,该处罚事实不清,证据不足,适用法律、法规、规章错误。因此,辉县市安全生产监督管理局对新乡南太行旅游有限公司作出罚款二十万元的行政处罚违法。

案例 1-23　福建广电网络集团股份有限公司安溪分公司诉泉州市工商行政管理局行政处罚案

一、基本案情

原告福建广电网络集团股份有限公司安溪分公司(以下简称"广电安溪分公司")作为公用企业,在安溪县独家从事有线广播电视传输业务,向用户收取有线数字电视基本收视维护费。自 2012 年 7 月至 2013 年 9 月期间,对每月 15 日之前首次安装有线数字电视的新用户从当月开始收取有线数字电视收视维护费,经被告统计核对,广电安溪分公司收取 147 户新用户的首月有线数字电视基本收视维护费,共计多收取有线数字电视基本收视维护费 2 334 元。2013 年 9 月 10 日,泉州市工商行政管理局对原告涉嫌限制竞争行为进行立案调查,经调查后认为,原告超出正常收费标准向部分有线数字电视新用户收取开户当月有线数字电视基本收视维护费的行为属滥收费用行为。经过行政听证之后,泉州市工商行政管理局作出《泉州市工商行政管理局行政处罚决定书》,决定对原告作出如下处罚:(1)责令停止违法行为;(2)处以罚款 80 000 元。原告以《泉州市工商行政管理局行政处罚决定书》违法为由,诉至法院,请求予以撤销。

二、诉讼过程

一审法院认为,原告滥收费用行为违法,泉州市工商行政管理局作出的行政处罚决定事实清楚,证据充分,适用法律法规正确,程序违法,驳回了原告的诉讼请求;原告不服提起上诉,以被告的行政处罚决定违法为由,要求改判,并支持其诉讼请求。二审法院经审查后认定:该行政处罚决定认定事实清楚,证据确凿,适用法律正确,符合法定程序。因此,上诉人请求撤销该行政处罚决定的理由不能成立,原审判决驳回上诉人的诉讼请求正确,应予维持。

三、关联法条

《中华人民共和国反不正当竞争法》(1993 年施行;新版于 2017 年修订)

第三条　各级人民政府应当采取措施,制止不正当竞争行为,为公平竞争创造良好的环境和条件。

县级以上人民政府工商行政管理部门对不正当竞争行为进行监督检查；法律、行政法规规定由其他部门监督检查的，依照其规定。

第二十三条　公用企业或者其他依法具有独占地位的经营者，限定他人购买其指定的经营者的商品，以排挤其他经营者的公平竞争的，省级或者设区的市的监督检查部门应当责令停止违法行为，可以根据情节处以五万元以上二十万元以下的罚款。被指定的经营者借此销售质次价高商品或者滥收费用的，监督检查部门应当没收违法所得，可以根据情节处以违法所得一倍以上三倍以下的罚款。

《国家工商行政管理局关于禁止公用企业限制竞争行为的若干规定》

第五条　公用企业实施前条所列行为的，由工商行政管理机关依据《反不正当竞争法》(1993年施行；新版于2017年修订)第二十三条的规定，责令停止违法行为，并可以根据情节，处以五万元以上、二十万元以下罚款。

公用企业拒不执行处罚决定，继续实施前条所列行为的，视为新的违法行为，从重予以处罚。

第六条　被指定的经营者借此销售质次价高商品或者滥收费用的，由工商行政管理机关依据《反不正当竞争法》(1993年施行；新版于2017年修订)第二十三条的规定，没收违法所得，并可以根据情节，处以违法所得一倍以上、三倍以下罚款。

前款规定的质次价高商品，由工商行政管理机关根据同期市场同类商品的价格、质量和购买者的投诉进行认定，必要时会同有关部门认定。

本规定所称滥收费用，是指超出正常的收费项目或者标准而收取的不合理的费用。

四、争议问题

本案争议问题为：广电安溪分公司多收费行为是否构成限制竞争的滥收费用行为？泉州市工商行政管理局对本案是否具有行政处罚的职权？

五、简要评论

对于第一个争议点，原告认为，公用企业实施"滥收费用"的限制竞争行为，须以"刁难"为主观目的和手段。如果对这一实质性构成要件未予认定，便会导致定性错误。涉案行为只是上诉人对物价部门规定的收费标准的"起算点"理解不透彻或未严格执行收费时间"起算点"而产生的工作失误，并不涉及任何不正当竞争。

然而，"滥收费用"的限制竞争行为的认定，必须结合法条。《国家工商行政管理局关于禁止公用企业限制竞争行为的若干规定》第六条第三款明确给出了定义，滥收费用是指超出正常的收费项目或者标准而收取的不合理的费用。《国家工商行政管理局关于〈反不正当竞争法〉第二十三条和第三十条"质次价高"、"滥收费用"及"违法所得"认定问题的答复》也是同样的意思："滥收费用"是指超出正常的收费项目或者标准而收取不合理的费用，包括应当收费而超过规定标准收取费用，或者不应当收费而收取费用。也就是说,"滥收费用"是不按正常项目或正常标准合理收费。

本案中,原告超出正常的收费标准,向部分用户多收取一个月有线数字电视基本收视维护费的行为,符合上述定义,属于滥收费用的行为;原告作为公用企业,在经营过程中滥收费用,构成了滥收费用的限制竞争行为。

至于原告"刁难"之说并不正确,"滥收费用"的限制竞争行为并非以"不接受其不合理条件的用户、消费者"为实施对象。《国家工商行政管理局关于禁止公用企业限制竞争行为的若干规定》第四条第(六)项规定的"对不接受其不合理条件的用户、消费者拒绝、中断或者削减供应相关商品"与"滥收费用"是并列关系,"滥收费用"并非以"不接受其不合理条件的用户、消费者"为实施的对象,也不以"刁难"为主观要件。只要公用企业利用独占地位滥收费用,无论其客观上是否实施了对不接受其不合理条件的消费者拒绝、中断或者削减供应相关商品的行为,均构成限制竞争行为。因此,广电安溪分公司多收费行为构成限制竞争的滥收费用行为。

对于第二个争议点,根据《中华人民共和国反不正当竞争法》(1993年施行;新版于2017年修订)(以下简称《反不正当竞争法》)第三条第二款规定:"县级以上人民政府工商行政管理部门对不正当竞争行为进行监督检查。法律、行政法规规定由其他部门监督检查的依照其规定。"所以,泉州市工商行政管理局对本案具有行政处罚的职权。但《反不正当竞争法》和《中华人民共和国价格法》均对"滥收费用"予以规定,具体如何适用呢?《全国人大常委会法制工作委员会对〈反不正当竞争法〉和〈价格法〉有关规定如何适用问题的答复》指出,根据《反不正当竞争法》(1993年施行;新版于2017年修订)第三条第二款、第二十三条和《价格法》第三十三条的规定,对同一个滥收费用行为可以适用《反不正当竞争法》或者《价格法》的有关规定进行行政处罚;适用一事不再罚的原则,由首先实施监督检查的行政机关给予罚款的行政处罚为宜。而且,《工商行政管理局关于禁止公用企业限制竞争行为的若干规定》第七条规定:"本规定中的违法行为,由省级或者设区的市的工商行政管理机关查处……"因此,泉州市工商行政管理局作为辖区内的工商行政管理部门,具有作出《泉州市工商行政管理局行政处罚决定书》的法定职权。

案例1-24 李新华诉龙岩市司法局行政处罚案

一、基本案情

2012年12月,杨昌云(杨兴忠女儿)向龙岩市信访局信访原告李新华未退还诉讼费。被告龙岩市司法局在调查中发现原告在代理杨兴忠案件的过程中,存在收案、收费问题,2013年3月19日经被告负责人批准同意立案。立案审批表中经办人意见落款时间是2013年3月15日,部门意见的落款时间为2015年3月18日,负责人审批落款时间为2013年3月19日,相互矛盾。2013年12月,案件经办人因联系不上委托人杨兴忠,建议中止调查,负责人批准同意。2015年8月3日,龙岩市海平面法律服务所主任丘建东向被告寄送信访件反映"李新华 2011 年未经登记私自办理杨兴忠诉杨昌芹夫妇嫁妆返还一案",2015 年 8 月 10 日,被告经初步调查,认为当事人李新华的行为涉嫌违反统一收案、统一委派、统一收费的规定,依法应予以处罚,建议重启调查。2015 年 8 月 15 日,经被告负责人批准办理立案审批。被告经调查、告知等程序,于 2015 年 12 月 16 日对李新华作出行政处罚决定书,认为李新华代理杨兴忠民间借贷纠纷一案,其行为属于私自收案,作出如下处罚决定:对当事人李新华给予警告处罚,并限期改正。

二、诉讼过程

法院经审理认为,被告适用法律错误,程序违法,影响了原告的实体权利。且决定书中告知当事人起诉期限错误。因此,原告请求依法撤销的理由正当,其请求法院予以支持。一审判决生效后,双方均上诉,判决已生效。

三、关联法条

《基层法律服务工作者管理办法》(2000 年施行;新版于 2017 年修订)

第三十九条　基层法律服务工作者应当遵守由基层法律服务所统一收案、统一委派、统一收费的规定。

第五十五条　基层法律服务工作者有下列行为之一的,由所在地的县级司法行政机关予以警告;有违法所得的,依照法律、法规的规定没收违法所得,并由地级司法行政机关处以违法所得三倍以下的罚款,罚款数额最高不得超过三万元:

(一)以贬损他人、抬高自己、虚假承诺或者支付介绍费等不正当手段争揽业务的;

(二)曾担任法官的基层法律服务工作者,在离任不满二年内担任原任职法院审理的诉讼案件的代理人的;

(三)冒用律师名义执业的;

(四)同时在基层法律服务所和律师事务所或者公证机构执业,或者同时在两个以上基层法律服务所执业的;

(五)无正当理由拒绝履行法律援助义务的;

(六)明知委托人的要求是非法的、欺诈性的,仍为其提供帮助的;

(七)在代理活动中超越代理权限或者滥用代理权,侵犯被代理人合法利益的;

(八)在同一诉讼、仲裁、行政裁决中,为双方当事人或者有利害关系的第三人代理的;

(九)不遵守与当事人订立的委托合同,拒绝或者疏怠履行法律服务义务,损害委托人合法权益的;

(十)在调解、代理、法律顾问等执业活动中压制、侮辱、报复当事人,造成恶劣影响的;

(十一)故意泄露当事人的商业秘密或者个人隐私的;

(十二)以影响案件审判、仲裁或者行政裁定结果为目的,违反规定会见有关司法、

仲裁或者行政执法人员,或者向其请客送礼的;

(十三)私自接受委托承办法律事务,或者私自收取费用,或者向委托人索要额外报酬的;

(十四)在代理活动中收受对方当事人、利害关系人财物或者与其恶意串通,损害委托人合法权益的;

(十五)违反司法、仲裁、行政执法工作有关制度规定,干扰或者阻碍司法、仲裁、行政执法工作正常进行的;

(十六)泄露在执业中知悉的国家秘密的;

(十七)伪造、隐匿、毁灭证据或者故意协助委托人伪造、隐匿、毁灭证据的;

(十八)向有关司法人员、仲裁人员或者行政执法人员行贿,或者指使、诱导委托人向其行贿的;

(十九)法律、法规、规章规定应予处罚的其他行为。

司法行政机关对基层法律服务工作者实施上述行政处罚的同时,应当责令其改正。

《福建省行政执法程序规定》

第二十八条 行政执法机关处理违法案件应在立案之日起三十日内作出处理决定;重大、复杂的案件,经本机关领导批准,可以延长十五天,需要继续延长的报上一级执法机关批准,省人民政府所属行政执法机关,报省人民政府批准。

《司法行政机关行政处罚程序规定》

第十四条第(一)项 案件调查终结后,业务工作部门应当根据案件的情况,分别作出如下处理:

(一)违法事实不清或者证据不足的,报经机关负责人审批后作出不予处罚决定。

《中华人民共和国行政处罚法》(2009年)

第二十九条 违法行为在二年内未被发现的,不再给予行政处罚。法律另有规定的除外。

前款规定的期限,从违法行为发生之日起计算;违法行为有连续或者继续状态的,从行为终了之日起计算。

四、争议问题

本案中争议问题为:龙岩市司法局是否具有作出本案行政处罚决定的行政职权?龙岩市司法局作出的被诉行政处罚决定是否违法?

五、简要评论

对于第一个争议点,根据《基层法律服务工作者管理办法》(2000年施行;新版于2017年修订)第五十五条规定,基层法律服务工作者私自接受委托承办法律事务,或者私自收取费用,或者向委托人索要额外报酬的,由所在地的县级司法行政机关予以警告。

《福建省行政执法程序规定》第八条第二款也规定,上级行政执法机关可以办理下级行政执法机关管辖的行政执法事项。因此,被告龙岩市司法局有行使处罚的职权。

关于第二个争议点,首先,原告确实存在私自收案的违法行为,而且违法事实清楚。原告在龙岩市海平面法律服务所执业期间,经杨昌芹(委托人杨兴忠的女儿)介绍,代理了杨兴忠诉杨昌芹、刘春雷民间借贷纠纷一案。经被告龙岩市司法局调查,该案没有在龙岩市海平面法律服务所办理收案登记手续,原告提供的收案审批表没有龙岩市海平面法律服务所主任丘建东的签字和龙岩市海平面法律服务所的印章,出庭函虽有龙岩市海平面法律服务所的印章,但与该所通用的函格式不一致,结案后,原告也没有填写一案一卡。这些行为已经违反了司法部《基层法律服务工作者管理办法》(2000年施行;新版于2017年修订)第三十九条的规定,属于私自收案。

然而,被告未能依法认真履行职责,构成行政处罚程序违法。根据《福建省行政执法程序规定》第二十八条规定,行政执法机关处理违法案件应在立案之日起三十日内作出处理决定;重大、复杂的案件,经本机关领导批准,可以延长十五天,需要继续延长的报上一级执法机关批准,省人民政府所属行政执法机关,报省人民政府批准。本案中,被告于2013年3月19日对原告的违法行为进行立案,应于同年4月19日审结,根据司法部《司法行政机关行政处罚程序规定》第十四条第(一)项规定,案件调查终结后,业务工作部门应当根据案件的情况,对于违法事实不清或者证据不足的,报经机关负责人审批后作出不予处罚决定。被告龙岩市司法局以联系不上证人杨兴忠为由中止调查,说明当时原告的违法事实不清或者证据不足,应作出不予处罚决定,被告以联系不上证人杨兴忠为由中止调查,没有法律依据。且被告的立案审批中,经办人意见、部门意见及负责人审批落款时间错乱。

此外,本案中,被告于2013年3月19日对原告的违法行为进行立案,2015年8月15日再次立案,该立案时间与上次立案应审结时间相差两年之久。根据《中华人民共和国行政处罚法》第二十九条规定,违法行为在两年内未被发现的,不再给予行政处罚。原告的违法行为已经过了追责时效,被告龙岩市司法局再次立案并作出处罚,违反了上述规定。

因此,被告龙岩市司法局作出的被诉行政处罚决定违法。

案例1-25 利津县水利局诉胡宝良行政处罚案

一、基本案情

2016年2月,胡宝良在褚官河左岸距河中心线27.2米的地方建造房屋两排,用于养鸡。胡宝良所建房屋位于褚官河确权范围内。因胡宝良所建房屋未经利津县水利局批准,2016年3月,利津县水利局向胡宝良送达了《责令停止水事违法行为通知书》,责令胡宝良立即停止违法行为,限7天内到利津县水利局补办相关手续。胡宝良在期限内到利津县水利局要求补办相关手续,利津县水利局未予办理。2016年4月,利津县水利局对胡宝良作出行政处罚决定,认定胡宝良在褚官河确权范围内建设房屋,属于违法建筑,决定处罚如下:(1)限15天内拆除违法建筑,并恢复原貌;(2)处罚款人民币七万元;(3)若逾期不拆除违法建筑,将强制拆除,所需费用由当事人负担。胡宝良以行政处罚违法为由,诉至法院,请求予以撤销。

二、诉讼过程

一审法院认为,利津县水利局作出的行政处罚决定主要证据不足,适用法律错误,程序违法,依法应予撤销。被告不服提起上诉,以行政处罚决定证据充分、事实清楚,程序合法,适用法律正确,请求二审法院依法撤销一审判决,驳回胡宝良的诉讼请求;二审法院经审查后认定:原告违法建筑事实清楚,被告作出行政处罚的程序合法,一审认定事实清楚,但适用法律错误。因此判决撤销原判,以及利津县水利局作出的行政处罚决定第二项,驳回胡宝良其他诉讼请求。

三、关联法条

《中华人民共和国水法》

第十二条 国家对水资源实行流域管理与行政区域管理相结合的管理体制。

国务院水行政主管部门负责全国水资源的统一管理和监督工作。

国务院水行政主管部门在国家确定的重要江河、湖泊设立的流域管理机构(以下简称流域管理机构),在所管辖的范围内行使法律、行政法规规定的和国务院水行政主管部门授予的水资源管理和监督职责。

县级以上地方人民政府水行政主管部门按照规定的权限,负责本行政区域内水资源的统一管理和监督工作。

第三十八条第一款 在河道管理范围内建设桥梁、码头和其他拦河、跨河、临河建筑物、构筑物,铺设跨河管道、电缆,应当符合国家规定的防洪标准和其他有关的技术要求,工程建设方案应当依照防洪法的有关规定报经有关水行政主管部门审查同意。

第五十九条第一款 县级以上人民政府水行政主管部门和流域管理机构应当对违反本法的行为加强监督检查并依法进行查处。

第六十五条第二款 未经水行政主管部门或者流域管理机构同意,擅自修建水工程,或者建设桥梁、码头和其他拦河、跨河、临河建筑物、构筑物,铺设跨河管道、电缆,且防洪法未作规定的,由县级以上人民政府水行政主管部门或者流域管理机构依据职权,责令停止违法行为,限期补办有关手续;逾期不补办或者补办未被批准的,责令限期拆除违法建筑物、构筑物;逾期不拆除的,强行拆除,所需费用由违法单位或者个人负担,并处一万元以上十万元以下的罚款。

《中华人民共和国河道管理条例》

第二十条 有堤防的河道,其管理范围为两岸堤防之间的水域、沙洲、滩地(包括可耕地)、行洪区,两岸堤防及护堤地。

无堤防的河道,其管理范围根据历史最高洪水位或者设计洪水位确定。

河道的具体管理范围,由县级以上地方人民政府负责划定。

《山东省实施〈中华人民共和国河道管理条例〉办法》(1991年施行,新版于2018年修订)

第十四条 有堤防的河道,其管理范围为两岸堤防之间的水域、沙洲、滩地(包括可耕地)、行洪区、两岸堤防及堤脚外侧5至10米的护堤地;无堤防的河道其管理范围根据历史最高洪水位或者设计洪水位划定。

河道具体管理范围,按照河道管理权限,由县级以上地方人民政府负责划定。

四、争议问题

本案中争议问题为:利津县水利局是否具有作出本案行政处罚决定的行政职权?利津县水利局作出被诉行政处罚决定适用法律及处罚结果是否正确?

五、简要评论

对于第一个争议点,一审法院认为,胡宝良所建的房屋是在"水工程确权范围"内,不能证明其是在"河道管理范围内",因此,利津县水利局对胡宝良所建房屋作出的行政处罚证据不足。

这一认定无疑是错误的,属于对法条的机械理解和运用。根据《中华人民共和国水法》第十二条第四款规定"县级以上地方人民政府水行政主管部门按照规定的权限,负责本行政区域内水资源的统一管理和监督工作",其第五十九条规定"县级以上人民政府水行政主管部门和流域管理机构应当对违反本法的行为加强监督检查并依法进行查处",以及《中华人民共和国水法》第三十八条第一款之规定,利津县水利局具有对河道管理范围内违反《中华人民共和国水法》及《中华人民共和国河道管理条例》等的行为进行查处的法定职权。

又根据《中华人民共和国河道管理条例》第二十条的规定,河道的具体管理范围,由县级以上地方人民政府负责划定。利津县人民政府制定下发的《关于水利工程土地确权划界登记发证工作的实施意见》中,根据桩号划定了褚官河等各河道、渠道相应的确权划界范围。因为划界是指划定河道(堤防)的管理范围,确权就是指对管理范围的土地进行使用权证的申领,所以对水行政主管部门拥有的水利工程土地使用权的确权就是对管理范围的土地的确定。据此,利津县人民政府为利津县水利局颁发的《国有土地使用证》所确定的利津县水利局拥有的水利工程土地使用权范围就是利津县水利局具有河道管理职权的范围。因此,既然各方当事人均认可胡宝良在利津县水利局拥有使用权的水利工程用地范围内,未经审批修建了房屋等建筑物,用于养殖,那么利津县水利局就具有作出本案行政处罚决定的法定职权。

关于第二个争议点,根据《中华人民共和国水法》第六十五条之规定,在水行政主管部门责令违法行为人限期拆除违法建筑物、构筑物而违法行为人逾期不拆除的,水行政主管部门应依法强行拆除;在强行拆除后,所需费用由违法行为人负担,并处罚款。也就是说,只有在违法行为人逾期不自行拆除导致上诉人强制拆除违法建筑的,才能对违法行为人并处罚款。而本案上诉人利津县水利局作出的被诉行政处罚决定,在责令被上诉人胡宝良限期拆除违法建筑的同时,在上诉人给出的自行拆除时间还未到期,且违法行为人是否自行拆除还不确定的情况下,就决定对被上诉人胡宝良并处罚款七万元,显然违反了上述法律规定。

必须指出的是,本案一审之所以适用法律错误,源于法官机械的推论。法学大家杨仁寿在其《法学方法论》开篇评论"诽韩案",认为法官机械地解释"孝思忆念",以至于出现判决韩愈第三十九代孙自诉他人诽谤韩愈胜诉,众人惊呼"文字狱"。本案也是如此,法官由于机械的推论,得出了胡宝良所建的房屋是在"水工程确权范围"内,但不能证明其是在"河道管理范围内"的荒诞结论。因此,法官在审案之时,须得牢记杨仁寿先生在书中的告诫:"今之法官,就具体案件为裁判时,恒以维护正义为己任,惟其本省之学养,苟尚停滞于传统的概念法学阶段,此项使命即无从达到。不仅如此,设认法律漏洞之出现,系立法者之疏忽、不及预见或情况变更,'立法的应归于立法',认非从立法补救不可,而无视或不知其本身之职责,均难谓于职守无亏。"

第二章 行政强制

案例 2-1 毛锡香诉兴宁市人民政府强制拆迁案

一、基本案情

2013年6月，兴宁市城市建设管理监察大队执法人员现场检查发现毛锡香在兴宁市福兴街道办事处黄畿村毛屋坝地段未取得建设规划许可证擅自建设建筑物，兴宁市城市建设管理监察大队分别于2013年6月28日、10月28日对毛锡香发出《限期改正违法行为通知书》，要求毛锡香立即停止施工。2013年11月25日，兴宁市住房和城乡规划建设局（以下简称"兴宁市住建局"）作出2013112501号《违法建设限期拆除通知书》（以下简称"限期拆除通知"），责令毛锡香停止建设，限其在2013年12月4日前自行拆除在建建筑物。2013年12月5日，兴宁市住建局向毛锡香发出兴建催通字〔2013〕第001号催告通知书，催告毛锡香在接到通知书之日起三日内对违法建筑自行拆除，否则将对违法建筑实施强制拆除，并告知毛锡香陈述、申辩的权利。毛锡香未在规定的期限内自行拆除在建违法建筑物。2013年12月10日，兴宁市人民政府（以下简称"兴宁市政府"）作出兴府行强执决字〔2013〕第1号行政强制执行决定书，并于当日发出强制执行公告，决定对毛锡香违法建筑物实施强制拆除，若不自行拆除，将于2013年12月11日对其违法建筑物实施强制拆除。2013年12月11日，宁兴市政府对毛锡香违法建筑实施强制拆除。

2013年12月9日，毛锡香向兴宁市政府申请行政复议，要求撤销兴宁市住建局作出的限期拆除通知。2014年1月23日，兴宁市政府作出兴宁府行复〔2013〕30号行政复议决定书，维持兴宁市住建局作出的限期拆除通知。毛锡香起诉请求判决兴宁市政府拆除毛锡香房屋的行为违法，兴宁市政府恢复毛锡香被拆除的房屋原状或按市价赔偿。

二、诉讼过程

一审法院经审理认为，兴宁市政府对未取得建设工程规划许可证或者未按照建设工程规划许可证的规定进行建设的建筑物实施强制拆除具有法定的职权，对毛锡香未取得建设工程规划许可证建设建筑物的认定事实清楚，行政强制拆除的程序符合行政强制法关于行政机关强制执行程序的规定，程序合法，适用法律正确，其行政行为合法。判决驳回毛锡香的诉讼请求。

一审宣判后，原告毛锡香不服提起上诉，并提出其修建的涉案房屋不属于违法建设，不应当被拆除,兴宁市政府在复议期间拆除涉案房屋程序违法。

二审法院经审理认为,兴宁市政府实施的强制拆除行为事实依据和法律依据充分,符合法定程序。对于毛锡香上诉提出其修建的涉案房屋不属违法建设及不应当被拆除的问题,本案中毛锡香未提交证据证明涉案强制拆除行为存在需要停止执行的情形,其以此为由主张涉案强制拆除行为违法,不予采纳。

二审宣判后,上诉人毛锡香不服,申请再审,提出兴宁市政府拆除申请人的房屋是在行政复议之前而不是在行政复议期间,强拆违反程序。毛锡香提交两组证据:第一组为兴宁市政府兴市政〔2014〕259号《关于印发兴宁市规范农村建房管理实施细则(试行)的通知》一份,拟证明毛锡香报建手续合法;第二组为广东省人民政府《关于印发兴宁市城市总体规划(2010—2020)的批复》一份,拟证明兴宁市城市总体规划在毛锡香房屋在建的时候并没有生效。

再审法院经审理认为,政府部门将毛锡香所建房屋认定为违章建筑并无不当。兴宁市政府拆除房屋的行为违反行政强制法第四十四条规定的期限,再审法院对该强制拆除行为确认违法,驳回毛锡香其他诉讼请求。

三、关联法条

《中华人民共和国城乡规划法》(2008年施行;新版于2015年修正)

第六十四条　未取得建设工程规划许可证或者未按照建设工程规划许可证的规定进行建设的,由县级以上地方人民政府城乡规划主管部门责令停止建设;尚可采取改正措施消除对规划实施的影响的,限期改正,处建设工程造价百分之五以上百分之十以下的罚款;无法采取改正措施消除影响的,限期拆除,不能拆除的,没收实物或者违法收入,可以并处建设工程造价百分之十以下的罚款。

第六十八条　城乡规划主管部门作出责令停止建设或者限期拆除的决定后,当事人不停止建设或者逾期不拆除的,建设工程所在地县级以上地方人民政府可以责成有关部门采取查封施工现场、强制拆除等措施。

《中华人民共和国行政强制法》

第三十四条　行政机关依法作出行政决定后,当事人在行政机关决定的期限内不履行义务的,具有行政强制执行权的行政机关依照本章规定强制执行。

第三十五条　行政机关作出强制执行决定前,应当事先催告当事人履行义务。催告应当以书面形式作出,并载明下列事项:

(一)履行义务的期限;

(二)履行义务的方式;

(三)涉及金钱给付的,应当有明确的金额和给付方式;

(四)当事人依法享有的陈述权和申辩权。

第三十七条第一款、第二款　经催告,当事人逾期仍不履行行政决定,且无正当理由的,行政机关可以作出强制执行决定。

强制执行决定应当以书面形式作出,并载明下列事项:

(一)当事人的姓名或者名称、地址;

(二)强制执行的理由和依据;

(三)强制执行的方式和时间;

(四)申请行政复议或者提起行政诉讼的途径和期限;

(五)行政机关的名称、印章和日期。

第四十四条　对违法的建筑物、构筑物、设施等需要强制拆除的,应当由行政机关予以公告,限期当事人自行拆除。当事人在法定期限内不申请行政复议或者提起行政诉讼,又不拆除的,行政机关可以依法强制拆除。

《中华人民共和国行政诉讼法》(1990年施行;2014年修正,新版于2017年修正)

第七十四条第一款　行政行为有下列情形之一的,人民法院判决确认违法,但不撤销行政行为:

(一)行政行为依法应当撤销,但撤销会给国家利益、社会公共利益造成重大损害的;

(二)行政行为程序轻微违法,但对原告权利不产生实际影响的。

《中华人民共和国国家赔偿法》

第四条　行政机关及其工作人员在行使行政职权时有下列侵犯财产权情形之一的,受害人有取得赔偿的权利:

(一)违法实施罚款、吊销许可证和执照、责令停产停业、没收财物等行政处罚的;

(二)违法对财产采取查封、扣押、冻结等行政强制措施的;

(三)违法征收、征用财产的;

(四)造成财产损害的其他违法行为。

四、争议问题

本案中争议问题为:兴宁市政府拆除毛锡香房屋的行为是否合法?毛锡香请求恢复被拆除房屋或者按市价赔偿有无法律依据?

五、简要评论

根据《行政诉讼法》第七十条的规定,认定一项行政行为是否违法的标准包括:(1)主要证据不足;(2)适用法律、法规错误;(3)违反法定程序;(4)超越职权的;(5)滥用职权;(6)明显不当的。

首先,问题在于宁兴市政府是否有权对毛锡香的建筑实施强制拆除,与此关联的一个问题是毛锡香的建筑是否属于违法建筑。据查证,2002年7月8日,广东省人民政府发出粤府函〔2002〕257号《关于同意兴宁市城区总体规划进行局部调整的批复》,批准同意对《兴宁市城区总体规划》进行局部调整。经调整，兴宁市实施2000—2015年总体规划城市规划区面积为114平方公里，福兴街道办事处黄畿村毛屋坝地段属于城市规划区范围。因此，毛锡香在并未取得合法的报建手续的情况下擅自建设建筑物无疑属于违法行为，其建筑属于违法建筑。根据《中华人民共和国城乡规划法》(2008年施行；新版于2015年修正)第六十四条、第六十八条，《中华人民共和国行政强制法》第三十四条、第四十四条的规定，宁兴市政府具有强制拆除的权力。

其次，兴宁市政府的强制拆除行为是否违反法定程序。根据《中华人民共和国行政强制法》第四十四条的规定，对违法的建筑物、构筑物、设施等需要强制拆除的，应当由行政机关予以公告，限期当事人自行拆除。当事人在法定期限内不申请行政复议或者提起行政诉讼，又不拆除的，行政机关可以予以强制拆除。然而，在兴宁市政府于2013年12月10日作出兴府行强执决字〔2013〕第1号行政强制执行决定书，并于当日发出强制执行公告之前的2013年12月9日，毛锡香已对兴宁市住建局作出的限期拆除通知申请行政复议，要求撤销该限期拆除通知，而兴宁市政府直到2014年1月23日才作出了行政复议决定书。因此，兴宁市政府的强制拆除行为明显违反了法定程序。然而，从实质来看，毛锡香的建筑明显属于违法建筑，兴宁市政府有权进行强制拆除。因此，即使兴宁市政府的拆除行为在程序上违法，但并没有在实体上对毛锡香的权利造成损害，属于程序轻微违法，根据《行政诉讼法》(1990年实施；2014年修正；新版于2017年修正)第七十四条第一款的规定，最高人民法院作出的确认违法判决是适当的。

对于毛锡香是否有权请求恢复被拆除房屋或者按市价赔偿，根据《中华人民共和国国家赔偿法》第四条的规定，毛锡香的建筑必须属于合法财产方能进行赔偿。然而，根据以上的分析，毛锡香的建筑明显属于违法建筑，并不存在请求恢复被拆除房屋或者按市价赔偿的请求权基础，因此，其无权请求恢复被拆除房屋或者按市价赔偿。

案例2-2 刘云务诉山西省太原市公安局交通警察支队晋源一大队道路交通管理行政强制案

一、基本案情

2001年7月，刘云务通过分期付款的方式在山西省威廉汽车租赁有限公司购买了一辆东风EQ1208G1型运输汽车，发动机号码133040，车架号码110×××2219，合格证号0140721，最终上户车牌为晋A×××××号。刘云务依约付清车款后，车辆仍登记挂靠在该公司名下。2006年12月12日，刘云务雇佣的司机任治荣驾驶该车辆行驶至太原市和平路西峪乡路口时，山西省太原市交通警察支队晋源一大队(以下简称"晋源交警一大队")的执勤民警以该车未经年审为由将该车扣留并于当日存入存车场。2006年12月14日，刘云务携带该车审验日期为2006年12月13日的行驶证去处理该起违法行为。晋源交警一大队执勤民警在核实过程中发现该车的发动机号码和车架号码看不到，遂以该车涉嫌套牌及发动机号码和车架号码无法查对为由对该车继续扣留，并口头告知刘云务提供其他合法有效手续。刘云务虽多次托人交涉并提供相关材料，但晋源交警一大队一直以其不能提供车辆合法来历证明为由扣留该车。刘云务不服，提起行政诉讼，请求法院撤销晋源交警一大队的扣留行为并返还该车。在法院审理期间，双方当事人在法院组织下对该车车架号码的焊接处进行了切割查验，切割后显示的该车车架号码为GAGJBDK0110×××2219，而刘云务提供的该车行驶证载明的车架号码为LGAGJBDK0110×××2219。刘云务提交了山西吕梁东风汽车技术服务站出具的更换发动机缸体、更换发动机缸体造成不显示发动机号码、车架用钢板铆钉加固致使车架号码被遮盖等三份证明。

二、诉讼过程

一审法院经审理认为，晋源交警一大队口头通知刘云务提供其他合法有效手续后，刘云务一直没有提供相应的合法手续，故晋源交警一大队扣留涉案车辆于法有据。由于扣留涉案车辆的行为属于事实行为，故晋源交警一大队在行政执法过程中的程序瑕疵不能成为撤销扣留行为的法定事由。刘云务虽然提供了由山西吕梁东风汽车技术服务站出具的更换发动机缸体的相关证明，但未经批准擅自更换发动机、改变发动机号码的行为均为我国相应法律、法规所禁止。刘云务一直未提供该车的其他合法有效手续，故其要求撤销扣留行为，返还涉案车辆的诉讼请求不能成立。据此，判决驳回刘云务的诉讼请求。

一审宣判后，刘云务不服，提起上诉。

二审法院经审理认为，刘云务未经批准擅自更换发动机、改变发动机号码的行为均为我国相应法律、法规所禁止，晋源交警一大队扣留该车于法有据。晋源交警一大队作为行政执法机关，对认为来历不明的车辆可以自行调查，但其一直没有调查，也未及时作出处理，行为不当。据此，判决撤销山西省太原市中级人民法院（2010）并行初字第3号行政判决，晋源交警一大队在判决生效后三十日内对扣留涉案车辆依法作出处理并答复刘云务，驳回刘云务的其他诉讼请求。

二审宣判后，刘云务不服，申请再审。

再审法院经审理查明，对于特定汽车生产厂家生产的特定汽车而言，车架号码最后8位字符组成的字符串具有唯一性，认为晋源交警一大队在决定扣留涉案车辆时未遵循法定程序，认定涉案车辆涉嫌套牌而持续扣留主要证据不足，既不调查核实又长期扣留涉案车辆构成滥用职权，判决确认扣留行为违法并判令返还违法扣留的车辆。

三、关联法条

《道路交通安全违法行为处理程序规定》（2004年版，新版于2008年修订、2009年实施）

第十一条第一款 需要采取扣留车辆、扣留机动车驾驶证、检验体内酒精、国家管制

的精神药品、麻醉药品含量行政强制措施的,按照下列程序实施:

(一)口头告知违法行为人或者机动车所有人、管理人违法行为的基本事实、拟作出行政强制措施的种类、依据及其依法享有的权利;

(二)听取当事人的陈述和申辩,当事人提出的事实、理由或者证据成立的,应当采纳;

(三)制作行政强制措施凭证;

(四)行政强制措施凭证应当由当事人签名、交通警察签名或者盖章、公安机关交通管理部门盖章。当事人拒绝签名的,交通警察应当在行政强制措施凭证上注明;

(五)将行政强制措施凭证当场交付当事人。当事人拒收的,交通警察应当在行政强制措施凭证上注明。

第十三条 有下列情形之一的,因无其他机动车驾驶人代替驾驶、违法行为尚未消除、需要调查或者证据保全等原因不能立即放行的,可以扣留车辆:

(一)未悬挂机动车号牌,未放置检验合格标志、保险标志,或者未携带行驶证、机动车驾驶证的;

(二)具有使用伪造、变造或者其他车辆的机动车登记证书、号牌、行驶证、检验合格标志、保险标志嫌疑的;

(三)未按照规定投保机动车第三者责任强制保险的;

(四)公路客运车辆或者货运机动车超载的;

(五)具有被盗抢嫌疑的;

(六)机动车属于拼装或者已达到报废标准的;

(七)非机动车驾驶人拒绝接受罚款处罚的。

第十五条 需要对机动车来历证明进行调查核实的,扣留机动车时间不得超过十五日;需要延长的,经县级以上公安机关交通管理部门负责人批准,可以延长至三十日。但机动车驾驶人或者所有人、管理人在三十日内没有提供被扣留机动车合法来历证明、没有补办相应手续,或者不来接受处理的除外。

《中华人民共和国道路交通安全法》(2003年版,新版已于2011年修订实施)

第九十六条 伪造、变造或者使用伪造、变造的机动车登记证书、号牌、行驶证、检验合格标志、保险标志、驾驶证或者使用其他车辆的机动车登记证书、号牌、行驶证、检验合格标志、保险标志的,由公安机关交通管理部门予以收缴,扣留该机动车,并处二百元以上二千元以下罚款;构成犯罪的,依法追究刑事责任。

当事人提供相应的合法证明或者补办相应手续的,应当及时退还机动车。

第一百一十二条第一款 公安机关交通管理部门扣留机动车、非机动车,应当当场出具凭证,并告知当事人在规定期限内到公安机关交通管理部门接受处理。

《中华人民共和国道路交通安全法实施条例》

第六条第一款 已注册登记的机动车有下列情形之一的,机动车所有人应当向登记该机动车的公安机关交通管理部门申请变更登记：

（一）改变机动车车身颜色的；

（二）更换发动机的；

（三）更换车身或者车架的；

（四）因质量有问题，制造厂更换整车的；

（五）营运机动车改为非营运机动车或者非营运机动车改为营运机动车的；

（六）机动车所有人的住所迁出或者迁入公安机关交通管理部门管辖区域的。

《机动车登记规定》（2004年版，新版于2008年发布，2012年修正实施）

第十条第一款　更换发动机的，机动车所有人应当于变更后10日内向车辆管理所申请变更登记，填写《机动车变更登记申请表》，提交法定证明、凭证，并交验机动车。

第十七条　有下列情形之一在不影响安全和识别号牌的情况下，机动车所有人可以自行变更：

（一）小型、微型载客汽车加装前后防撞装置；

（二）货运机动车加装防风罩、水箱、工具箱、备胎架等；

（三）机动车增加车内装饰等。

四、争议问题

本案中争议问题为：晋源交警一大队扣留涉案车辆的行政强制措施是否合法？

五、简要评论

本案中，判断晋源交警一大队扣留涉案车辆的行政强制措施的合法性质疑，主要在于三个方面：其一，晋源交警一大队是否有权扣留涉案车辆。其二，其扣留行为是否存在程序违法。其三，晋源交警一大队的扣留行为是否存在滥用职权。

首先，案件发生在2006年12月，依照当时的《中华人民共和国道路交通安全法》（以下简称《道路交通安全法》）（2003年10月28日通过）第九十六条第一款以及《道路交通安全违法行为处理程序规定》（2004年4月30日发布）第十三条第（二）项的规定，晋源交警一大队在行政执法中发现车辆涉嫌套牌的，有权依法进行扣留。在刘云务提交合法年审手续后，晋源交警一大队又发现涉案车辆无发动机号码、无法识别车架号码而涉嫌套牌时，也可以依法继续扣留。

其次，虽然晋源交警一大队有权扣留涉案车辆，但在扣留的程序上存在违法行为。当时的《道路交通安全法》（2003年颁布实施）第一百一十二条第一款明确规定，"公安机关交通管理部门扣留机动车、非机动车，应当当场出具凭证，并告知当事人在规定期限内到公安机关交通管理部门接受处理"，《道路交通安全违法行为处理程序规定》（2004年颁布实施）第十一条第一款也规定了，需要采取扣留车辆、扣留机动车驾驶证、检验体内酒精、国家管制的精神药品、麻醉药品含量行政强制措施的，必须经过告知当事人违法行为的基本事实、拟作出行政强制措施的种类、依据及其依法享有的权利,听取当事人的陈述和申辩,制作行政强制措施凭证并送达当事人等行政程序。晋源交警一大队始终未出具任何形式的书面扣留决定。而且在刘云务提供合法年审手续后,晋源交警一大队初始以未经年审为由扣留车辆后又在没有另行制作扣留决定的情况下以车辆涉嫌套牌为由继续扣留,显然违反法定程序。

最后,虽然根据《道路交通安全违法行为处理程序规定》(2004年颁布实施)第十五条规定,在机动车驾驶人或者所有人、管理人在三十日内没有提供被扣留机动车合法来历证明、没有补办相应手续,或者不来接受处理的,晋源交警一大队不受扣留时间的法定限制,但扣留行为属于行政强制措施,应以制止违法行为、防止证据损毁、便于查清事实等为限,不能长期扣留而不处理,给当事人造成不必要的损失。而且刘云务先后提供的车辆行驶证和相关年审手续、购车手续,山西省威廉汽车租赁有限公司出具的说明,山西吕梁东风汽车技术服务站出具的三份证明,已经能够证明涉案车辆在生产厂家指定的维修站更换发动机缸体及用钢板铆钉加固车架的事实,反而反复要求刘云务提供客观上已无法提供的其他合法来历证明,属于滥用职权。

案例 2-3　谭孟权诉儋州市人民政府、儋州市住房和城乡建设局和儋州市城市开发建设总公司行政强制案

一、基本案情

1992年5月3日,海南省建设厅就原儋县人民政府(现儋州市人民政府)《关于开发建设那大新城区的请示》向海南省人民政府办公厅提交《关于开发建设那大新城区的意见》,同意原儋县人民政府以那大中心大道为轴线开发建设新城区。同年5月18日、6月18日,原儋县那大中心大道开发指挥部与儋县和庆镇北吉上村经济合作社、北吉下村经济合作社签订了《国家建设征用土地协议书》,征收土地进行开发建设,并向两经济合作社支付了相关征地补偿款,本案涉诉土地在此次征地的范围内。1992年9月1日,经原儋县第九届人大常委会审议通过,原儋县人民政府颁布实施《关于开发建设那大中心大道有关拆迁问题的规定》,决定对规划中的那大中心大道及其两侧一定区域范围内的房屋等建筑物进行拆迁。1993年5月25日,儋州市那大中心大道开发建设指挥部颁布《关于美扶地段拆迁安置的实施办法》。1993年,谭孟权家庭的代表人与洋浦公司(1993年7月更名为"儋州市城市开发建设总公司")签订了《拆迁补偿合同书》。1994年5月17日,儋州市人民政府(以下简称"儋州市政府")授权儋州市城市开发建设总公司(以下简称"城建总公司")对那大中心大道全面规划,配合征地与实施综合开发建设。1995年4月17日,谭孟权家庭的代表人与城建总公司签订《拆迁补偿补充合同》,但一直未领取拆迁补偿款。

2011年11月7日,儋州市政府向城建总公司颁发了儋国用〔2011〕第1409—1414号

国有土地使用证,谭孟权房屋用地被登记在上述土地证项下。2012年,儋州市政府启动省、市重点项目"儋州骑楼美食街",并于2012年9月19日、10月24日分别作出儋府〔2012〕80号《儋州市人民政府房屋拆除公告》(以下简称《公告》)、儋府〔2012〕96号《儋州市人民政府关于拆除房屋的通告》(以下简称《通告》),要求谭孟权等限期进行建筑物登记和限期拆除房屋。由于谭孟权未按照上述公告确定的期限自行拆除房屋,儋州市住建局在儋州市政府的领导下,于11月27日对谭孟权等未主动搬迁村民的房屋强制拆除。谭孟权不服遂提起行政诉讼。

二、诉讼过程

一审法院经审理认为,儋州市政府基于"儋州骑楼美食街"重点项目建设需要,以《公告》《通告》方式告知谭孟权限期进行建筑物登记和限期拆除房屋的行政行为并无不当,对谭孟权请求撤销《公告》《通告》的诉讼请求依法予以驳回;儋州市政府组织实施的行政强制拆除行为违反法定程序,依法确认违法;儋州市政府应对谭孟权的房屋及其他地上附着物应获而未获补偿的权益采取补救措施并予以补偿,驳回谭孟权要求赔偿经济损失的诉讼请求。

一审宣判后,谭孟权不服,提起上诉。

二审法院经审理认为,原审判决认定事实清楚,适用法律正确,判决结果恰当,依法应予维持。

三、关联法条

《中华人民共和国行政强制法》(2008年施行;新版于2015年修正)

第二条 本法所称行政强制,包括行政强制措施和行政强制执行。

行政强制措施,是指行政机关在行政管理过程中,为制止违法行为、防止证据损毁、避免危害发生、控制危险扩大等情形,依法对公民的人身自由实施暂时性限制,或者对公民、法人或者其他组织的财物实施暂时性控制的行为。

行政强制执行,是指行政机关或者行政机关申请人民法院,对不履行行政决定的公民、法人或者其他组织,依法强制履行义务的行为。

第十八条 行政机关实施行政强制措施应当遵守下列规定:

(一)实施前须向行政机关负责人报告并经批准;

(二)由两名以上行政执法人员实施;

(三)出示执法身份证件;

(四)通知当事人到场;

(五)当场告知当事人采取行政强制措施的理由、依据以及当事人依法享有的权利、救济途径;

(六)听取当事人的陈述和申辩;

（七）制作现场笔录；

（八）现场笔录由当事人和行政执法人员签名或者盖章，当事人拒绝的，在笔录中予以注明；

（九）当事人不到场的，邀请见证人到场，由见证人和行政执法人员在现场笔录上签名或者盖章；

（十）法律、法规规定的其他程序。

第三十五条　行政机关作出强制执行决定前，应当事先催告当事人履行义务。催告应当以书面形式作出，并载明下列事项：

（一）履行义务的期限；

（二）履行义务的方式；

（三）涉及金钱给付的，应当有明确的金额和给付方式；

（四）当事人依法享有的陈述权和申辩权。

第三十六条　当事人收到催告书后有权进行陈述和申辩。行政机关应当充分听取当事人的意见，对当事人提出的事实、理由和证据，应当进行记录、复核。当事人提出的事实、理由或者证据成立的，行政机关应当采纳。

第三十七条　经催告，当事人逾期仍不履行行政决定，且无正当理由的，行政机关可以作出强制执行决定。

强制执行决定应当以书面形式作出，并载明下列事项：

（一）当事人的姓名或者名称、地址；

（二）强制执行的理由和依据；

（三）强制执行的方式和时间；

（四）申请行政复议或者提起行政诉讼的途径和期限；

（五）行政机关的名称、印章和日期。

在催告期间，对有证据证明有转移或者隐匿财物迹象的，行政机关可以作出立即强制执行决定。

第三十八条　催告书、行政强制执行决定书应当直接送达当事人。当事人拒绝接收或者无法直接送达当事人的，应当依照《中华人民共和国民事诉讼法》的有关规定送达。

四、争议问题

本案中的争议问题为：儋州市政府、儋州市住建局实施的房屋强制拆除行为是否合法？

五、简要评论

本案的情结比较清晰，法院的判决适当。只是，在判断儋州市政府、儋州市住建局的强制拆迁行为的性质上存在瑕疵。法院认为,儋州市政府告知谭孟权限期进行建筑物登记和限期拆除房屋,应当依照《中华人民共和国行政强制法》(以下简称《行政强制法》)第十八条的规定,在实施强制拆除前应当通知当事人到场,当场告知当事人采取行政强制措施的理由、依据以及当事人依法享有的权利、救济途径,听取当事人的陈述和申辩。儋州市政府、儋州市住建局除了发布《公告》《通告》以及在强制拆除前对房屋及附属物进行评估测算外,并未告知谭孟权享有陈述和申辩权,以及申请行政复议或提起行政诉讼的权利,属程序违法。这样的认定是不适当的。

根据《行政强制法》第二条的规定可知,"行政强制措施,是指行政机关在行政管理过程中,为制止违法行为、防止证据损毁、避免危害发生、控制危险扩大等情形,依法对公民的人身自由实施暂时性限制,或者对公民、法人或者其他组织的财物实施暂时性控制的行为。行政强制执行,是指行政机关或者行政机关申请人民法院,对不履行行政决定的公民、法人或者其他组织,依法强制履行义务的行为"。前者是为了保障后续行为的作出和实现,具有"保障性"和"暂时性"特点,而后者则是为了执行一种事先的行政决定,以"执行性"和"最终性"为重点。根据案情介绍,可知谭孟权房屋及其用地早在1993年已被征收为国有,而儋州市政府也于2011年向城建总公司颁发了儋国用〔2011〕第1409—1414号国有土地使用证,但并未及时拆除地上房屋。儋州市政府基于"儋州骑楼美食街"项目建设的需要,以《公告》《通告》方式重申、告知涉诉土地上的住户应根据原签订的拆迁补偿合同领取补偿款,限期进行建筑物登记和限期拆除房屋,实属解决历史遗留问题,是对之前土地征收和房屋拆迁合同的继续履行。谭孟权不履行自行拆除房屋的义务,儋州市政府遂组织儋州市住建局对其房屋实施了强制拆除,根据上述规定,该强拆行为应定性为行政强制执行,而非行政强制措施。

根据《行政强制法》第三十五、三十六、三十七、三十八条规定,行政机关实施行政强制执行前应当经过催告、听取当事人意见、作出强制执行决定并依法送达当事人等程序。儋州市政府、儋州市住建局在实施房屋强制拆除行为前并未依法履行上述规定的程序,显属程序违法。原审法院的程序违法认定属明显的法律适用错误。

案例2-4 李海荣诉大庆市萨尔图区城市管理局强制拆除行为案

一、基本案情

大庆市萨尔图区城市管理局(以下简称"萨区城管局")以李海荣位于萨尔图区临时用地600平方米砖混结构房屋超过审批期限,且未办理合法手续继续使用该房屋为由,对李海荣作出行政处罚决定,但该处罚决定执行时未给李海荣必要合理的自行拆除期限,即对该房屋实施强制拆除。李海荣不服,诉诸法院,请求判决萨区城管局将其拆除的600平方米房屋恢复原状,赔偿经济损失2 600 000元。

二、诉讼过程

一、二审法院经审理均认为,萨区城管局在李海荣没有自行拆除该房屋的情况下,对李海荣作出行政处罚决定,但该处罚决定执行时未给李海荣必要合理的自行拆除期限,即对该房屋实施强制拆除,属于违法。同时根据涉案房屋及生活必需品的折旧程度、生活实际及双方的过错等情况综合考虑,对李海荣被拆除房屋的建筑材料损失,酌情判决萨区城管局按每平方米200元进行赔偿,对于生活必需品的损失判决萨区城管局按3 000元予以赔偿。

李海荣不服,提起再审。

再审法院认为原审法院认定适当,裁定驳回李海荣的再审申请。

三、关联法条

《中华人民共和国城乡规划法》(2008年施行;新版于2015年修正)

第四十四条 在城市、镇规划区内进行临时建设的,应当经城市、县人民政府城乡规划主管部门批准。临时建设影响近期建设规划或者控制性详细规划的实施以及交通、市容、安全等的,不得批准。

临时建设应当在批准的使用期限内自行拆除。

临时建设和临时用地规划管理的具体办法,由省、自治区、直辖市人民政府制定。

《中华人民共和国国家赔偿法》

第四条 行政机关及其工作人员在行使行政职权时有下列侵犯财产权情形之一的,受害人有取得赔偿的权利:

(一)违法实施罚款、吊销许可证和执照、责令停产停业、没收财物等行政处罚的;

(二)违法对财产采取查封、扣押、冻结等行政强制措施的;

(三)违法征收、征用财产的;

(四)造成财产损害的其他违法行为。

《中华人民共和国行政强制法》

第二条 本法所称行政强制,包括行政强制措施和行政强制执行。

行政强制措施,是指行政机关在行政管理过程中,为制止违法行为、防止证据损毁、避免危害发生、控制危险扩大等情形,依法对公民的人身自由实施暂时性限制,或者对公民、法人或者其他组织的财物实施暂时性控制的行为。

行政强制执行,是指行政机关或者行政机关申请人民法院,对不履行行政决定的公民、法人或者其他组织,依法强制履行义务的行为。

四、争议问题

本案中争议问题为:萨区城管局强制拆除李海荣房屋建筑行为属于行政处罚、行政强制措施,还是行政强制执行?

五、简要评论

针对强制拆除处于临时用地的李海荣房屋建筑行为的定性,萨区城管局与法院明显存在混乱的情况:在李海荣没有自行拆除该房屋的情况下,萨区城管局对李海荣作出行政处罚决定;而原审法院却又以行政强制措施违反法定程序为由,判令萨区城管局进行赔偿。

首先,行政处罚属于制裁性的法律行为,是在行政相对人违反法律规定,拒不履行法定义务的情况下,行政机关为其设定新的义务或进行权利的限制,是为了制裁行政相对人违反法律规定的义务的行为。而行政强制措施和行政强制执行并不具有制裁性质,针对的也不一定是违法行为,而是为了保障一定的秩序,保障后续行为的有效和实现,或者是为了执行一种事先的行政决定。本案中,李海荣的 600 平方米砖混结构房屋位于萨尔图区临时用地。根据《城乡规划法》(2008 年施行;新版于 2015 年修正)第四十四条第二款的规定,其应当在批准的使用期限内自行拆除,然而,李海荣超过审批期限,且未办理合法手续的情况下,拒不履行自己的义务。萨区城管局对其作出拆除的决定是对《城乡规划法》(2008 年施行;新版于 2015 年修正)第四十四条的"延续",并不具有制裁的性质,不属于行政处罚范畴。

其次,原审法院以行政强制措施违反法定程序为由,判令萨区城管局进行赔偿的认定也是值得商榷的。根据《行政强制法》第二条可知,行政强制措施是为了维护一定的秩序,保障后续行为的作出和实现,具有"暂时性""中间性"和"保障性"的特点。而行政强制执行是为了执行一种事先的行政决定,确保义务履行的行为,以"最终性""执行性"为特点。本案中,萨区城管局强制拆除处于临时用地的李海荣房屋建筑,是基于《城乡规划法》(2008 年施行;新版于 2015 年修正)第四十四条第二款"临时建设应当在批准的使用期限内自行拆除"的规定,本质上是确保义务履行或者达到义务履行同样效果的行为,而不是一种"暂时性""中间性"和"保障性"的行政强制措施,因此,原审法院以行政强制措施违反法定程序为由,判令萨区城管局进行赔偿的认定,明显属于法律适用错误,应当适用《行政强制法》第三十五、三十六、三十七、三十八条的规定,确认其程序违法。

最后,基于对萨区城管局强制拆除行为的行政强制执行的判断,其作出的国家赔偿判决,应当基于《国家赔偿法》第四条第(四)项"造成财产损害的其他违法行为",而非第(二)项"违法对财产采取查封、扣押、冻结等行政强制措施的"。

案例 2-5 陈显伟诉阳江市公安局森林分局强制措施案

一、基本案情

陈显伟系阳西县儒洞镇边海村村民。该村村委会十三个生产联社与阳江林场儒洞分场土地纠纷一直未得到有效解决。该林场在未经边海村村民同意的情况下非法占用和转让土地给他人承包植林。边海村村民多次向政府请求解决都无任何职能部门协调，因此引起集体村民多次与林场发生冲突，并多次对林场在村集体承包的土地上故意种上的树苗进行清理。2014年12月6日夜间，正在深圳市洽谈生意的陈显伟，被深圳市公安局宝安分局镇南派出所刑事拘留。在接受公安审讯后，陈显伟才知道被阳江市公安局森林分局发出全国A级通缉令，并被认定为破坏生产经营罪。2014年12月9日，阳江市公安局森林分局派出民警将上诉人押至阳江市看守所，并于2014年12月10日作出阳公（森）拘通字〔2014〕1号拘留通知书，并注明"刑事拘留"字样。2015年1月14日，阳江市公安局森林分局以"犯罪嫌疑人陈显伟无社会危险性"为由，作出阳公（森）取保字〔2015〕1号取保候审决定书。陈显伟认为阳江市公安局森林分局的行为违法，提起行政诉讼。

二、诉讼过程

一审法院经审理认为，阳江市公安局森林分局是根据《刑事诉讼法》的规定作出阳公（森）拘通字第〔2014〕1号拘留通知书和阳公（森）取保字第〔2015〕1号取保候审决定书，拘留通知书已注明对起诉人的拘留是刑事拘留，故阳江市公安局森林分局对起诉人采取的取保候审措施不属于行政强制措施，因此，起诉人的起诉不符合《行政诉讼法》的受案范围，裁定不予立案。

一审裁定后，陈显伟不服，提起上诉。

二审法院经审理认为，原审法院裁定对陈显伟的起诉不予立案，并无不当，依法驳回上诉，维持原审裁定。

三、关联法条

《中华人民共和国行政诉讼法》（1990年施行，2014年第一次修正；新版于2017年第二次修正）

第十二条　人民法院受理公民、法人或者其他组织提起的下列诉讼：

（一）对行政拘留、暂扣或者吊销许可证和执照、责令停产停业、没收违法所得、没收非法财物、罚款、警告等行政处罚不服的；

（二）对限制人身自由或者对财产的查封、扣押、冻结等行政强制措施和行政强制执行不服的；

（三）申请行政许可，行政机关拒绝或者在法定期限内不予答复，或者对行政机关作出的有关行政许可的其他决定不服的；

（四）对行政机关作出的关于确认土地、矿藏、水流、森林、山岭、草原、荒地、滩涂、海域等自然资源的所有权或者使用权的决定不服的；

（五）对征收、征用决定及其补偿决定不服的；

（六）申请行政机关履行保护人身权、财产权等合法权益的法定职责,行政机关拒绝履行或者不予答复的;

（七）认为行政机关侵犯其经营自主权或者农村土地承包经营权、农村土地经营权的;

（八）认为行政机关滥用行政权力排除或者限制竞争的;

（九）认为行政机关违法集资、摊派费用或者违法要求履行其他义务的;

（十）认为行政机关没有依法支付抚恤金、最低生活保障待遇或者社会保险待遇的;

（十一）认为行政机关不依法履行、未按照约定履行或者违法变更、解除政府特许经营协议、土地房屋征收补偿协议等协议的;

（十二）认为行政机关侵犯其他人身权、财产权等合法权益的。

除前款规定外,人民法院受理法律、法规规定可以提起诉讼的其他行政案件。

第十三条　人民法院不受理公民、法人或者其他组织对下列事项提起的诉讼:

（一）国防、外交等国家行为;

（二）行政法规、规章或者行政机关制定、发布的具有普遍约束力的决定、命令;

（三）行政机关对行政机关工作人员的奖惩、任免等决定;

（四）法律规定由行政机关最终裁决的行政行为。

四、争议问题

本案中争议问题为:阳江市公安局森林分局对陈显伟采取的拘留和取保候审措施性质为何?

五、简要评论

本案的焦点在于陈显伟提起的诉求是否属于行政诉讼受案范围,而判断的关键则是阳江市公安局森林分局对陈显伟采取的拘留和取保候审究竟属于行政强制措施,还是刑事强制措施。如果是行政强制措施,则属于行政诉讼受案范围,如果是刑事强制措施,则不属于行政诉讼受案范围。

在我国的警察和检察体制设计中,公安机关具有双重身份,即享有对被告人、犯罪嫌疑人采取刑事拘留、监视居住、取保候审、扣押物品、冻结、搜查、收容审查等强制措施权力的同时,又执掌着在行政执法过程中对违法行为人的人身、财物实施查封、扣押、冻结、传唤等行政强制措施的公安行政职权。在具体的案件中,公安机关的强制措施行为因为其双重身份的缘故,极易产生混淆。

本质上来说,行政强制措施是为了预防或制止正在发生或可能发生的违法行为,或者是为了保全证据,确保案件查处工作的顺利进行而对行政相对人的人身自由、财产予以强行限制的一种具体行政行为。而刑事强制措施则是为了有效地防止犯罪嫌疑人、被告人或者现行犯、重大嫌疑分子妨碍或逃避侦查、起诉和审判,保证刑事诉讼目的得以实现。而在具体的区分标准上,则存在行为种类标准、行为程序标准、行为最终结果标准。行为种类标准认为,刑事强制措施必须是刑事法律明确的措施种类,如果公安机关在执法过程中所采取的强制措施不属于刑事法律所规定的种类,而是行政法上所规定的强制措施,就应当属于行政强制措施;行为程序标准认为,强制措施行为的区分根据在于实施程序,刑事强制措施存在于在刑事诉讼程序中,而行政强制措施也只存在于行政执法办案程序中;行为最终结果标准认为,如果最终结果是按刑事犯罪处理,采取的强制措施就是刑事强制措施,否则即是行政强制措施。虽然三种标准各有优劣,但在具体的判断中,我们可以综合运用,加以判断。

本案中,就行为最终结果标准而言,由于陈显伟等村民是否构成破坏生产经营罪有待法院判决,难以确定其性质。而从行政强制措施和刑事强制措施的本质来看,二者就保障案件顺利查处存在交叉,也难以评断。但从案件的侦办过程来看,阳江市公安局森林分局之所以对陈显伟采取拘留和取保候审措施,目的在于侦查陈显伟等村民的破坏生产经营罪的事实。在行为种类上,其明显属于《刑事诉讼法》规定的刑事拘留和取保候审的刑事强制措施种类,其所遵循的程序也是刑事诉讼程序。因此,原审法院和上诉法院将阳江市公安局森林分局的强制措施行为定性为刑事强制措施是适当的。

案例 2-6　孙永生诉通化市公安局二道江区分局治安行政处罚案

一、基本案情

孙永生因其儿子强奸妇女被判刑问题,于 2013 年 6 月 4 日在北京中南海周边、2013 年 10 月 2 日在北京天安门地区、2013 年 12 月 13 日在北京中南海周边、2014 年 4 月 5 日在北京中南海周边先后 4 次上访。2014 年 4 月 27 日,通化市公安局二道江区分局以孙永生非法上访行为扰乱了北京的公共场所秩序为由,作出通公二公(五)决字〔2014〕第 31 号行政处罚决定书,对其处以拘留十日的行政处罚。同年 5 月 6 日,公安机关因依法对其进行传唤时孙永生以暴力方法阻碍国家机关工作人员依法执行职务,以及多次非法上访并以此相威胁,并多次向五道江镇政府工作人员索要现金和财物,作为不上访的条件,为满足个人私欲,索要款物折合人民币 4 800 元的行为,涉嫌犯敲诈勒索罪、妨害公务罪,被刑事拘留。2014 年 12 月 19 日,通化市中级人民法院作出(2014)通中刑终字第 129 号刑事裁定书,认定孙永生犯妨害公务罪、寻衅滋事罪,判处有期徒刑两年六个月,现在押。

二、诉讼过程

一审法院经审理认为,依据修改前的《中华人民共和国行政诉讼法》第三十九条之规定,认定起诉人孙永生的起诉超过了法律规定的起诉期限,裁定不予立案。

一审裁定后,孙永生不服,提起上诉。

二审法院经审理认为,通公二公(五)决字〔2014〕第31号行政处罚决定书中认定的事实,已被(2014)通中刑终字第129号生效刑事裁定书认定,并依据此犯罪事实及其他事实对其予以刑事处罚。公安机关在作出行政处罚后,认为孙永生的行为已涉嫌犯罪,将行政处罚决定转为刑事拘留,该强制措施已不受行政诉讼法调整,应由刑事法律法规调整。一审法院依据修改前的《中华人民共和国行政诉讼法》(1989年版)第三十九条之规定,认定起诉人孙永生的起诉超过了法律规定的起诉期限,裁定不予立案,属适用法律不当,但裁定结果正确。依照《中华人民共和国行政诉讼法》第八十九条第一款第(一)项之规定,裁定驳回上诉,维持原裁定。

二审裁定后,孙永生不服,提请再审。

再审法院经审理认为,孙永生被判决刑罚的犯罪行为和之前受行政拘留处分的行为并非同一行为,行政拘留和刑事拘留二者并无法律上的关联。二审法院以"公安机关在作出行政处罚后,认为孙永生的行为已涉嫌犯罪,将行政处罚决定转为刑事拘留,该强制措施已不受行政诉讼法调整,应由刑事法律法规调整"为由,维持一审法院不予立案的裁定错误。撤销一、二审法院的裁定,指令一审法院立案。

三、关联法条

《中华人民共和国治安管理处罚法》

第二十三条第一款 有下列行为之一的,处警告或者二百元以下罚款;情节较重的,处五日以上十日以下拘留,可以并处五百元以下罚款:

(一)扰乱机关、团体、企业、事业单位秩序,致使工作、生产、营业、医疗、教学、科研不能正常进行,尚未造成严重损失的;

(二)扰乱车站、港口、码头、机场、商场、公园、展览馆或者其他公共场所秩序的;

(三)扰乱公共汽车、电车、火车、船舶、航空器或者其他公共交通工具上的秩序的;

(四)非法拦截或者强登、扒乘机动车、船舶、航空器以及其他交通工具,影响交通工具正常行驶的;

(五)破坏依法进行的选举秩序的。

《中华人民共和国刑法》

第二百七十七条第一款 【妨害公务罪】以暴力、威胁方法阻碍国家机关工作人员依法执行职务的,处三年以下有期徒刑、拘役、管制或者罚金。

第二百九十三条第一款 【寻衅滋事罪】有下列寻衅滋事行为之一,破坏社会秩序的,处五年以下有期徒刑、拘役或者管制:

(一)随意殴打他人,情节恶劣的;

(二)追逐、拦截、辱骂、恐吓他人,情节恶劣的;

(三)强拿硬要或者任意损毁、占用公私财物,情节严重的;

(四)在公共场所起哄闹事,造成公共场所秩序严重混乱的。

四、争议问题

本案中争议问题为：对孙永生的行政处罚决定，是否转化为后来作为刑事强制措施的刑事拘留？

五、简要评论

该案中，对孙永生的行政处罚决定，是否转化为后来作为刑事强制措施的刑事拘留，本质上属于行政执法与刑事司法的衔接问题。

二审法院认为，通公二公（五）决字〔2014〕第31号行政处罚决定书中认定的事实，已被（2014）通中刑终字第129号生效刑事裁定书认定，并依据此犯罪事实及其他事实对其予以刑事处罚。公安机关在作出行政处罚后，认为孙永生的行为已涉嫌犯罪，将行政处罚决定转为刑事拘留，该强制措施已不受行政诉讼法调整，应由刑事法律法规调整。二审法院作出如此认定，无疑是将之前的行政处罚决定与之后的刑事拘留的关系，作为行政执法与刑事司法的衔接来处理。然而，这样的简单认定是存在问题的。

一般而言，当行政执法机关的具体行政执法行为的客体是行政违法行为，但如果该行政违法行为达到一定的社会危害程度并触犯了刑法，此时，行政违法行为便转化为刑事违法行为即犯罪。对该行为的处理也就相应地由行政执法范畴进入到刑事司法范畴。如果当事人直接以之前的行政执法行为为客体提起行政诉讼，法院一般不会受理，而应当直接进入刑事诉讼程序。也就是说，行政违法行为转化为刑事违法行为，或者说，行政执法行为转化为刑事司法行为的前提，在于前后行为主体行为的同一性。如果行政执法行为所针对的相对人的违法行为，与刑事司法行为所针对的犯罪嫌疑人的行为不是同一个行为时，二者就不存在转化的可能性，因为这本身就属于不同的行为，从而分别适用行政执法程序和刑事司法程序。

本案中，通公二公（五）决字〔2014〕第31号行政处罚决定书，对孙永生处以拘留十日的行政处罚，针对的是孙永生4次上访行为。而（2014）通中刑终字第129号生效刑事裁定书认定的事实，针对的是孙永生在公安机关依法对其进行传唤时以暴力方法阻碍国家机关工作人员依法执行职务的行为，以及孙永生多次非法上访并以此相威胁，并多次向五道江镇政府工作人员索要现金和财物，作为不上访的条件，其为满足个人私欲，索要款物折合人民币4 800元的行为。二者并不具有同一性。再审法院作出的"孙永生被判决刑罚的犯罪行为和之前受行政拘留处分的行为并非同一行为，行政拘留和刑事拘留二者并无法律上的关联"的认定，是适当的，二审法院的裁定认定错误。

案例 2-7 鑫宏基（福建）投资有限公司诉福州市鼓楼区工商行政管理局行政强制案

一、基本案情

2013年5月16日，福州市鼓楼区工商行政管理局（以下简称"鼓楼工商局"）检查大队对鑫宏基（福建）投资有限公司（以下简称"鑫宏基公司"）位于福州市鼓楼区五四路138号天福大厦十层的经营场所进行检查。检查过程中，因鑫宏基公司涉嫌销售不符合食品安全标准的食品，鼓楼工商局对其展开调查，并在调查过程中作出鼓工商经强字〔2013〕第010号"实施行政强制措施决定书"，对上诉人的涉案奶粉予以扣押。随后，鼓楼工商局于2013年9月12日作出了鼓工商处字〔2013〕第328号行政处罚决定书，对扣押的奶粉予以没收。鑫宏基公司不服该决定书于2013年8月28日向福州市工商行政管理局申请复议，福州市工商行政管理局于2013年10月29日向原告送达榕工商字〔2013〕12号行政复议决定书，决定维持被告所作出的"实施行政强制措施决定书"。鑫宏基公司不服鼓楼区工商局工商行政处罚，于2013年12月3日向法院提起行政诉讼。同年11月6日，鑫宏基公司不服被告福州市鼓楼区工商行政管理局行政强制措施，向法院提起行政诉讼。

二、诉讼过程

一审法院经审理认为，鼓楼区工商局因鑫宏基公司涉嫌销售不符合食品安全标准的食品，作出实施行政强制措施的决定，其作用是保障和辅助后续具体行政行为的作出。其后，鼓楼区工商局根据检查、鉴定、检验的结果作出了相应的行政处罚，对扣押的奶粉予以没收，该行政强制措施行为因被随后的行政处罚行为所吸收而不再具有独立的意义，不构成独立的行政行为，因而没有可诉性。裁定驳回鑫宏基公司针对鼓楼工商局的行政强制措施的起诉。

一审裁定宣布后，鑫宏基公司不服，提起上诉。

二审法院经审理认为，鼓楼区工商局因上诉人涉嫌销售不符合食品安全标准的食品，对鑫宏基公司展开调查，在调查过程中作出本案被诉行政强制措施，对鑫宏基公司的涉案奶粉予以扣押。随后，鼓楼区工商局于2013年9月12日作出了鼓工商处字〔2013〕第328号行政处罚决定书，对扣押的奶粉予以没收。对该处罚决定，鑫宏基公司已向人民法院提起了行政诉讼，鑫宏基公司对本案被诉行政强制措施的主要异议可在行政处罚案件中得到审理，本案诉讼不具有独立意义。裁定驳回上诉，维持原裁定。

三、关联法条

《中华人民共和国食品安全法》（2009年版，已修订）

第七十七条第一款　县级以上质量监督、工商行政管理、食品药品监督管理部门履

行各自食品安全监督管理职责,有权采取下列措施:

(一) 进入生产经营场所实施现场检查;

(二) 对生产经营的食品进行抽样检验;

(三) 查阅、复制有关合同、票据、账簿以及其他有关资料;

(四) 查封、扣押有证据证明不符合食品安全标准的食品,违法使用的食品原料、食品添加剂、食品相关产品,以及用于违法生产经营或者被污染的工具、设备;

(五) 查封违法从事食品生产经营活动的场所。

《最高人民法院关于执行〈中华人民共和国行政诉讼法〉若干问题的解释》(已失效,新的解释已于 2018 年 2 月 8 日实施)

第一条第二款　公民、法人或者其他组织对下列行为不服提起诉讼的,不属于人民法院行政诉讼的受案范围:

(一) 行政诉讼法第十二条规定的行为;

(二) 公安、国家安全等机关依照刑事诉讼法的明确授权实施的行为;

(三) 调解行为以及法律规定的仲裁行为;

(四) 不具有强制力的行政指导行为;

(五) 驳回当事人对行政行为提起申诉的重复处理行为;

(六) 对公民、法人或者其他组织权利义务不产生实际影响的行为。

四、争议问题

本案中争议问题为:鼓楼区工商局对鑫宏基公司作出的行政强制措施是否具有独立性?是否可以单独起诉?

五、简要评论

本案的法院裁定,实际上是将鼓楼区工商局对鑫宏基公司作出的行政强制措施,作为阶段性行政行为附属于之后的行政处罚之中,从而否定其可诉性。然而,现行行政诉讼法是以"行政行为"概念作为理论原点以确立行政诉讼受案范围,对行政过程的理论及应用未予重视,法律及司法解释对阶段性行政行为是否可诉并未作出明确规定。

根据原《行政诉讼法》(1989 年版)第十一条关于行政诉讼受案范围的规定,可以确定"对限制人身自由或者对财产的查封、扣押、冻结等行政强制措施不服的",相对人可以提起行政诉讼。本案鑫宏基公司据此对鼓楼区工商局行政强制措施提起行政诉讼。然而,原《最高人民法院关于执行〈中华人民共和国行政诉讼法〉若干问题的解释》(以下简称"行诉解释")第一条第二款将"对公民、法人或者其他组织权利义务不产生实际影响的行为"(新的"行诉解释"在第三条里也名列"行政行为对其合法权益明显不产生实际影响的")剔除出行政诉讼的受案范围。很多法院以此条规定作为依据,认为阶段性行政行为的法律效力被最终的行政行为所吸收,对相对人不产生独立的、最终的法律效力,而裁定驳回起诉。本案即是一例。对此,我们认为,这样的认定是存在问题的:在最终行政行为作出之前,阶段性行政行为对相对人产生的影响是客观存在的,如果对此漠视,不宜于相对人的权利保障,也不利于对行政行为的监督。而且,作为"阶段性"的行政行为并不必然引起后续行政行为的作出,不可单独否定其独立性。因此,如果一味地将阶段性行政行为排除出行政诉讼受案范围是不妥当的。

对此,我们认为可以综合考虑作出不同选择:如果对阶段性行政行为进行起诉,不会影响后续行政行为的继续,则阶段性行政行为具有可诉性,反之则无;如果当事人的权益实际是因最终行政行为作出而可能受到影响,或该阶段性行政行为依赖最终行政行为的生效而生效,则认为该阶段性行政行为没有独立的行政法律效力,不具有独立成诉的诉讼利益,自然该阶段性行政行为不具可诉性。本案中,扣押涉案奶粉的行政强制措施与没收涉案奶粉的行政处罚行为是否存在关联性是有疑问的,扣押涉案奶粉的行为也不会影响行政处罚行为的作出,更不会对其产生依赖。因此,我们认为,本案中扣押涉案奶粉的行政强制措施具有明显的独立性,对后续的没收涉案奶粉的行政处罚也不存在依赖关系,对其可以单独提起诉讼,至少应当作为当事人起诉最终行政行为时法院审查的对象,而不是完全排除于人民法院行政诉讼的审查范围之外。本案例不能适用原"行诉解释"第一条第二款第(六)项的规定以驳回起诉。

案例 2-8 屠美红诉桐乡市人民政府、桐乡市公安局行政强制案

一、基本案情

2015 年 3 月 12 日,屠美红去北京市最高人民法院、信访局等接访窗口申诉,3 月 15 日,在朝阳门遇巡特警例行检查,被带到天安门公安分局登记,当晚 18 时许被送往北京马家楼信访分流中心遣返,20 时许被嘉兴驻京办人员接出并连夜强制押回桐乡,连其寄放在旅馆的私人物品都未能来得及取。3 月 16 日早晨,在济南换乘桐乡市公安局车辆,当晚 23 时抵达桐乡市公安局梧桐派出所。17 日凌晨,桐乡市公安局治安管理大队作出桐公(治)行传字〔2015〕第 15 号传唤证,传唤屠美红并将其关押在梧桐派出所留置室,直到次日凌晨才释放其回家。屠美红从朝阳门盘查到释放回家其失去人身自由长达 55 小时。此前的 2014 年 5 月 16 日至 17 日,屠美红也曾收到桐乡市公安局作出的桐公(治)行传字〔2014〕第 4 号传唤证,并被拘禁近 24 小时。2015 年 6 月 12 日,屠美红对桐乡市人民政府维持桐乡市公安局作出的传唤证不服,提起行政诉讼。

二、诉讼过程

一审法院经审理认为,屠美红诉请的传唤证及相应的传唤行为不属于法律规定的行政诉讼的受案范围,裁定驳回起诉。

一审裁定宣布后,屠美红不服,提起上诉。

二审法院经审理认为,原裁定认定事实清楚,适用法律及裁判结果正确,裁定予以维持。

三、关联法条

《中华人民共和国行政诉讼法》(1990 年施行;2014 年修正;新版于 2017 年第二次修正)

第十二条　人民法院受理公民、法人或者其他组织提起的下列诉讼:

(一)对行政拘留、暂扣或者吊销许可证和执照、责令停产停业、没收违法所得、没收非法财物、罚款、警告等行政处罚不服的;

(二)对限制人身自由或者对财产的查封、扣押、冻结等行政强制措施和行政强制执行不服的;

(三)申请行政许可,行政机关拒绝或者在法定期限内不予答复,或者对行政机关作出的有关行政许可的其他决定不服的;

(四)对行政机关作出的关于确认土地、矿藏、水流、森林、山岭、草原、荒地、滩涂、海域等自然资源的所有权或者使用权的决定不服的;

(五)对征收、征用决定及其补偿决定不服的;

(六)申请行政机关履行保护人身权、财产权等合法权益的法定职责,行政机关拒绝履行或者不予答复的;

(七)认为行政机关侵犯其经营自主权或者农村土地承包经营权、农村土地经营权的;

(八)认为行政机关滥用行政权力排除或者限制竞争的;

(九)认为行政机关违法集资、摊派费用或者违法要求履行其他义务的;

(十)认为行政机关没有依法支付抚恤金、最低生活保障待遇或者社会保险待遇的;

(十一)认为行政机关不依法履行、未按照约定履行或者违法变更、解除政府特许经营协议、土地房屋征收补偿协议等协议的;

(十二)认为行政机关侵犯其他人身权、财产权等合法权益的。

除前款规定外,人民法院受理法律、法规规定可以提起诉讼的其他行政案件。

《中华人民共和国治安管理处罚法》

第八十二条　需要传唤违反治安管理行为人接受调查的,经公安机关办案部门负责人批准,使用传唤证传唤。对现场发现的违反治安管理行为人,人民警察经出示工作证件,可以口头传唤,但应当在询问笔录中注明。

公安机关应当将传唤的原因和依据告知被传唤人。对无正当理由不接受传唤或者逃避传唤的人,可以强制传唤。

第八十三条　对违反治安管理行为人,公安机关传唤后应当及时询问查证,询问查证的时间不得超过八小时;情况复杂,依照本法规定可能适用行政拘留处罚的,询问查证的时间不得超过二十四小时。

公安机关应当及时将传唤的原因和处所通知被传唤人家属。

《公安机关办理行政案件程序规定》

第四十二条　办理行政案件时,可以依法采取下列行政强制措施:

(一)对物品、设施、场所采取扣押、扣留、临时查封、查封、先行登记保存、抽样取证等强制措施;

(二)对违法嫌疑人采取保护性约束措施、继续盘问、强制传唤、强制检测、拘留审查、限制活动范围等强制措施。

四、争议问题

本案中争议问题为:传唤是否属于行政强制措施?

五、简要评论

传唤是行政主体为了查明案件事实,通知特定人员到达指定地点接受调查或者询问的一种措施。(传唤包括行政传唤和刑事传唤。如无特别说明,文中所言传唤皆指行政传唤)。从《中华人民共和国治安管理处罚法》(以下简称《治安管理处罚法》)第八十二条的规定来看,传唤主要分为口头传唤、书面传唤(即传唤证传唤)以及强制传唤。所采取的行政执法路径为"传唤—强制传唤"的"先礼后兵"的方式,体现出行政法上的比例原则在传唤中的适用,即根据对相对人的侵害程度,安排传唤的方式。

有学者将传唤整体认定为行政强制措施,认为强制传唤与口头传唤、书面传唤等非强制传唤只是使用的场合、使用的手段不同而已,并没有本质上的区别。我们认为这是不妥的。根据《行政强制法》的规定,"行政强制措施,是指行政机关在行政管理过程中,为制止违法行为、防止证据损毁、避免危害发生、控制危险扩大等情形,依法对公民的人身自由实施暂时性限制,或者对公民、法人或者其他组织的财物实施暂时性控制的行为",具有明显的违背当事人意志的"强制"色彩。根据《治安管理处罚法》以及《公安机关办理行政案件程序规定》的规定,需要传唤违反治安管理行为人接受调查的,经公安机关办案部门负责人批准,使用传唤证传唤。对现场发现的违反治安管理行为人,人民警察经出示工作证件,可以口头传唤。对无正当理由不接受传唤或者逃避传唤的违反治安管理行为人以及法律规定可以强制传唤的其他违法行为人,可以强制传唤。强制传唤时,可以依法使用手铐、警绳等约束性警械。这说明,书面传唤和口头传唤不具有行政强制措施的特殊强制性,而强制传唤与其不同,它具有强制措施法定特殊的强制性。而且,《公安机关办理行政案件程序规定》第四十二条只是单独将强制传唤列入行政强制措施,并不包括书面传唤和口头传唤。

案例中,桐乡市公安局作出的两次传唤都属于开具传唤证的书面传唤,一、二审法院的裁定是适当的。而从案件的描述来看,屠美红真正不服的是传唤后对其人身自由的非法限制,这已属于传唤后的作为调查的询问查证行为。因此,屠美红应当起诉的是该询问查证行为,而非传唤本身。

案例 2-9 贵溪市承信石膏矿诉贵溪市国土资源局行政强制案

一、基本案情

贵溪市承信石膏矿初办为 2003 年,位于贵溪市罗河镇周家村,采矿许可证有效期为四年(自 2010 年 5 月 23 日至 2014 年 5 月 23 日),法定代表人陈承纪,开采方式为地下开采。2013 年 4 月,贵溪市国土资源局委托江西省煤田地质局勘查研究院、223 地质队对承信石膏矿进行评审,认定其存在重大安全隐患,需进行整改完善。2013 年 7 月至 9 月,罗河镇劳动安全站进行安全生产大检查活动,查实承信石膏矿也存在诸多安全隐患,不能进行生产。2013 年 5 月 6 日、8 月 11 日、8 月 21 日,贵溪市雷溪乡先后出现地面塌陷情况。经江西省地质环境总站对雷溪乡"麻雀港"段地面塌陷区的勘探结论,认为塌陷是由于开采石膏形成的采空区顶板岩石受水浸泡软化,在原石、次生裂缝的共同作用下而产生。雷溪乡塌陷事故,可能影响甚至危及当地村民生命财产安全,引起了当地村民很大程度上的恐慌。2013 年 5 月 8 日,贵溪市人民政府召开罗塘石膏矿区地面塌陷紧急会议,即召开罗塘石膏矿区范围内矿山企业会议,要求采取防范措施,要求生产矿山停产自查,协助工作等。2013 年 8 月 21 日晚 11 时,贵溪市人民政府召开 8.21 千年畈地面塌陷专题会议,在该次会议中明确将成立工作组专门解决此事,并根据雷溪乡地面塌陷危害情况,由贵溪市国土资源局负责对全市石膏矿企业下达停产整顿通知书。2013 年 8 月 23 日,贵溪市国土资源局作出贵国土资字〔2013〕33 号《关于要求石膏矿企业停产整顿的通知》(以下简称《停产整顿通知》),向包括承信石膏矿在内的贵溪市各家石膏矿企业下达,要求各石膏矿企业立即停止生产,进一步自查整顿。在《贵溪市人民政府关于印发贵溪市雷溪塌陷地质灾害处置工作方案的通知》以及《关于贵溪市罗塘石膏矿采空区地面塌陷调查处置协调会议纪要》中也明确了雷溪地面塌陷事故后各部门应采取的应对措施。其中,公安机关负责收缴各石膏矿的炸药;安监部门进行安全大检查,贵溪市国土资源局则负责对全市石膏矿采取停产整顿措施。承信石膏矿认为贵溪市国土资源局下发的该份《停产整顿通知》已严重侵犯了承信石膏矿及其矿产企业的合法权益,为此,承信石膏矿认为,贵溪市国土资源局未按行政处罚的程序履行职责,程序违法,向本院提起行政诉讼。

二、诉讼过程

一审法院经审理认为,在雷溪乡出现地面塌陷事故后,为紧急应对当时塌陷事故情形,最大限度地保护当地村民的生命、财产安全,贵溪市国土资源局在贵溪市人民政府组织领导下,依据贵溪市人民政府召开的专题会议和紧急会议部署的工作安排下发《停产整顿通知》并未违反法律规定,其行为具有一定的紧迫性,是针对贵溪市石膏矿区当时塌陷事故后采取的必要措施,而并不是仅仅针对承信石膏矿采取的行政处罚。故对承信石膏矿提出的"贵溪市国土资源局未按行政处罚的程序履行职责,程序违法"不予认定,贵溪市国土资源局的行政行为程序基本合法。贵溪市国土资源局作出《停产整顿通知》行为是为了保护不特定多数村民的生命和财产安全,未违法侵害承信石膏矿的合法利益,故对承信石膏矿提出的行政赔偿不予认定。

一审宣判后,承信石膏矿不服,认为《停产整顿通知》属于行政处罚,提起上诉。

二审法院经审理认为,贵溪市雷溪乡石膏矿区先后出现地面塌陷事故,属于地质灾害突发事件,该地质灾害严重影响当地人民群众的生命、财产安全,已引起当地村民恐慌。被上诉人在贵溪市人民政府组织领导下,按照贵溪市人民政府要求,向全市各石膏矿下发《停产整顿通知》,是为了保护人民群众的生命、财产安全,防止地质灾害的进一步扩大,而对各石膏矿采取的一种保障性的强制措施,不具有惩罚性,该《停产整顿通知》不属于行政处罚。判决驳回上诉,维持原判。

三、关联法条

《中华人民共和国行政强制法》

第二条第二款　行政强制措施,是指行政机关在行政管理过程中,为制止违法行为、防止证据损毁、避免危害发生、控制危险扩大等情形,依法对公民的人身自由实施暂时性限制,或者对公民、法人或者其他组织的财物实施暂时性控制的行为。

第三条第二款　发生或者即将发生自然灾害、事故灾难、公共卫生事件或者社会安全事件等突发事件,行政机关采取应急措施或者临时措施,依照有关法律、行政法规的规定执行。

《中华人民共和国行政处罚法》(1996年实施;2009年修正,新版于2017年修正)

第八条　行政处罚的种类:

(一)警告;

(二)罚款;

(三)没收违法所得、没收非法财物;

(四)责令停产停业;

(五)暂扣或者吊销许可证、暂扣或者吊销执照;

(六)行政拘留;

(七)法律、行政法规规定的其他行政处罚。

《中华人民共和国突发事件应对法》

第十一条　有关人民政府及其部门采取的应对突发事件的措施,应当与突发事件可能造成的社会危害的性质、程度和范围相适应;有多种措施可供选择的,应当选择有利于最大程度地保护公民、法人和其他组织权益的措施。

公民、法人和其他组织有义务参与突发事件应对工作。

四、争议问题

本案中争议问题为：贵溪市国土资源局对包括承信石膏矿在内的贵溪市各家石膏矿企业下达的《停产整顿通知》是否属于行政处罚？

五、简要评论

贵溪市国土资源局对包括承信石膏矿在内的贵溪市各家石膏矿企业下达的《停产整顿通知》本质上属于行政法上的"责令停业整顿"行为。《行政处罚法》明确将"责令停产停业"作为行政处罚的种类，因此，判断《停产整顿通知》是否属于行政处罚，关键在于责令停产整顿能否涵摄于责令停产停业之中。而这需要从行政处罚的本质加以判断。

一般来说，行政处罚的实质就是对违反行政法上义务者，施以财产上或者资格上的限制或者剥夺，是行政主体在查明案件事实后依法作出的具有惩戒性的处理，属于终局性的行为，不具中间性，针对的对象只能是违法者，其适用的前提必须是相对人违法。因此，作为行政处罚种类的"责令停产停业"，其惩戒性是通过强制停止生产活动或营业活动，限制其行为能力，间接影响财产权来实现。当然，它只是在一定时间内限制或剥夺相对人的生产经营权，并不剥夺相对人的生产经营资格。它是以相对人具有生产经营资格为前提。

相反，行政强制措施的实质是行政主体在行政管理活动中一种执法的临时性措施，旨在限制相对人的某种权利，具有中间性、临时性的特点，并不对相对人作实质性、结论性的处理，不具惩戒性，其往往针对的是紧急情况、突发事件，需要行政机关立即采取措施，具有较强的时效性。行政强制措施不仅可以针对违法者，也可针对违法嫌疑人。

从本质上来说，责令停业整顿是以相对人具有生产经营资格为前提，是对相对人生产经营活动的限制和剥夺，对相对人的权益造成了实质上的影响，明显具有了制裁的性质。而且，责令停业整顿也非一种为实现其他行政行为的作出而采取的临时性措施，不是一种中间行为，明显具有终局性。因此，作为临时性、中间性的行政强制措施，并不能对其涵摄。

案例中，承信石膏矿已经存在了违法行为，贵溪市国土资源局据此下达的《停产整顿通知》，已经对包括承信石膏矿在内的贵溪市各家石膏矿企业的生产经营活动进行了限制，影响了他们的财产权，因此属于行政处罚行为。一、二审法院的认定是不适当的。

案例 2-10　武国贵诉孝义市梧桐镇人民政府行政强制案

一、基本案情

2013年5月3日，孝义市梧桐镇人民政府（以下简称"梧桐镇政府"）向武国贵下发通知,要求武国贵将位于孝义市梧桐镇煤运大道东董屯段的焦粉、煤粉、垃圾等违章建筑及影响物于5月4日下午6时之前拆除处理。武国贵与孝义市梧桐镇东董屯村村委协商后,2013年5月4日,由孝义市梧桐镇东董屯村村委组织,山西煤炭运销集团吕梁孝龙煤炭综合物流园区(有限公司)安排人员、机械对位于煤运大道西侧的武国贵开办的孝义市博源科技生态研究所内的已经补偿后拆除的大棚建筑垃圾和在该所内堆放的部分焦粉、煤泥进行了清理,同时对位于煤运大道东侧的属于孝义市梧桐镇东董屯村的耕地内武国贵堆放的所有焦粉、煤粉进行了清理。直至2013年5月6日,上述物品全部清理完毕,并将所需清理物品拉运、堆放至武国贵指定的武国斌的场地内及孝义市东海源煤化有限公司等地方。在清理过程中,梧桐镇政府亦派人进行了全程配合、监督。武国贵认为梧桐镇政府的行为属行政强制措施,且属违法实施的行政强制措施,故于2015年4月30日提起行政诉讼,要求确认梧桐镇政府行政强制措施违法。

二、诉讼过程

一审法院经审理认为,武国贵诉梧桐镇政府对其实施的行政强制措施并不存在,而是在其同意下,由孝义市梧桐镇东董屯村村委组织,山西煤炭运销集团吕梁孝龙煤炭综合物流园区(有限公司)安排人员、机械进行的清理行为,梧桐镇政府只是起到了配合、监督的作用,因此梧桐镇政府的行为不属于行政强制行为。裁定驳回武国贵的起诉。

一审裁定宣布后,武国贵不服,提起诉讼。

二审法院经审理认为,梧桐镇政府配合、监督上述2013年5月4—6日的行为不属行政强制行为,也无法确认梧桐镇政府在上述行为中实施了强制措施。裁定驳回上诉,维持原裁定。

三、关联法条

《中华人民共和国行政强制法》

第二条第二款 行政强制措施,是指行政机关在行政管理过程中,为制止违法行为、防止证据损毁、避免危害发生、控制危险扩大等情形,依法对公民的人身自由实施暂时性限制,或者对公民、法人或者其他组织的财物实施暂时性控制的行为。

四、争议问题

本案中争议问题为:梧桐镇政府的行为是否属于行政强制措施?

五、简要评论

《行政强制法》第二条第二款将行政强制措施定义为,"行政机关在行政管理过程中,为制止违法行为、防止证据损毁、避免危害发生、控制危险扩大等情形,依法对公民的人身自由实施暂时性限制,或者对公民、法人或者其他组织的财物实施暂时性控制的行为"。可以看出,行政强制措施属于强制性的行为,是为了保障一种秩序的遵守,特别是为了保障后续行为的有效作出,属于暂时性控制的行为,具有中间性、临时性特点。而且,行政机关实施强制措施,无须以当事人存在可履行义务为前提,它是为维护管理秩序,而不是为执行一种业已存在的义务而实施。更重要的是,在对行政强制措施的实施中,当事人不存在"作为义务",只存在"不作为"和"容忍"的义务。

根据行政强制措施的这些特点,我们可以分析发现,案例中,梧桐镇政府的行为是要求武国贵积极清除位于孝义市梧桐镇煤运大道东董屯段的焦粉、煤粉、垃圾等违章建筑及影响物,而非科以武国贵"不作为"和"容忍"。而且,梧桐镇政府的行为并没有强制武国贵的表现,而是武国贵与孝义市梧桐镇东董屯村村委协商后,自愿采取的行为,因此,不符合行政强制措施的特点。

这里需要作延伸。与行政强制措施不同,在对行政强制执行的实施中,当事人恰恰存在"作为义务",行政强制执行正是在当事人于规定的期限内"不作为"的前提下才发动的。行政强制执行正是通过直接或间接的手段以实现当事人的作为义务被履行的状态,具有终局性、执行性的特点,而且是以事先存在行政决定为标准,为执行一种业已存在的义务而实施。根据行政强制执行制度的设计初衷来看,"期待当事人的自我履行"被奉为"行政强制执行"的核心精神,如果客观情况允许行政机关期待当事人自我履行的,那就是行政强制执行,否则便属行政强制措施。

案例中,梧桐镇政府对武国贵发出的通知,是对武国贵科以作为的义务,本质上是期待武国贵自我履行。如果其后的拆除处理行为是梧桐镇政府强制实施,则属于行政强制执行行为,因为它是为了实现梧桐镇政府对武国贵发出的通知的内容。案例中,武国贵则是自愿地履行通知中科以的义务,因此,在法理上,无法将其确定为行政强制执行行为。

案例 2-11 张圣荣、张艳诉南通市通州区公安局行政处罚案

一、基本案情

2014年1月28日,张圣荣、张艳为房屋拆迁问题到北京中南海周边滞留、上访,被北京市公安局西城分局府右街派出所予以训诫处理。同年7月7日,张圣荣、张艳再次到北京中南海周边滞留、上访,又遭北京市公安局西城分局府右街派出所训诫。南通市通州区公安局(以下简称"通州公安局")认为张圣荣、张艳在北京中南海周边地区非法上访,被北京市公安机关训诫,其行为涉嫌扰乱公共场所秩序,故于2014年7月8日作出通公(中)受案字〔2014〕3052号受案登记表,将案件作为治安管理案件立案受理,并分别作出通公(中)行传字〔2014〕第10号以及通公(中)行传字〔2014〕第11号传唤证传唤张圣荣、张艳进行了询问,传唤证分别记载张圣荣到达时间为2014年7月8日13时50分,离开时间为2014年7月9日13时19分,张艳到达时间为2014年7月8日13时50

分,离开时间为2014年7月9日13时27分。2014年7月9日,通州公安局将拟作出行政处罚决定的事实、理由、依据等事项向张圣荣、张艳进行了告知,同时告知其有进行陈述和申辩的权利,并在告知后向张圣荣、张艳复核。同日,通州公安局作出通公(中)行罚决字〔2014〕908号行政处罚决定书,认定张圣荣、张艳两次上访滞留扰乱了公共场所正常秩序,对张圣荣、张艳给予行政拘留十日的处罚,并向张圣荣、张艳送达。后通州公安局将张圣荣交如东县拘留所执行,张艳交南通市通州区拘留所执行,并将上述事项当面通知张圣荣、张艳的家属。张圣荣、张艳不服涉诉行政处罚决定,分别向南通市公安局申请复议。南通市公安局于2014年9月19日作出(通)公复决字〔2014〕第113、114号行政复议决定书,维持了通州公安局作出的涉诉行政处罚决定书。张圣荣、张艳不服,提起行政诉讼。

二、诉讼过程

一审法院经审理认为,通州公安局作出涉诉行政处罚决定,事实清楚,程序合法,适用法律正确。传唤询问属于公安机关调查案件的手段和方式,不属于《治安管理处罚法》第九十二条所规定的采取强制措施限制人身自由的行为,故传唤询问张圣荣、张艳的时间不得折抵行政拘留的时间。此外,张圣荣、张艳系由南通市驻北京信访工作组送回南通,其从北京回到南通的时间也不属于被采取强制措施限制人身自由的时间,不得折抵行政拘留的时间。

一审宣判后,张圣荣、张艳不服,认为:通州公安局的传唤超过了24小时,违反规定;上诉人失去人身自由的时间,被上诉人未折抵行政拘留的时间。故其提起上诉。

二审法院经审理认为,通州公安局对张圣荣、张艳作出的行政拘留十日的处罚,适用法律正确、量罚适当。传唤询问属于公安机关调查案件的手段和方式,并不属于采取强制措施限制人身自由的行为,故被上诉人未将传唤上诉人的时间折抵行政拘留的时间并无不当,传唤询问时间也符合规定。判决驳回上诉,维持原判。

三、关联法条

《中华人民共和国治安管理处罚法》

第八十二条 需要传唤违反治安管理行为人接受调查的,经公安机关办案部门负责人批准,使用传唤证传唤。对现场发现的违反治安管理行为人,人民警察经出示工作证件,可以口头传唤,但应当在询问笔录中注明。

公安机关应当将传唤的原因和依据告知被传唤人。对无正当理由不接受传唤或者逃避传唤的人,可以强制传唤。

第八十三条 对违反治安管理行为人,公安机关传唤后应当及时询问查证,询问查证的时间不得超过八小时;情况复杂,依照本法规定可能适用行政拘留处罚的,询问查证的时间不得超过二十四小时。

公安机关应当及时将传唤的原因和处所通知被传唤人家属。

第九十二条 对决定给予行政拘留处罚的人,在处罚前已经采取强制措施限制人身自由的时间,应当折抵。限制人身自由一日,折抵行政拘留一日。

《中华人民共和国行政强制法》

第二条第二款 行政强制措施,是指行政机关在行政管理过程中,为制止违法行为、防止证据损毁、避免危害发生、控制危险扩大等情形,依法对公民的人身自由实施暂时性限制,或者对公民、法人或者其他组织的财物实施暂时性控制的行为。

《公安机关办理行政案件程序规定》

第四十二条 办理行政案件时,可以依法采取下列行政强制措施:

(一)对物品、设施、场所采取扣押、扣留、临时查封、查封、先行登记保存、抽样取证等强制措施;

(二)对违法嫌疑人采取保护性约束措施、继续盘问、强制传唤、强制检测、拘留审查、限制活动范围等强制措施。

第一百三十九条 对决定给予行政拘留处罚的人,在处罚前因同一行为已经被采取强制措施限制人身自由的时间应当折抵。限制人身自由一日,折抵执行行政拘留一日。询问查证和继续盘问时间不予折抵。

被采取强制措施限制人身自由的时间超过决定的行政拘留期限的,行政拘留决定不再执行。

四、争议问题

本案中争议问题为:通州公安局对张圣荣、张艳作出的传唤询问是否属于采取强制措施限制人身自由的行为?能否折抵行政拘留的时间?

五、简要评论

传唤本质上是行政主体为了查明案件事实,通知特定人员到达指定地点接受调查或者询问的一种措施,根据《治安管理处罚法》第八十二条的规定,可以分为口头传唤、书面传唤(即传唤证传唤)以及强制传唤。

根据《治安管理处罚法》以及《公安机关办理行政案件程序规定》的规定,需要传唤违反治安管理行为人接受调查的,经公安机关办案部门负责人批准,使用传唤证传唤。对现场发现的违反治安管理行为人,人民警察经出示工作证件,可以口头传唤。对无正当理由不接受传唤或者逃避传唤的违反治安管理行为人以及法律规定可以强制传唤的其他违法行为人,可以强制传唤。强制传唤时,可以依法使用手铐、警绳等约束性警械。这说明,书面传唤和口头传唤不具有行政强制措施的特殊强制性,而强制传唤与其不同,具有强制措施法定特殊的强制性。而且,《公安机关办理行政案件程序规定》第四十二条只是单独将强制传唤列入行政强制措施,并不包括书面传唤和口头传唤。

案例中,通州公安局对张圣荣、张艳所作出的传唤属于书面传唤,不具强制性,从这一点看,难以将其归入行政强制措施。然而,我们不能仅仅关注传唤本身,更要关注的是传唤后的询问查证阶段。这里存在些许问题:对自觉接受传唤和询问的违法嫌疑人,是否完全不得限制其人身自由,包括自由离开、行动自由?对强制传唤到案询问的违法嫌疑人,是否可以完全限制其人身自由,包括通信自由?其实,既然是科以限制一定人身自由的行政命令或者强制措施,在传唤期间,未经警察同意,违法嫌疑人不能擅自离开传唤地点,否则传唤的目的无法实现。因此,就限制人身自由而言,口头传唤、书面传唤以及强制传唤是一致的。然而,对此,《公安机关办理行政案件程序规定》明确规定,"询问查证和继续盘问时间不予折抵",也就是说,不论是口头传唤、书面传唤,还是强制传唤,其后的询问查证阶段不可以折抵之后的行政拘留处罚。可以折抵的只能是强制传唤过程中对相对人自由的限制时间。

当然,张圣荣、张艳系由南通市驻北京信访工作组从北京送回南通的时间不能归入《治安管理处罚法》所规定的"强制措施限制人身自由的时间",因为其并不是为了"制止违法行为、防止证据损毁、避免危害发生、控制危险扩大等情形",更不能归入限制人身自由的范畴,其属于正常的日常行为,因此不能折抵行政拘留时间。

案例 2-12 林明先、周昕等诉商丘市睢阳区人民政府、商丘市城乡规划局房屋拆迁案

一、基本案情

林明先、舒福田、周昕、王兰锋、孔幼霞、史连华居住在商丘市睢阳区白银路三胞小区市政协家属院。该家属院是 1994 年经商丘市经济技术开发区管委会规划建设处批准,由林明先、周昕等按规划和市政协的统一要求,自己建造,一直居住至今。2014 年 9 月 12 日,商丘市"六城"联创指挥部印发了"致广大市民的一封公开信",告知市民开展清除违法搭建项目专项行动。2014 年 10 月 24 日,商丘市人民政府发布《商丘市人民政府关于开展市容环境集中整治活动的通告》,2014 年 12 月 15 日商丘市人民政府发布《商丘市人民政府关于拆除城区违法建筑的通告》。2014 年 11 月 3 日,商丘市城乡规划局、商丘市城市管理局共同制作限期拆除通知书,并进行了张贴,但不显示被通知人。2014 年 11 月 6 日,商丘市睢阳区人民政府、商丘市城乡规划局、商丘市城市管理局在没告知理由、依据以及当事人依法享有的权利、救济途径,听取当事人的陈述和申辩,制作现场笔录等程序之下,对林明先、周昕等的院墙、门楼和配房进行了强制拆除。2014 年 11 月 7 日,《京九日报》以《拆除违法建筑,保障道路畅通》为题对此事进行了报道。林明先、周昕等对强制拆除行为不服,提起行政诉讼。

二、诉讼过程

法院经审理认为,根据《城乡规划法》(2008 年施行;新版于 2015 年修正)第六十四

条的规定,商丘市睢阳区人民政府、商丘市城乡规划局、商丘市城市管理局,对被拆除的建筑物是必须拆除还是应当采取改正措施未作区分,而是一味地进行拆除,只考虑行政执法目的和目标的实现,而未兼顾行政相对人的利益。如果能够采取改正措施的,应当采取改正措施,尽可能使行政相对人的权益遭受最小的侵害。根据《行政强制法》第十八条规定,行政机关采取强制措施应当通知当事人到场;当场告知当事人采取行政强制措施的理由、依据以及当事人依法享有的权利、救济途径;听取当事人的陈述和申辩;制作现场笔录;当事人不到场的,邀请见证人到场。从审理情况看,商丘市睢阳区人民政府、商丘市城乡规划局、商丘市城市管理局没有提供证据证明其采取的强制措施是按照上述规定进行,属违反法定程序。判决确认商丘市睢阳区人民政府、商丘市城乡规划局、商丘市城市管理局拆除行为违法。

三、关联法条

《中华人民共和国行政强制法》

第五条 行政强制的设定和实施,应当适当。采用非强制手段可以达到行政管理目的的,不得设定和实施行政强制。

第十八条 行政机关实施行政强制措施应当遵守下列规定:

(一)实施前须向行政机关负责人报告并经批准;

(二)由两名以上行政执法人员实施;

(三)出示执法身份证件;

(四)通知当事人到场;

(五)当场告知当事人采取行政强制措施的理由、依据以及当事人依法享有的权利、救济途径;

(六)听取当事人的陈述和申辩;

(七)制作现场笔录;

(八)现场笔录由当事人和行政执法人员签名或者盖章,当事人拒绝的,在笔录中予以注明;

(九)当事人不到场的,邀请见证人到场,由见证人和行政执法人员在现场笔录上签名或者盖章;

(十)法律、法规规定的其他程序。

《中华人民共和国城乡规划法》(2008年实施;新版于2015年修正)

第六十四条 未取得建设工程规划许可证或者未按照建设工程规划许可证的规定进行建设的,由县级以上地方人民政府城乡规划主管部门责令停止建设;尚可采取改正措施消除对规划实施的影响的,限期改正,处建设工程造价百分之五以上百分之十以下的罚款;无法采取改正措施消除影响的,限期拆除,不能拆除的,没收实物或者违法收入,可以并处建设工程造价百分之十以下的罚款。

四、争议问题

本案中争议问题为：商丘市睢阳区人民政府、商丘市城乡规划局、商丘市城市管理局的拆除行为是否合法？

五、简要评论

判断商丘市睢阳区人民政府、商丘市城乡规划局、商丘市城市管理局的拆除行为是否合法，关键在于两个部分：一是拆除行为的程序是否合法，二是未作综合考量，直接实施拆除行为是否合法。

拆除行为本身属于行政强制措施。根据《行政强制法》第十八条的规定，实施行政强制措施必须遵循告知当事人采取行政强制措施的理由、依据以及当事人依法享有的权利、救济途径等程序规定。案例中，商丘市睢阳区人民政府、商丘市城乡规划局、商丘市城市管理局在未履行相应程序，虽然制作了限期拆除通知书，并进行了张贴，但不显示被通知人，明显属于程序违法。

而在实体上，商丘市睢阳区人民政府、商丘市城乡规划局、商丘市城市管理局发动拆除行为，是否符合比例原则也存在质疑。

比例原则是公法的基本原则，着眼于法益的均衡，以维护和发展公民权利为最终目标，是行政法上控制自由裁量权行使的一项重要原则。在行政法上，比例原则指行政主体实施行政行为应兼顾行政目标的实现和保护相对人的权益，如果行政目标的实现可能对相对人的权益造成不利影响，则这种不利影响应被限制在尽可能小的范围和限度之内，二者有适当的比例。《行政强制法》关于行政强制措施的采取须符合比例原则，也有着详细的规定，该法第五条明定，"行政强制的设定和实施，应当适当。采用非强制手段可以达到行政管理目的的，不得设定和实施行政强制"。在违建拆除的具体事项中，比例原则也得到了很好的贯彻，《城乡规划法》（2008年实施；新版于2015年修正）第六十四条规定，"尚可采取改正措施消除对规划实施的影响的，限期改正，处建设工程造价百分之五以上百分之十以下的罚款；无法采取改正措施消除影响的，限期拆除，不能拆除的，没收实物或者违法收入，可以并处建设工程造价百分之十以下的罚款"。可见，针对未取得建设工程规划许可证或者未按照建设工程规划许可证的规定进行建设的建筑的处理，《城乡规划法》针对相对人危害程度的不同，而采取了不同的处理手段，体现出比例原则的色彩。这是对行政机关行政裁量权的严格限制。

然而，案例中，商丘市睢阳区人民政府、商丘市城乡规划局、商丘市城市管理局不根据具体情况，直接对林明先、周昕等的院墙、门楼和配房实施强制拆除的行政强制措施，属于滥用裁量权，违反了《行政强制法》的比例原则，更是直接违反《城乡规划法》第六十四条的规定，实属违法。法院的认定适当、正确。

案例 2-13 汤希开诉福州市公安局台江分局交通巡逻警察大队行政强制措施案

一、基本案情

2014年5月28日15时11分,汤希开于六一中路(江滨中大道至排尾路)驾驶闽A×××××二轮摩托车违反禁令标志指示,违反道路交通信号灯通行,并且未按规定戴安全头盔,被福州市公安局台江分局交通巡逻警察大队(以下简称"台江交巡警大队")发现,台江交巡警大队于2014年5月28日作出第350103625012332-0号《交通管理违法行为处理通知书》,要求汤希开于15日内携带该通知书、机动车行驶证、机动车驾驶证,到台江交巡警大队处接受处理。然而,汤希开与现场执法民警产生纠纷,拒绝在《交通管理违法行为处理通知书》上签收签字,并急于投诉,遗留车辆、驾驶证和行驶证,离开现场。台江交巡警大队遂于当日将汤希开的闽A×××××二轮摩托车移交到台江滨顺停车场进行存放。汤希开于5月30日上午在违章处理处领回机动车驾驶证和机动车行驶证,同时收到《公安交通管理违法处理通知书》,上面登记为小型汽车。6月6日下午,汤希开在交警大队收到《公安交通管理行政处罚决定书》和《暂扣车辆放行通知单》。汤希开不服,提起诉讼,请求确认台江交巡警大队将摩托车移交到台江滨顺停车场的行政强制措施违法,并赔偿损失5 000元。

二、诉讼过程

一审法院经审理认为,被告台江交巡警大队民警在执法过程中因原告汤希开离开现场而将其驾驶的闽A×××××二轮摩托车移交台江滨顺停车场的行为,非法律意义上的扣留,仅是对原告财产的代管行为,不是行政强制措施,不属于行政审判权限范围。原告认为被告强制扣押闽A×××××二轮摩托车的行为系被告实施的行政强制措施,进而要求确认该行政强制措施违法,没有事实依据,法院不予支持。鉴于被告未作出扣留二轮摩托车的行政强制措施,因此,原告请求被告承担行政赔偿人民币5 000元的请求亦予以驳回。

一审判决宣布后,汤希开不服,认为台江交巡警大队有权对其合法财产采取非法律意义上的扣留是对自己财产的代管行为,这一认定没有法律依据,故提起上诉。

二审法院经审理认为,台江交巡警大队于当日将汤希开的闽A×××××二轮摩托车移交台江滨顺停车场保管的行为,并非法定的行政强制措施,依法不属于人民法院行政诉讼受案范围。一审法院据此裁定驳回汤希开的起诉正确。裁定驳回上诉,维持原裁定。

三、关联法条

《中华人民共和国行政强制法》

第二条第二款 行政强制措施,是指行政机关在行政管理过程中,为制止违法行为、防止证据损毁、避免危害发生、控制危险扩大等情形,依法对公民的人身自由实施暂时性限制,或者对公民、法人或者其他组织的财物实施暂时性控制的行为。

第九条 行政强制措施的种类:
(一)限制公民人身自由;
(二)查封场所、设施或者财物;
(三)扣押财物;
(四)冻结存款、汇款;
(五)其他行政强制措施。

四、争议问题

本案中争议问题为:台江交巡警大队将汤希开的二轮摩托车移交到台江滨顺停车场进行存放的行为,是否属于行政强制措施?

五、简要评论

判断行政机关的行政行为是否属于行政强制措施,主要的方法就是揭示行政强制措施含义以及特点来加以涵摄。

《行政强制法》第二条第二款对行政强制措施作了界定,"行政机关在行政管理过程中,为制止违法行为、防止证据损毁、避免危害发生、控制危险扩大等情形,依法对公民的人身自由实施暂时性限制,或者对公民、法人或者其他组织的财物实施暂时性控制的行为"。而在第九条又明定了行政强制措施的外延,主要包括:"(一)限制公民人身自由;(二)查封场所、设施或者财物;(三)扣押财物;(四)冻结存款、汇款;(五)其他行政强制措施。"

根据规范含义以及学界的理论界定,行政强制措施主要具有如下几个特点:第一,保障性,即为了保障后续行为的作出和实现,保障一种秩序的遵守;第二,中间性,或称暂时性,即它只是整个行政行为中的一个中间环节,它的作出尚未对事件处理完毕;第三,强制措施无须以当事人存在可履行义务为前提;第四,行政强制措施的实施中,当事人不存在"作为义务",只存在"不作为"和"容忍"的义务。当然,最基本的就是行政强制措施的"强制性"。

首先,案例中,台江交巡警大队将汤希开的二轮摩托车移交到台江滨顺停车场进行存放并不是为了保障后续行为的作出,不符合"为制止违法行为、防止证据损毁、避免危害发生、控制危险扩大等情形"。因为台江交巡警大队之所以将汤希开的二轮摩托车移交到台江滨顺停车场进行存放是汤希开弃车离开现场造成的,并不是台江交巡警大队有意识地强制扣留。其次,台江交巡警大队也并未以处罚汤希开为目的,强制性扣留其摩托车,不存在所谓的中间性、暂时性。最后,摩托车是汤希开丢弃现场在前,台江交巡警大队移车在后,谈不上汤希开负有"不作为"和"容忍"的义务。一言以蔽之,台江交巡警大队之所以将汤希开的二轮摩托车移交到台江滨顺停车场进行存放,是由汤希开弃车离开现场的行为引起的,本质上是台江交巡警大队对汤希开的二轮摩托车的保管行为,并不符合作为行政强制措施之一的扣押财物的本质。法院的认定是适当的。

案例 2-14 镇江市海王星海水晶有限公司诉广西壮族自治区北海盐务管理局行政强制案

一、基本案情

镇江市海王星海水晶有限公司(以下简称"水晶公司")是经营海水晶、工业盐的民营企业,广西壮族自治区北海盐务管理局(以下简称"北海盐务局")以水晶公司非法购进工业精盐、日晒盐违反了《食盐专营办法》第十四条及《广西壮族自治区盐业管理办法》第十八条规定,于 2015 年 11 月 19 日作出(北)盐政登字〔2015〕030 号《先行登记保存物品证据通知书》,对水晶公司经营的工业精盐 1 385 包、日晒盐 1 984 包(50 千克/包)进行先行登记保存。经侦查,北海市公安机关认为水晶公司涉嫌非法经营,并决定在一周内对"11·19非法经营案"立案侦查。北海盐务局接到消息后,在先行登记保存后的五日内,即将工业精盐、日晒盐随案移送到了北海市公安局。水晶公司不服,对北海盐务局的先行登记保存行为提起诉讼。

二、诉讼过程

一审法院经审理认为,先行登记保存是行政机关调查处理行政处罚案件时,在证据可能灭失或者以后难以取得的特殊情况下,经行政机关负责人批准后,对与案件相关的财物等当场予以登记造册,暂时先予封存固定,等待行政执法机关进一步调查和处理时所采取的一项证据保全措施;原审被告依据《中华人民共和国行政处罚法》(1996 年实施;2009 年修正,新版于 2017 年修正)第三十七条第二款规定作出的行政取证行为,是行政处罚前的行政过程行为,行为后果尚未产生、变更、消灭行政法律关系,属于未成熟行政行为,依法不属于行政诉讼受案范围。裁定驳回起诉。

一审裁定宣布后,水晶公司不服,提起上诉。

二审法院经审理认为,先行登记保存有别于查封、扣押等行政强制措施,不属于行政诉讼受案范围,裁定驳回上诉,维持原裁定。

三、关联法条

《中华人民共和国行政处罚法》(1996 年实施;2009 年修正;新版于 2017 年修正)

第三十七条第二款 行政机关在收集证据时,可以采取抽样取证的方法;在证据可能灭失或者以后难以取得的情况下,经行政机关负责人批准,可以先行登记保存,并应当在七日内及时作出处理决定,在此期间,当事人或者有关人员不得销毁或者转移证据。

《公安机关办理行政案件程序规定》

第四十二条 办理行政案件时,可以依法采取下列行政强制措施:

(一) 对物品、设施、场所采取扣押、扣留、临时查封、查封、先行登记保存、抽样取证等强制措施;

(二) 对违法嫌疑人采取保护性约束措施、继续盘问、强制传唤、强制检测、拘留审查、限制活动范围等强制措施。

四、争议问题

本案中争议问题为:先行登记保存行为是否属于行政强制措施?

五、简要评论

《行政诉讼法》(1990 年实施;2014 年修正;新版于 2017 年修正)第十二条明确将"对限制人身自由或者对财产的查封、扣押、冻结等行政强制措施和行政强制执行不服的"列为行政诉讼的受案范围。而案例中,一、二审法院均以先行登记保存行为非行政强制措施,将水晶公司的诉讼排除出受案范围。因此,本案的关键就在于判断先行登记保存行为是否属于行政强制措施。

对于先行登记保存行为是否属于行政强制措施,《行政强制法》并没有给出明确的规定。学界和实务界对此分歧较大。对于先行登记保存的规定,首次出现于《行政处罚法》(1996 年实施;2009 年修正,新版于 2017 年修正),该法第三十七条第二款规定,"行政机关在收集证据时,可以采取抽样取证的方法;在证据可能灭失或者以后难以取得的情况下,经行政机关负责人批准,可以先行登记保存,并应当在七日内及时作出处理决定,在此期间,当事人或者有关人员不得销毁或者转移证据"。因此,很多人借此认为,先行登记保存是证据采集的一种形式,针对的是证据,而非人,也非追求法律关系的产生、变更和消灭,因此属于事实行为,谈不上作为行政行为的行政强制措施。而且,先行登记保存是一种过程性的行为,属于程序的一环,没有对相对人产生权利义务的实质影响,因此不具有可诉性。

我们认为,这是不妥的。首先,根据《行政处罚法》(1996 年实施;2009 年修正,新版于 2017 年修正)第三十七条第二款的规定,先行登记保存的行为造成了当事人之间基于证据的保存而产生新的法律关系,而这一关系的内容便是当事人和相关人员不得随意处置和损毁被保存证据的义务。事实行为的界定不当。其次,从《行政处罚法》的规定来看,先行登记保存的目的在于防止证据损毁,控制方式是暂时性约束行政相对人或其他相关人员对该证据的使用权和处分权,涉及公民、法人和其他组织的财产权。而且其具有行政行为要求的行政主体的单方性、强制性特点。从这些特点来看,先行登记保存可以界定为行政行为。最后,先行登记保存确实具有中间性、暂时性的特点,但这不否定它作为行政行为的独立性,相反,正是独立性、中间性、强制性的特点,使得先行登记保存完全符合行政强制措施的属性。虽然《行政强制法》没有明确将先行登记保存界定为行政强制措施,但该法第九条设置了"其他行政强制措施"的兜底条款,将先行登记保存界定为行政强制措施并不违背《行政强制法》的立法精神。而且,在公安部颁布实施的《公安机关办理行政案件程序规定》第四十二条的规定中,也将先行登记保存作为公安机关办理行政案件时,可以依法采取的行政强制措施,因此,将先行登记保存界定为行政强制措施在顶层的制度设计中也是得到承认的。

综上,案例中,一、二审法院的认定是不妥的,至少是存在争议的,对相对人的权益保护也是不完全的。

案例 2‑15　王震诉合肥市交通运输管理处行政强制案

一、基本案情

2014 年 1 月 21 日上午,合肥市交通运输管理处执法人员在合肥市明珠广场西大门附近对非法营运车辆进行暗查,发现王震驾驶的别克轿车涉嫌未取得出租汽车经营许可,擅自从事出租汽车经营。执法人员立即对乘客进行了调查取证,查明:王震自明珠广场附近运送乘客至火车站,约定收取乘客 30 元乘车费,双方互不相识。王震当场无法提供道路运输证及其他有效证明,因此其在未获得法定机关批准许可的情况下,擅自从事客运经营活动,涉嫌违法。合肥市交通运输管理处根据《安徽省道路运输管理条例》第五十二条第一款之规定,决定扣押王震的别克轿车,并依法制作了现场笔录,向王震送达了皖合运罚(强措)〔2014〕08060063 号《交通运输行政强制措施决定书》及《交通运输行政强制措施扣押清单》,告知王震扣押车辆的事实、理由及依据,并告知其依法享有陈述、申辩、听证、申请行政复议等方面的权利。王震不服,诉至安徽省合肥高新技术产业开发区人民法院,请求判决撤销合肥市交通运输管理处作出的皖合运罚(强措)〔2014〕08060063 号《交通运输行政强制措施决定书》,并判令合肥市交通运输管理处立即返还被扣押的车牌号为皖 A×××××的别克轿车。此时,王震的车辆已被扣押 30 日。

二、诉讼过程

一审法院经审理认为,王震在未取得道路运输经营许可以及车辆营运证的情况下,擅自从事道路运输经营行为,违反了《中华人民共和国道路运输条例》(2004 年施行;

2012 年修订;新版于 2016 年修订实施)第十条的规定。合肥市交通运输管理处据此依法对王震的皖 A××××× 别克轿车采取扣押行政强制措施,并无不当。合肥市交通运输管理处作出皖合运罚(强措)〔2014〕08060063 号《交通运输行政强制措施决定书》,事实清楚,证据充分,适用法律准确,程序合法。判决驳回王震的诉讼请求。

一审宣判后,王震不服,提起上诉。

二审法院经审理认为,一审判决认定事实清楚、适用法律正确。同时其补充道,"强制措施决定扣押 30 天,合肥市交通运输管理处自 2014 年 1 月 21 日作出强制措施决定至王震起诉时已超出 30 日期限,经二审调查,目前车辆仍在交通运输管理处扣押,考虑到本案审查的是强制措施决定,超期扣押是其决定的违法执行问题,与强制措施决定的具体行政行为没有关系"。判决驳回上诉,维持原判。

三、关联法条

《中华人民共和国道路运输条例》(2004 年施行,2012 年修订;新版于 2016 年修订实施)

第十条第一款 申请从事客运经营的,应当按照下列规定提出申请并提交符合本条例第八条规定条件的相关材料:

(一)从事县级行政区域内客运经营的,向县级道路运输管理机构提出申请;

(二)从事省、自治区、直辖市行政区域内跨 2 个县级以上行政区域客运经营的,向其共同的上一级道路运输管理机构提出申请;

(三)从事跨省、自治区、直辖市行政区域客运经营的,向所在地的省、自治区、直辖市道路运输管理机构提出申请。

第六十三条 道路运输管理机构的工作人员在实施道路运输监督检查过程中,对没有车辆营运证又无法当场提供其他有效证明的车辆予以暂扣的,应当妥善保管,不得使用,不得收取或者变相收取保管费用。

四、争议问题

王震所诉合肥市交通运输管理处扣留车辆的行政强制措施,是否包括后期执行过程中的扣留超期问题?法院审查合肥市交通运输管理处扣留车辆的行政强制措施的合法性是否包括扣留超期的行为?

五、简要评论

本案例的事实比较清楚,具有争议的问题在于二审法院作出的"本案审查的是强制措施决定,超期扣押是其决定的违法执行问题,与强制措施决定的具体行政行为没有关系"的认定。

法院的认定,其实是将行政强制措施的决定和行政强制措施的执行进行分离。对于这样的认识,我们可以借助德国关于区分行政强制措施和行政强制执行的"基础行为"与"执行行为"的分离标准,在我国台湾地区,则表现为"基础处分"与"执行处分"的分离。根据该标准,如果"基础行为"已经生效,国家机关执行该生效的"基础行为",那么该执行行为就是行政强制执行;相反,如果"基础行为"虽已作出,但尚未生效,国家机关执行该尚未"生效"的"基础行为",这种执行行为则为行政强制措施。所谓基础行为的生效,就是指基础行为具有"不可撤销性"或者"不可争议性",即超过法定的救济时间,或经有效判决维持。在这样的标准之下,案例中,后续的行政强制措施的执行行为就不属于行政强制执行范畴,其依然是广义的行政强制措施。只是在具体的实现过程中,它被分为了行政强制措施决定的作出和执行,而后者本质上是一种行政事实行为。如果行政强制措施决定的作出即是违法的,那么后续的执行行为无疑也失去了存立的基础,同样违法;而如果行政强制措施决定的作出符合法律的规定,只是在后续的执行中发生了事实上的违法,那么则单纯属于行政事实行为违法,并不牵连之前作出行政强制措施的决定。

案例中,当事人王震诉请法院撤销皖合运罚(强措)〔2014〕08060063 号《交通运输行政强制措施决定书》,无疑针对的是行政强制措施决定书,而根据法律的规定,合肥市交通运输管理处作出的行政强制措施决定书是合法的,因此,王震的诉讼请求是不成立的。而其具体的诉讼请求应该针对行政强制措施的执行行为,即超期扣押的事实,具体的诉讼请求应为请求确认行政强制措施违法。

对于法院,其不仅应当审查行政强制措施决定作出的合法性,也要审查行政强制措施执行的合法性,毕竟二者同属行政强制措施范畴。案例中,法院认为的本案审查的是强制措施决定,超期扣押是其决定的违法执行问题,与强制措施决定的具体行政行为"没有关系"是不合适的。

案例 2-16 郭邦有诉襄阳市襄州区人民政府强制拆迁案

一、基本案情

湖北省国土资源厅经湖北省人民政府批准,于 2010 年 11 月 5 日下发了《湖北省国土资源厅关于批准襄樊市襄州区 2010 年度第 17 批次建设用地的函》,同意将张湾镇西湾村部分集体农用地转为建设用地,另征收部分集体建设用地。郭邦有的宅基地位于征收范围内,襄阳市襄州区人民政府(以下简称"襄州区政府")为实施"滨江滨河城中村改造项目"需征收郭邦有的房屋。2014 年 12 月 31 日 22 时左右,襄州区政府设立的滨江滨河改造前线指挥部电话通知郭邦有,让其尽快到指挥部签订安置补偿协议,否则第二天不再享受"一事一议、一户一策"的优惠政策。在医院给其妻检查治病的郭邦有赶到指挥部,与襄州区政府签订了安置补偿协议、结算协议,并在拆房保证书上签字,承诺于 2015 年 1 月 8 日前拆除自建房屋,如逾期未自行拆除,则房屋交给指挥部全权处理。协议签订后郭邦有反悔,以自己被骗、被迫签订协议为由要求解除合同,但遭到襄州区政府拒绝。襄州区政府于 2015 年 1 月 16 日下午组织相关人员对郭邦有的房屋进行了拆除。郭邦有不服遂提起诉讼,请求确认襄州区政府强制拆迁行为违法。

二、诉讼过程

一审法院经审理认为,襄州区政府与郭邦有达成的房屋征收补偿协议,依法成立,合法有效。在此基础上,郭邦有在拆房保证书上签字,承诺于 2015 年 1 月 8 日前拆除自建房屋,否则房屋交给指挥部全权处理。由于郭邦有逾期未自行拆除房屋,襄州区政府遂根据郭邦有的保证,组织相关人员对郭邦有的房屋进行了拆除。襄州区政府的拆房行为并无不当或违法。判决驳回郭邦有的诉讼请求。

一审宣判后,郭邦有不服,提起上诉,认为襄州区政府擅自组织强制拆除其房屋的行为,违反了《中华人民共和国合同法》第一百二十八条关于合同产生争议后可通过和解、调解、仲裁或向人民法院起诉的规定。襄州区政府拆除其房屋的行政强制措施,违反了《中华人民共和国行政强制法》第十七条关于行政强制措施只能在法定职权范围内、应当由具备资格的行政执法人员实施,其他人员不得实施,行政强制措施权不得委托的规定,以及该法第三十四至第三十八条关于行政强制执行条件和程序的规定。

二审法院经审理认为,襄州区政府所属拆迁指挥部与郭邦有达成的安置补偿协议,属于行政诉讼法所规定的行政协议,对当事人双方具有同等的法律拘束力。基于该协议和郭邦有所作的限期自行拆除被征收土地上的房屋、逾期交由指挥部全权处理的承诺和保证,襄州区政府所属拆迁指挥部组织相关单位对郭邦有被征收土地上的房屋予以拆除的行为,是对双方协议的履行,属于履约行为的性质,符合上诉人与襄州区政府双方所签订协议的约定。郭邦有虽然在拆除房屋时报警予以反对,但该拆除房屋行为存在合同上的根据,且体现的是合同双方的意志,并不具有行政强制措施或行政强制执行行为单方性和强制性的法律特征,故不属于行政强制行为。据此,郭邦有诉称襄州区政府强制拆除其房屋违反行政强制法关于行政强制措施和行政强制执行行为相关规定的上诉理由,不能成立。判决驳回上诉,维持原判。

三、关联法条

《中华人民共和国行政强制法》

第二条 本法所称行政强制,包括行政强制措施和行政强制执行。

行政强制措施,是指行政机关在行政管理过程中,为制止违法行为、防止证据损毁、避免危害发生、控制危险扩大等情形,依法对公民的人身自由实施暂时性限制,或者对公民、法人或者其他组织的财物实施暂时性控制的行为。

行政强制执行,是指行政机关或者行政机关申请人民法院,对不履行行政决定的公民、法人或者其他组织,依法强制履行义务的行为。

《中华人民共和国行政诉讼法》(1990 年施行;2014 年修正;新版于 2017 年修正)

第十二条 人民法院受理公民、法人或者其他组织提起的下列诉讼:

（一）对行政拘留、暂扣或者吊销许可证和执照、责令停产停业、没收违法所得、没收非法财物、罚款、警告等行政处罚不服的；

（二）对限制人身自由或者对财产的查封、扣押、冻结等行政强制措施和行政强制执行不服的；

（三）申请行政许可，行政机关拒绝或者在法定期限内不予答复，或者对行政机关作出的有关行政许可的其他决定不服的；

（四）对行政机关作出的关于确认土地、矿藏、水流、森林、山岭、草原、荒地、滩涂、海域等自然资源的所有权或者使用权的决定不服的；

（五）对征收、征用决定及其补偿决定不服的；

（六）申请行政机关履行保护人身权、财产权等合法权益的法定职责，行政机关拒绝履行或者不予答复的；

（七）认为行政机关侵犯其经营自主权或者农村土地承包经营权、农村土地经营权的；

（八）认为行政机关滥用行政权力排除或者限制竞争的；

（九）认为行政机关违法集资、摊派费用或者违法要求履行其他义务的；

（十）认为行政机关没有依法支付抚恤金、最低生活保障待遇或者社会保险待遇的；

（十一）认为行政机关不依法履行、未按照约定履行或者违法变更、解除政府特许经营协议、土地房屋征收补偿协议等协议的；

（十二）认为行政机关侵犯其他人身权、财产权等合法权益的。

除前款规定外，人民法院受理法律、法规规定可以提起诉讼的其他行政案件。

四、争议问题

本案中争议问题为：襄州区政府对郭邦有房屋的拆除行为属于履约行为，还是行政强制措施或者行政强制执行？

五、简要评论

判断襄州区政府对郭邦有房屋的拆除行为属于履约行为，还是行政强制措施或者行政强制执行（这里不包括申请法院的强制执行），还要从行为的性质谈起。

案例中，郭邦有与襄州区政府签订安置补偿协议，属于《行政诉讼法》关于受案范围规定的行政协议，学理上称为行政合同或者行政契约。郭邦有与襄州区政府签订行政协议，并承诺于2015年1月8日前拆除自建房屋，如逾期未自行拆除，则房屋交给指挥部全权处理。基于此，襄州区政府在郭邦有未按约定自行拆除房屋的情况下，对郭邦有房屋进行拆除的行为无疑属于对二者签订的作为行政协议的安置补偿协议的履行，只是就性质而言，这样的履约行为与拆除房屋的行为产生了重合。因此，问题的关键，在于判断拆除房屋的履约行为能否涵摄于行政强制措施或者行政强制执行范畴。

从性质上来说,行政强制措施和行政强制执行本质上属于行政行为的一种,是行政主体基于公权力,对行政相对人实施的单方行为,具有行政行为的公权力、个别性、单方性和对外的直接法律效果的特点。双方是命令与服从的关系,具有不对等性。而对行政协议的履行而言,纵使行政机关有着单方变更、废止协议,甚至强制执行的权力,外观上近似行政行为,但却与其有着质的区别。

行政协议的履行,本质上属于对协议内容的实现,而协议的内容并不是直接来自法律的直接规定,更不是双方之间的命令服从关系的延伸之物。它们是双方当事人的承诺,是双方当事人订立协议时协商的产物。就这点来看,它与行政行为风马牛不相及,更别说是作为行政行为具体类别的行政强制措施和行政强制执行。因此,郭邦有申明襄州区政府拆除房屋的行为应当符合《行政强制法》对行政强制措施和行政强制执行的规定,缺乏立论上的基础。

另外,在行政协议成立并生效后,相对人一方除非基于合法的理由,否则在行政机关不同意的情况下是无权申请变更和解除合同的。相反,在行政协议履行中,为公共利益的需要,行政机关享有单方面变更或废止行政协议的权力,学理上称之为行政优益权。襄州区政府拒绝郭邦有解除协议的行为是合法、适当的。

案例 2-17 南阳市宛城区昌隆纺织厂诉南阳市宛城区人民政府城市规划管理案

一、基本案情

南阳市宛城区昌隆纺织厂(以下简称"昌隆纺织厂")系个体工商户,位于南阳市滨河路东段陈棚村。2014 年 7 月 25 日,南阳市城乡规划局对昌隆纺织厂违法建设一案立案调查。2014 年 8 月 1 日,南阳市城乡规划局作出宛规罚决字〔2014〕第 028 号行政处罚决定,责令昌隆纺织厂立即自行拆除违法建筑物。2014 年 12 月 8 日,南阳市城乡规划局作出宛规罚决字〔2014〕第 028-1 号行政处罚决定,责令昌隆纺织厂三日内自行拆除违法建筑物,并处罚款 138 000 元。2014 年 12 月 16 日,南阳市城乡规划局作出宛规〔2014〕297 号文件《关于对宛城区昌隆纺织厂违法建设实施强制拆除的报告》,建议南阳市人民政府责成宛城区人民政府组织有关部门对该违法建设实施强制拆除。2014 年 12 月 24 日,市政府郑茂杰副市长作出批示:"请宛城区政府按市政府相关规定,依法组织强制拆除。市'一改双优'跟踪督查,市监察局依规启动责任追究机制。"2015 年 8 月 10 日,南阳市宛城区中心城区违法建设整治工作领导小组办公室(以下简称"宛城区违建整治办公室")作出宛区限拆决字〔2015〕第 1001 号《责令限期拆除违法建设决定书》,责令昌隆纺织厂于 2015 年 8 月 25 日之前自行予以拆除,逾期未拆除,将依法强制执行。2015 年 11 月 19 日,宛城区违建整治办公室作出《限期拆除违法建设通知书》,责令昌隆纺织厂于 2015 年 11 月 3 日(应系 11 月 30 日之笔误)之前自行予以拆除,逾期未拆除,将依法强制执行。昌隆纺织厂对该《责令限期拆除违法建设决定书》《限期拆除违法建设通知书》不服,于2015年12月11日提起行政诉讼。

二、诉讼过程

一审法院经审理认为,南阳市城乡规划局作出宛规罚决字〔2014〕第028号行政处罚决定后,昌隆纺织厂未自行拆除违法建设,南阳市宛城区人民政府按照市政府的规定和指示依法组织有关部门强制拆除,是对拆除违法建设决定的强制执行行为,所作出的《责令限期拆除违法建设决定书》和《限期拆除违法建设通知书》是强制执行程序的组成部分,是未完成的行政行为,并未对行政相对人设定新的权利义务,不能作为独立的行政行为提起诉讼。裁定驳回起诉。

一审裁定宣布后,昌隆纺织厂不服,提起上诉。

二审法院经审理认为,宛城区违建整治办公室作出《责令限期拆除违法建设决定书》《限期拆除违法建设通知书》,该行为并非对上诉人作出的新的行政处罚,也非对上诉人作出的行政强制执行决定,其未对行政相对人设定新的权利义务,也未对上诉人的权利造成实际影响,故上诉人的起诉不符合行政诉讼法规定的起诉条件。驳回上诉,维持原裁定。

三、关联法条

《中华人民共和国城乡规划法》(2008年施行;新版于2015年修正)

第六十八条 城乡规划主管部门作出责令停止建设或者限期拆除的决定后,当事人不停止建设或者逾期不拆除的,建设工程所在地县级以上地方人民政府可以责成有关部门采取查封施工现场、强制拆除等措施。

《中华人民共和国行政强制法》

第三十五条 行政机关作出强制执行决定前,应当事先催告当事人履行义务。催告应当以书面形式作出,并载明下列事项:

(一)履行义务的期限;

(二)履行义务的方式;

(三)涉及金钱给付的,应当有明确的金额和给付方式;

(四)当事人依法享有的陈述权和申辩权。

第三十六条 当事人收到催告书后有权进行陈述和申辩。行政机关应当充分听取当事人的意见,对当事人提出的事实、理由和证据,应当进行记录、复核。当事人提出的事实、理由或者证据成立的,行政机关应当采纳。

《中华人民共和国行政诉讼法》(1990年施行;2014年修正;新版于2017年修正)

第二条 公民、法人或者其他组织认为行政机关和行政机关工作人员的行政行为侵犯其合法权益,有权依照本法向人民法院提起诉讼。

前款所称行政行为,包括法律、法规、规章授权的组织作出的行政行为。

四、争议问题

本案中争议问题为：宛城区违建整治办公室作出的《责令限期拆除违法建设决定书》《限期拆除违法建设通知书》是否具有可诉性？

五、简要评论

《行政诉讼法》明确将"对限制人身自由或者对财产的查封、扣押、冻结等行政强制措施和行政强制执行不服的"作为行政诉讼的受案范围，因此，判断案例中《责令限期拆除违法建设决定书》《限期拆除违法建设通知书》是否具有可诉性，关键在于其是否可以涵摄于前述《行政诉讼法》的受案范围。

首先，案例中，对于昌隆纺织厂违法建筑物的拆除处理，已有南阳市城乡规划局作出了宛规罚决字〔2014〕第028号行政处罚决定，以及宛规罚决字〔2014〕第028-1号行政处罚决定，责令其限期拆除。因此，在行政强制执行之前，存在依法有效的生效决定。而后，宛城区违建整治办公室对此又作出了《责令限期拆除违法建设决定书》《限期拆除违法建设通知书》，并明确了限期拆除的期限，但尚未作出"行政强制执行书"。因此，作为执行先前依法有效的生效决定的行政强制执行，其实并没有开始。根据《行政强制法》第三十五条的规定，"行政机关作出强制执行决定前，应当事先催告当事人履行义务"。可见，案例中，宛城区违建整治办公室所作出的《责令限期拆除违法建设决定书》《限期拆除违法建设通知书》实际上契合强制执行决定前的催告。

其次，作为催告性质的《责令限期拆除违法建设决定书》《限期拆除违法建设通知书》，更多地体现为程序性行政行为，而且属于整个行政强制执行程序，仅仅具有过程性质而已。

最后，《行政诉讼法》第二条第一款明确了行政诉讼受案范围的确定标准，即"公民、法人或者其他组织认为行政机关和行政机关工作人员的行政行为侵犯其合法权益"。案例中，作为契合行政强制执行前催告程序的《责令限期拆除违法建设决定书》《限期拆除违法建设通知书》，只是对先前两份处罚决定的确定的拆除违建的"重述"，并没有对昌隆纺织厂作出新的影响权益的行为，也不是对上诉人作出的行政强制执行决定，因此不属于行政诉讼的受案范围。

综上，一、二审法院的认定是适当的。昌隆纺织厂应当直接对之前的两份处罚决定提出诉讼，或者对之后的行政强制执行提起诉讼，而不能对不影响其权益的程序性行为提起诉讼。

案例 2-18　林凯旋诉湛江市霞山区人民政府、湛江市城市管理行政执法局强制拆除案

一、基本案情

林凯旋有房屋位于湛江市霞山区椹川东四路 2 号，为二层混合结构。2012 年 6 月 14 日，湛江市城市规划局（以下简称"湛江规划局"）霞山分局通过与湛江市城市管理行政执法局（下称"湛江执法局"）霞山分局的协同核实，确认林凯旋的建筑未经规划部门的批建，属违法建设。2012 年 11 月 8 日，湛江执法局向林凯旋发出湛城执拆字〔2012〕第 1016 号《责令拆除违法（章）建筑通知书》，限令林凯旋于 2012 年 11 月 11 日前自行拆除违法建筑物。由于林凯旋未在规定的期限内自行拆除违法（章）建筑物，2012 年 11 月 12 日，湛江执法局再次向林凯旋发出湛城执催字〔2012〕№0000003 行政强制催告书。2013 年 2 月 28 日，湛江执法局向林凯旋发出湛城执强字〔2013〕№0000003 行政强制执行决定书。2013 年 4 月 22 日，林凯旋为此向湛江市人民政府提出行政复议申请，要求撤销湛江执法局 2013 年 2 月 28 日作出的湛城执强字〔2013〕№0000003 行政强制执行决定书。2013 年 6 月 11 日（端午节期间），湛江市霞山区人民政府、湛江执法局对林凯旋的违法建筑予以强制拆除，且没有告知林凯旋确定的拆除日期，亦没有通知原告在场。2013 年 6 月 18 日，湛江市人民政府作出湛府行复〔2013〕38 号《行政复议决定书》，维持湛江执法局作出的湛城执强字〔2013〕№0000003 行政强制执行决定书的具体行政行为。2013 年 7 月 9 日，林凯旋向湛江市霞山区人民法院提起行政诉讼，请求撤销湛江执法局 2013 年 2 月 28 日作出的湛城执强字〔2013〕№0000003 行政强制执行决定书。2014 年 8 月 7 日，湛江市霞山区人民法院作出（2013）湛霞法行初字第 13 号行政判决，驳回了林凯旋的诉讼请求。林凯旋不服向湛江市中级人民法院提起上诉，湛江市中级人民法院于 2014 年 12 月 19 日作出（2014）湛中法行终字第 88 号行政判决驳回上诉，维持原判。其间，2014 年 9 月 28 日，林凯旋向湛江市霞山区人民法院提起行政诉讼，请求确认湛江市霞山区人民政府、湛江执法局于 2013 年 6 月 11 日对其位于湛江市霞山区椹川东四路 2 号房屋强制拆除行为违法，确认其扣押 2 套高清安防监控设备违法。同年 11 月 10 日，湛江市霞山区人民法院将案件移送湛江市中级人民法院审理。

二、诉讼过程

一审法院经审理认为，湛江市霞山区人民政府（以下简称"霞山区人民政府"）、湛江执法局没有公告限期林凯旋自行拆除，在实施强制拆除行为前亦没有通知林凯旋到场；该强制拆除行为是发生在复议机关对原告湛城执强字〔2013〕№0000003 行政强制执行决定书申请行政复议的审查期间；且该强制拆除行为发生在法定假日端午节期间，属于程序违法。判决确认湛江执法局和霞山区人民政府于 2013 年 6 月 11 日对原告林凯旋

所有的湛江市霞山区椹川东四路2号房屋强制拆除行为违法。

一审宣判后,林凯旋与霞山区人民政府均不服,提起上诉。霞山区人民政府认为,林凯旋于2013年7月9日针对行政强制执行决定书起诉时,已经涵盖了本次起诉的诉求、事实与理由。而该行政强制执行决定书与本案2013年6月11日的强制拆除行为是一个不可分割的整体,前者是行政强制拆除行为的法律文书基础,其最终目的就是强制拆除。后者是前者的具体落实和体现。两者本质上是行政强制执法程序中的某个片段。故林凯旋的诉讼标的仍然是行政强制执行决定书,且该案已经审结。林凯旋两次针对同一个行政行为起诉,属于重复起诉。

二审法院经审理认为,霞山区人民政府和湛江执法局的强制拆除行为程序违法。涉案行政强制执行目的是为了实现行政强制执行决定书所确定的行政义务,但本案行政强制执行行为本身性质上属于独立且可诉的行政行为,林凯旋作为行政相对人在法定期限内提起本案诉讼并无不当;霞山区人民政府提出有关本案属于重复起诉的理由不能成立。判决驳回上诉,维持原判。

三、关联法条

《中华人民共和国行政强制法》(2008年施行;新版于2015年修正)

第十八条 行政机关实施行政强制措施应当遵守下列规定:

(一)实施前须向行政机关负责人报告并经批准;

(二)由两名以上行政执法人员实施;

(三)出示执法身份证件;

(四)通知当事人到场;

(五)当场告知当事人采取行政强制措施的理由、依据以及当事人依法享有的权利、救济途径;

(六)听取当事人的陈述和申辩;

(七)制作现场笔录;

(八)现场笔录由当事人和行政执法人员签名或者盖章,当事人拒绝的,在笔录中予以注明;

(九)当事人不到场的,邀请见证人到场,由见证人和行政执法人员在现场笔录上签名或者盖章;

(十)法律、法规规定的其他程序。

第四十三条 行政机关不得在夜间或者法定节假日实施行政强制执行。但是,情况紧急的除外。

行政机关不得对居民生活采取停止供水、供电、供热、供燃气等方式迫使当事人履行相关行政决定。

四、争议问题

本案中争议问题为：林凯旋先后对湛江执法局作出的行政强制执行决定书以及湛江市霞山区人民政府、湛江执法局作出的行政拆除行为提起诉讼，是否属于重复起诉？

五、简要评论

欲弄清林凯旋先后对湛江执法局作出的行政强制执行决定书以及湛江市霞山区人民政府、湛江执法局作出的行政拆除行为提起诉讼，是否属于重复起诉，对此《行政强制法》并没有作出明确规定，只能根据学理以及司法实践的现实进行判断。

从学理和实践的角度，作出判断的关键，在于二者能否成为独立的行为。

通过案例，我们可以知晓，法院分别受理林凯旋对湛江执法局作出的行政强制执行决定书、湛江市霞山区人民政府、湛江执法局作出的行政拆除行为的起诉，以及霞山区人民政府和二审法院对林凯旋先后的起诉是否属于重复起诉的差异化理解，表明他们都对行政强制执行决定的作出和行政强制执行决定的执行作了区分理解。但二者在总体上皆属于行政强制执行范畴，只是在具体的实现过程中，分为了行政强制执行决定的作出和执行，而后者本质上是一种行政事实行为，可以作为独立的法律事实而存在。而针对事实行为进行起诉在法律上也是可行的。

如果行政强制执行决定的作出是违法的，那么，后续的执行行为无疑也失去了存立的基础，同样违法；而如果行政强制执行决定的作出符合法律的规定，只是在后续的执行中发生了事实上的违法，那么则单纯属于行政事实行为违法，并不牵连之前作出行政强制执行的决定。从这方面看，对行政强制执行决定的作出和行政强制执行决定的执行作区分理解，具有司法实践的重要意思，而且对于相对人的保护也能够全面而具体。

案例中，林凯旋向湛江市霞山区人民法院提起行政诉讼，请求撤销湛江执法局2013年2月28日作出的湛城执强字〔2013〕№0000003行政强制执行决定书，是针对行政强制执行的决定而言，而其对向湛江市霞山区人民法院提起行政诉讼，请求确认湛江市霞山区人民政府、湛江执法局于2013年6月11月对其位于湛江市霞山区椹川东四路2号房屋强制拆除行为违法，确认其扣押2套高清安防监控设备违法，是对行政强制执行决定的具体实施这一行政事实行为而言，符合学理和司法实践的现实，其分别诉请的撤销判决和确认判决适当、合法，原审法院作出的二者不可分割，存在涵盖关系的认定是不合适的，二审法院及时纠正，作出"行政强制执行行为本身性质上属于独立且可诉的行政行为"的认定合法、适当。

案例2-19　赵永芬诉贵州省毕节市黔西县人民政府规划行政强制执行案

一、基本案情

2012年2月起，赵永芬未经办理任何房屋建设手续，在贵州省毕节市黔西县莲城街道办事处天坪村三组与谢育亮、赵荣敏、谢鹏修建相连的二层房屋1幢,房屋修建在规划区内。2013年4月8日,贵州省毕节市黔西县城乡规划局(以下简称"黔西县规划局")予以立案调查,并对赵永芬修建房屋进行编号,编号为"天违14号"。2013年4月13日,黔西县规划局下达责令停止违法建设行为通知书和责令立即拆除通知书,同日进行了现场勘察,"天违14号"经勘察建筑面积为1174平方米。2013年5月9日,黔西县规划局下达黔规告字〔2013〕第168号行政处罚告知书,告知拟对"天违14号"房屋作出限期自行拆除的行政处罚。同年5月15日,黔西县规划局作出黔规处字〔2013〕第168号行政处罚决定书,认定"天违14号"房屋违反《中华人民共和国城乡规划法》第十四条规定,决定作出限期15日内自行拆除的行政处罚。2013年8月20日,黔西县规划局向"天违14号"下达第168号行政强制催告书,催告其于2013年9月10日前履行黔规处字〔2013〕第168号行政处罚决定书。2013年11月19日,黔西县规划局向贵州省毕节市黔西县人民政府(以下简称"黔西县人民政府")报送黔规呈〔2013〕23号《关于拆除莲城街道办事处G321国道线附近违法建筑的请示》,同日黔西县人民政府作出《关于同意依法拆除莲城街道办事处G321国道线附近违法建筑的批复》,责成黔西县规划局作为主体,严格按照有关规定,认真组织实施。2013年11月20日,黔西县规划局作出第168号行政强制执行决定书,决定对"天违14号"房屋予以强制执行。2013年11月21日,黔西县规划局组织相关部门将赵永芬修建的房屋强制拆除。赵永芬不服前述强制拆除房屋的行政行为,向贵州省毕节市人民政府申请行政复议,要求确认强制拆除行为违法。2014年5月20日,贵州省毕节市人民政府作出毕府行复决字第〔2014〕15号行政复议决定书,维持了黔西县人民政府责成相关部门强制拆除违法建筑的行政行为。赵永芬仍不服,于2014年9月23日向贵州省毕节市中级人民法院提起行政诉讼,请求确认黔西县人民政府强制拆除其房屋的行为违法。

二、诉讼过程

一审法院经审理认为,赵永芬在未办理任何房屋建筑手续的情况下,在黔西县规划的范围内,擅自修建的房屋属违法建筑,其权益不受保护。黔西县人民政府责成黔西县规划局对未经批准擅自建设的违法房屋予以拆除的行为符合《中华人民共和国城乡规划法》第六十八条的规定。判决驳回其诉讼请求。

一审宣判后,赵永芬不服,认为黔西县规划局作出强制拆除决定后,在其享有的陈述、申辩、行政复议或行政诉讼期限内,直接对房屋进行强拆,剥夺了其前述权利,程序违法,提起上诉。

二审法院经审理认为,行政相对人对行政机关作出的行政强制执行决定不服,申请行政复议或者提起行政诉讼,并不影响行政强制决定执行程序的开展。故赵永芬认为黔西县规划局作出行政强制拆除决定后,在其申请行政复议或者提起行政诉讼的法定期限内直接进行强拆属于程序违法的主张,不成立。判决驳回上诉,维持原判。

三、关联法条

《中华人民共和国城乡规划法》(2008年施行;新版于2015年修正)

第四十条第一款　在城市、镇规划区内进行建筑物、构筑物、道路、管线和其他工程建设的,建设单位或者个人应当向城市、县人民政府城乡规划主管部门或者省、自治区、直辖市人民政府确定的镇人民政府申请办理建设工程规划许可证。

第六十八条　城乡规划主管部门作出责令停止建设或者限期拆除的决定后,当事人不停止建设或者逾期不拆除的,建设工程所在地县级以上地方人民政府可以责成有关部门采取查封施工现场、强制拆除等措施。

《中华人民共和国行政强制法》

第三十五条　行政机关作出强制执行决定前,应当事先催告当事人履行义务。催告应当以书面形式作出,并载明下列事项:

(一)履行义务的期限;

(二)履行义务的方式;

(三)涉及金钱给付的,应当有明确的金额和给付方式;

(四)当事人依法享有的陈述权和申辩权。

第三十七条第一款　经催告,当事人逾期仍不履行行政决定,且无正当理由的,行政机关可以作出强制执行决定。

第四十四条　对违法的建筑物、构筑物、设施等需要强制拆除的,应当由行政机关予以公告,限期当事人自行拆除。当事人在法定期限内不申请行政复议或者提起行政诉讼,又不拆除的,行政机关可以依法强制拆除。

《中华人民共和国行政复议法》(1999年施行;2009年修正;新版于2017年修正)

第二十一条　行政复议期间具体行政行为不停止执行;但是,有下列情形之一的,可以停止执行:

(一)被申请人认为需要停止执行的;

(二)行政复议机关认为需要停止执行的;

(三)申请人申请停止执行,行政复议机关认为其要求合理,决定停止执行的;

(四)法律规定停止执行的。

《中华人民共和国行政诉讼法》(1990年施行;2014年修正;新版于2017年修正)

第五十六条　诉讼期间,不停止行政行为的执行。但有下列情形之一的,裁定停止执行:

(一)被告认为需要停止执行的;

(二)原告或者利害关系人申请停止执行,人民法院认为该行政行为的执行会造成难以弥补的损失,并且停止执行不损害国家利益、社会公共利益的;

(三)人民法院认为该行政行为的执行会给国家利益、社会公共利益造成重大损害的;

（四）法律、法规规定停止执行的。

当事人对停止执行或者不停止执行的裁定不服的，可以申请复议一次。

四、争议问题

本案中争议问题为：黔西县规划局作出强制拆除决定后，在赵永芬享有的陈述、申辩、行政复议或行政诉讼期限内，直接对房屋进行强拆，是否剥夺了其前述权利而程序违法？

五、简要评论

黔西县规划局作出强制拆除决定后，在赵永芬行政复议或行政诉讼期限内，直接对房屋进行强拆，是否剥夺了其前述权利而属程序违法的问题，从本质上来看，就是行政复议法和行政诉讼法上的复议、诉讼（不）停止执行的问题，行政诉讼法上还称之为"行政诉讼中的暂时性法律保护"。

对于行政复议和行政诉讼期间是否停止行政行为的执行，主要存在两种观点：一者是复议诉讼不停止执行。理由首先在于行政行为公定力理论，即行政主体作出的具体行政行为，一旦生效，在原则上均受合法之推定，在未经变更或经有权主体加以撤销或宣告无效外，任何人不得否定其效力；其次，行政行为效率要求，即如果一行政行为只因相对人提起了复议或者诉讼，其效力即告终止抑或迟延，亦不得再予以执行，则行政的连续性和有效性将受到重创，行政机关的履职能力将受到影响；最后，保护公共利益，不停止行政行为的执行正是个人利益服从整体利益，公益高于私益的体现和要求。另一种观点则是复议、诉讼停止执行，主要是因为复议和诉讼通常是一个漫长的过程，如果在此期间内，没有任何措施可以进行临时救济，则权利关系无法确认，这样一来，对于行政相对人权益的保护是不利的，也不符合人权保障的国家惯例。因此，两者主要是基于行政效率和司法公正，公共利益和社会利益的权衡而已。

对于两种观点的立法选择，主要在于一国立法者对于行政效率和司法公正、公共利益和社会利益的权衡，以及对现状的把握。当下，我国属于发展中国家，行政事务庞杂，基于现实的考量，《中华人民共和国行政复议法》和《中华人民共和国行政诉讼法》采纳了复议、诉讼不停止执行的做法，但也兼顾了个人权益的保护，分别作出了复议、诉讼不停止执行的例外情况，同时把判断的权力赋予了行政机关和法院。案例中，赵永芬在复议和诉讼期间，皆没有向行政机关或者法院申请停止执行，也不存在停止执行的法定条件，因此，法院的认定是适当的。赵永芬主张黔西县人民政府和黔西县规划局的做法，剥夺了其陈述、申辩的权利而程序违法，不符合法律规定。

案例 2-20　殷东光诉北京市门头沟区人民政府强制拆迁案

一、基本案情

2012 年，为了改造北京市门头沟区棚户区居民的生活条件，经北京市人民政府批准，北京市门头沟区人民政府（以下简称"门头沟区政府"）作出房屋征收决定，对棚户区房屋进行征收。殷东光的房屋位于北京市门头沟区矿桥东街19号楼1单元15号，在北京市门头沟区棚户区房屋征收项目的范围内。2013年5月6日，门头沟区政府对殷东光房屋作出门政征补决〔2013〕13号《房屋征收补偿决定书》（以下简称"13号房屋征收补偿决定"）。殷东光不服向北京市人民政府申请行政复议，北京市人民政府于2013年7月31日作出行政复议决定书，撤销了13号房屋征收补偿决定。在殷东光申请行政复议期间，门头沟区政府对殷东光房屋实施了强制拆除。殷东光提起诉讼，请求法院确认被诉拆除行为违法。

二、诉讼过程

法院经审理认为，根据《行政强制法》第十三条、《国有土地上房屋征收与补偿条例》第二十八条第一款的规定，门头沟区政府并无依据补偿决定自行拆除殷东光房屋的职权，门头沟区政府自行拆除原告房屋，属于超越法定职权。此外，在门头沟区政府实施被诉拆除行为后，其所称拆除行为依据的13号房屋征收补偿决定亦被行政复议机关决定撤销。判决确认门头沟区政府的拆除行为违法。

三、关联法条

《中华人民共和国行政强制法》
第二条第三款　行政强制执行，是指行政机关或者行政机关申请人民法院，对不履行行政决定的公民、法人或者其他组织，依法强制履行义务的行为。
第十三条　行政强制执行由法律设定。
法律没有规定行政机关强制执行的，作出行政决定的行政机关应当申请人民法院强制执行。

《国有土地上房屋征收与补偿条例》
第二十八条第一款　被征收人在法定期限内不申请行政复议或者不提起行政诉讼，在补偿决定规定的期限内又不搬迁的，由作出房屋征收决定的市、县级人民政府依法申请人民法院强制执行。

四、争议问题

本案中争议问题为：门头沟区政府对殷东光房屋的拆除行为是否违法？

五、简要评论

针对行政强制执行的权限，不同的国家有着不同的规定。一般来说，在英美法系国家，行政强制执行的权限由法院独揽，而在大陆法系国家中，则由行政机关承担。而在我国，行政强制执行的权限的划分，既不同于德国、奥地利以行政机关自行强制执行为主的模式,也不同于英美法系国家以司法执行为主的模式,而是倾向于将这两大模式结合起来的一种折衷模式。

我国《行政强制法》明确将行政强制执行定义为"行政机关或者行政机关申请人民法院,对不履行行政决定的公民、法人或者其他组织,依法强制履行义务的行为"。可见,行政强制执行的权限,在我国,被分别分配于法院和行政机关。同时,《行政强制法》第十三条还规定,"行政强制执行由法律设定。法律没有规定行政机关强制执行的,作出行政决定的行政机关应当申请人民法院强制执行"。也就是说,法院和行政机关对行政强制执行的权限的共享,并非"平等",而是坚持"申请人民法院强制执行为原则,以行政机关自行强制执行为例外"的原则,行政机关自行强制执行属于法律保留事项,法规、规章等不得设定,而且要严格遵循"法无明文规定不可为"的公法原则。之所以作出这样的立法安排,主要在于:一方面我国的行政权庞大,如果完全由行政机关自行强制执行,有"既是比赛者,又是裁判员"的嫌疑,对于行政相对人权益的保护不利。另一方面,效率也是行政权的追求之一,如果不作区分全由法院强制执行,容易造成行政效率低下,法院也吃不消的局面。

根据以上立法和理论审视本案例,结论不言而喻。首先,我国《行政强制法》是以"申请人民法院强制执行为原则,以行政机关自行强制执行为例外"的原则,行政机关自行强制执行必须有法律的明文授权。《行政强制法》等法律并未赋予政府在房屋征收补偿事宜中自行强制执行的权力,对此,《国有土地上房屋征收与补偿条例》第二十八条也明确规定了,"被征收人在法定期限内不申请行政复议或者不提起行政诉讼,在补偿决定规定的期限内又不搬迁的,由作出房屋征收决定的市、县级人民政府依法申请人民法院强制执行"。因此,对于殷东光房屋的强制拆除工作,门头沟区政府应当申请法院强制执行,门头沟区政府对殷东光房屋自行强制拆除的行为,超越了其法定职权,应属违法。只是其已执行完毕,不具撤销性,因此,法院作了确认违法判决。而且,案例中,行政强制执行的依据已被行政复议决定撤销,也失去了存立的基础,也当然适用确认违法判决。

第三章 行政许可

案例 3-1 徐庆发诉桓仁满族自治县城乡规划建设局颁发 3 号拆迁许可证行为违法案

一、基本案情

徐庆发（一审原告、二审上诉人）在桓仁镇朝阳街 6 组 17 号有砖木结构住宅房屋一处，建筑面积 72 平方米。2010 年，桓仁满族自治县人民政府（以下简称"桓仁县政府"）开展旧城区改造工作。2010 年 4 月 2 日，桓仁满族自治县发展和改革局（以下简称"桓仁县发改局"）作出桓改发〔2010〕37 号《关于国有资产经营有限公司旧城改造项目立项的批复》（以下简称"37 号立项批复"），同意桓仁满族自治县国有资产经营有限公司（以下简称"县国资公司"）报请对旧城改造项目的立项。2010 年 4 月 5 日，桓仁县政府作出桓政发〔2010〕19 号《关于依法收回原中药厂地段国有建设用地使用权的决定》（以下简称"19 号收地决定"），将原中药厂地段 49 748 平方米的国有建设用地使用权收回，交给县国资公司，县国资公司做好地上附着物等国有资产的处置工作，并依法妥善做好该地段 63 户居民的补偿安置工作，完成净地出让工作。2010 年 5 月 18 日，桓仁满族自治县城乡规划建设局（以下简称"桓仁县城建局"）（一审被告、二审被上诉人）为县国资公司颁发桓房拆许字〔2010〕第 003 号房屋拆迁许可证（以下简称"3 号拆迁许可证"）。徐庆发的房屋在拆迁区域内。徐庆发与县国资公司经多次协商未能达成拆迁安置补偿协议。2011 年 1 月 18 日，桓仁县城建局作出桓城裁字〔2011〕1 号拆迁裁决书（以下简称"1 号拆迁裁决"）。徐庆发不服 1 号拆迁裁决，提起行政诉讼。桓仁满族自治县人民法院作出（2011）桓行初字第 23 号行政判决，驳回徐庆发要求撤销 1 号拆迁裁决的诉讼请求。徐庆发上诉，本溪市中级人民法院于 2011 年 7 月 13 日作出（2011）本行终字第 25 号行政判决，驳回上诉，维持原判。2011 年 7 月 27 日，桓仁满族自治县人民法院作出（2011）桓行执字第 62 号行政裁定，准予对徐庆发的房屋强制执行。2015 年 6 月 26 日，徐庆发提起本案诉讼，请求确认桓仁县城建局颁发 3 号拆迁许可证行为违法，确认颁证行为所依据的桓仁县政府 19 号收地决定和桓仁县发改局 37 号立项批复违法，赔偿损失并解决相关民事争议。

二、诉讼过程

本溪市中级人民法院（2015）本行初字第 39 号行政裁定认为，房屋拆迁许可证是房屋拆迁管理部门颁发给拆迁人的允许其实施拆迁活动的许可证,即该许可证表现的法律关系是桓仁县城建局与县国资公司之间的行政许可关系,而徐庆发作为拆迁区域的房屋所有人,与该行政许可之间无法律上的利害关系。实际影响徐庆发权益的是1号拆迁裁决,而该裁决已经被其提起行政诉讼,因此徐庆发无原告资格。另徐庆发在拆迁裁决案中既已提供房屋拆迁许可证,知悉内容,直到2015年6月26日才提起本案行政诉讼,早已超过两年起诉期限。依照《最高人民法院关于适用〈中华人民共和国行政诉讼法〉若干问题的解释》(2015年,已废止)第三条(一)、(二)项规定,裁定驳回徐庆发的起诉。徐庆发不服一审裁定,提起上诉。

辽宁省高级人民法院(2015)辽行终字第358号行政裁定认为,徐庆发起诉拆迁裁决的案件,已经审理终结,判决已经发生法律效力,徐庆发的房屋已经被强拆。在这种情况下,徐庆发与拆迁许可已经没有利害关系。徐庆发在起诉拆迁裁决的案件中既已知道拆迁许可行为,直到2015年6月26日才提起诉讼,已超过法定的起诉期限,一审裁定驳回起诉正确。徐庆发一审诉讼还请求确认桓仁县政府19号收地决定违法、桓仁县发改局37号立项批复违法。依据《中华人民共和国行政诉讼法》(1990年施行,2014年修正;新版于2017年修正)第五十三条规定,审查规范性文件的前提是原告提起的诉讼进入了实体审查程序,而且请求审查的应当是规范性文件。由于徐庆发的起诉被裁定驳回,没有进行实体审理,因此,不可能脱离本诉而单独对规范性文件进行审查。另外,根据徐庆发提供的材料,其要求审查的两份文件也不属于规范性文件的范围,一审未将桓仁县政府、桓仁县发改局列为被告并不违反法律规定。依据《中华人民共和国行政诉讼法》(1990年施行,2014年修正;新版于2017年修正)第八十九条第一款第(一)项之规定,裁定驳回上诉,维持一审裁定。

再审申请人徐庆发因诉被申请人桓仁满族自治县城乡规划建设局房屋拆迁许可一案,不服辽宁省高级人民法院于2015年11月18日作出的(2015)辽行终字第358号行政裁定,向最高人民法院第二巡回法庭申请再审。

《中华人民共和国行政诉讼法》(1990年施行,2014年修正;新版于2017年修正)第二十五条规定,与被诉行政行为有利害关系的公民、法人或者其他组织,是行政诉讼的适格原告。行政机关颁发拆迁许可证,同意对拆迁范围内的房屋实施拆迁,直接影响拆迁范围内房屋所有人的合法权益。因此,通常情况下,房屋所有人与拆迁许可行为具有法律上的利害关系,属于适格原告。本案中,徐庆发作为被拆迁人,拆迁许可将直接影响其房屋所有权和使用权,徐庆发原本与被诉3号拆迁许可行为具有利害关系,属于适格原告。但是,在本案起诉之前,徐庆发已对1号拆迁裁决提起了行政诉讼,经两级法院判决,驳回徐庆发的诉讼请求,对徐庆发的补偿安置裁决已经生效,原属其所有的房屋权属自此转移给拆迁人,徐庆发与拆迁许可行为不再具有利害关系。故一、二审以徐庆发不具有本案原告主体资格为由,裁定驳回其起诉,并无不当。裁定驳回徐庆发的再审申请。

三、关联法条

《中华人民共和国行政诉讼法》(1990年施行,2014年修正;新版于2017年修正)

第二十五条第一款 行政行为的相对人以及其他与行政行为有利害关系的公民、法人或者其他组织,有权提起诉讼。

第四十九条 提起诉讼应当符合下列条件:

(一)原告是符合本法第二十五条规定的公民、法人或者其他组织;

(二)有明确的被告;

(三)有具体的诉讼请求和事实根据;

(四)属于人民法院受案范围和受诉人民法院管辖。

四、争议问题

本案中争议问题为:徐庆发是否具有确认桓仁县城建局颁发3号拆迁许可证行为违法的原告主体资格?

五、简要评论

本案中原被告存在争议的问题有四个,这里只讨论徐庆发是否具有确认桓仁县城建局颁发3号拆迁许可证行为违法的原告主体资格问题。《中华人民共和国行政诉讼法》(1990年施行,2014年修正;新版于2017年修正)第二十五条第一款规定,"行政行为的相对人以及其他与行政行为有利害关系的公民、法人或者其他组织,有权提起诉讼"。法院认定了徐庆发与桓仁县城建局颁发3号拆迁许可证行为这一具体行政行为无"利害关系",这在一审、二审和再审过程中,法院都给予了说明理由。

徐庆发与桓仁县城建局颁发3号拆迁许可证行为这一具体行政行为到底有没有"利害关系"。事实是徐庆发与桓仁县城建局颁发3号拆迁许可证行为本具有"利害关系",但因一系列法律行为的出现,导致徐庆发与桓仁县城建局颁发3号拆迁许可证行为现不具有"利害关系"。

这个本具有的"利害关系"是:2010年5月18日,桓仁县城建局为县国资公司颁发桓房拆许字〔2010〕第003号房屋拆迁许可证,徐庆发的房屋在拆迁区域内。行政机关颁发拆迁许可证,同意对拆迁范围内的房屋实施拆迁,直接影响拆迁范围内房屋所有人的合法权益。因此,通常情况下,房屋所有人与拆迁许可行为具有法律上的利害关系,属于适格原告。本案中,徐庆发作为被拆迁人,拆迁许可将直接影响其房屋所有权和使用权,徐庆发原本与被诉3号拆迁许可行为具有利害关系,属于适格原告。

这个中间法律行为是:徐庆发与县国资公司的拆迁补偿争议。徐庆发与县国资公司经多次协商未能达成拆迁安置补偿协议,2011年1月18日,桓仁县城建局作出桓城裁字〔2011〕1号拆迁裁决书。徐庆发不服1号拆迁裁决,提起行政诉讼。桓仁满族自治县人民法院作出(2011)桓行初字第23号行政判决,驳回徐庆发要求撤销1号拆迁裁决的诉讼请求。徐庆发上诉,本溪市中级人民法院于2011年7月13日作出(2011)本行终字第25号行政判决,驳回上诉,维持原判。2011年7月27日,桓仁满族自治县人民法院作出(2011)桓行执字第62号行政裁定,准予对徐庆发的房屋强制执行。

这个现在不具有的"利害关系"是:在本案起诉之前,徐庆发已对1号拆迁裁决提起了行政诉讼,经两级法院判决,驳回徐庆发的诉讼请求,对徐庆发的补偿安置裁决已经生效,原属其所有的房屋权属自此转移给拆迁人,徐庆发与拆迁许可行为不再具有利害关系。

行政诉讼原告资格问题,无论在我国的理论研究领域还是在司法实务领域都是基础问题、前提问题,也是一直以来的热点问题。对于如此重要的问题,不代表我们已经穷尽所有和达成共识,导致我们对于什么是"利害关系",理论上如何界定"利害关系",实务上如何认定"利害关系"一直都存有纷争。2014年《行政诉讼法》修改将原建立在原告与具体行政行为之间的"法律关系"扩大为"利害关系",因而判断原告与被诉具体行政行为是否存在"利害关系"就不仅有法律上的利害关系还包括了事实上的利害关系,总体来看对原告主体资格是一种扩大。

案例3-2 胡兆成诉盐城市人民政府行政许可案

一、基本案情

2015年2月6日,胡兆成以盐城市人民政府为被告向原审法院起诉称:胡兆成用挂号信向盐城市人民政府寄去"行政许可申请书"一份,盐城市人民政府于2015年1月2日签收,但至今未作出许可决定。2015年2月6日,胡兆成以盐城市人民政府为被告向江苏省盐城市中级人民法院起诉,请求确认盐城市人民政府在规定期间内未作出许可和不许可的行为违法。

二、诉讼过程

原审法院经审查认为:根据《中华人民共和国行政许可法》第十二条规定,胡兆成所诉的许可事项,不属于设定行政许可事项范围,故胡兆成的起诉,不属于行政诉讼受案范围,依照《最高人民法院关于执行〈中华人民共和国行政诉讼法〉若干问题的解释》(1999年,已废止)第四十四条第一款第(一)项之规定,该院裁定对胡兆成的起诉不予受理。

胡兆成因诉盐城市人民政府行政许可一案,不服江苏省盐城市中级人民法院于2015年4月21日作出的(2015)盐行诉初字第00024号行政裁定,向江苏省高级人民法院提起上诉。

江苏省高级人民法院审查查明:胡兆成起诉时提供了"行政许可申请书"复印件一份,该申请书中申请许可事项为"在全市发给夏付市长五封信公开和张贴三十万元悬赏公告"。江苏省高级人民法院认为:《最高人民法院关于适用〈中华人民共和国行政诉讼法〉若干问题的解释》(2015年,已废止)第三条第一款第(八)项规定,行政行为对其合法权益明显不产生实际影响的行为不属于人民法院行政诉讼的受案范围。本案中,胡兆成所申请行政许可事项不属于法定行政许可事项,也不属于盐城市人民政府行政许可的职权范围。故胡兆成所诉行为对胡兆成的权利义务不产生实际影响,不属于人民法院行政诉讼的受案范围。原审法院对胡兆成的起诉裁定不予受理并无不当,该裁定应予维持。胡兆成的上诉理由不成立,本院不予采纳。依照《中华人民共和国行政诉讼法》第八十九条第一款第(一)项的规定,裁定驳回上诉,维持原裁定。

三、关联法条

《中华人民共和国行政许可法》

第十二条 下列事项可以设定行政许可:

(一)直接涉及国家安全、公共安全、经济宏观调控、生态环境保护以及直接关系人身健康、生命财产安全等特定活动,需要按照法定条件予以批准的事项;

(二)有限自然资源开发利用、公共资源配置以及直接关系公共利益的特定行业的市场准入等,需要赋予特定权利的事项;

(三)提供公众服务并且直接关系公共利益的职业、行业,需要确定具备特殊信誉、特殊条件或者特殊技能等资格、资质的事项;

(四)直接关系公共安全、人身健康、生命财产安全的重要设备、设施、产品、物品,需要按照技术标准、技术规范,通过检验、检测、检疫等方式进行审定的事项;

(五)企业或者其他组织的设立等,需要确定主体资格的事项;

(六)法律、行政法规规定可以设定行政许可的其他事项。

《最高人民法院关于适用〈中华人民共和国行政诉讼法〉若干问题的解释》(2015年,已废止)

第三条第一款第(八)项 有下列情况之一,已经立案的,应当裁定驳回起诉:……

(八)行政行为对其合法权益明显不产生实际影响的。

四、争议问题

本案中争议问题为:行政许可事项。

五、简要评论

本案中,胡兆成败诉的原因是其申请许可事项"在全市发给夏付市长五封信公开和张贴三十万元悬赏公告"不属于《中华人民共和国行政许可法》(以下简称《行政许可法》)第十二条的行政许可事项,导致其未能获得许可和法院不予受理裁定的结果。案件事实清楚、适用法律准确,案情简单。

行政许可事项是《行政许可法》的疆域,许可事项对于保障公民权利,维护经济秩序和捍卫公共利益具有十分重要的意义。行政许可所具有的许可人赋权与对社会和公众的限权的双重作用,以及对个体私益与公益的平衡作用,决定了对行政许可事项必须审慎。

对于许可事项的设定:首先是明确行政许可的合理机制,就是哪些事项应当设立行政许可,哪些事项可以设定行政许可,哪些事项不能设定行政许可,三个方面的范围必须界定清楚。我国《行政许可法》第十一条规定:"设定行政许可,应当遵循经济和社会发展规律,有利于发挥公民、法人或者其他组织的积极性、主动性,维护公共利益和社会秩序,促进经济、社会和生态环境协调发展。"在《行政许可法》第十一条的理念指导下,其第十二条"下列事项可以设定行政许可"和第十三条"本法第十二条所列事项,通过下列方式能够予以规范的,可以不设行政许可"。对于行政许可事项的设定,《行政许可法》通过授权性规范(第十二条)和禁止性规范(第十三条)进行了规制,但是并没有通过义务性规范即明确必须设定行政许可的范围和程度。其次,行政许可事项必须因应政府行政审批制度改革的需要。2013年党的十八届三中全会通过的《中共中央关于全面深化改革若干重大问题的决定》提出了关于全面正确履行政府职能,深化行政审批制度改革的要求:"进一步简政放权,深化行政审批制度改革,最大限度减少中央政府对微观事务的管理,市场机制能有效调节的经济活动,一律取消审批,对保留的行政审批事项要规范管理、提高效率;直接面向基层、量大面广、由地方管理更方便有效的经济社会事项,一律下放地方和基层管理。"2015年5月,国务院下发《国务院关于取消非行政许可审批事项的决定》(国发〔2015〕27号)文,决定在前期大幅减少非行政许可审批事项的基础上,再取消49项非行政许可审批事项,将84项非行政许可审批事项调整为政府内部审批事项,不再保留"非行政许可审批"这一审批类别。总体上分析,伴随着市场经济的逐步成熟和市场秩序的改善,行政许可事项整体性呈现削减的趋势。

案例3-3 南京宁扬加油站诉江苏省商务厅行政许可案

一、基本案情

2015年3月23日,南京宁扬加油站以江苏省商务厅为被告向原审南京市中级人民法院起诉称:2014年12月16日,江苏省商务厅给南京亚龙石化实业有限责任公司江心洲加油站颁发了油零售证书第0001366号成品油零售经营批准证书。凭此证书,南京亚龙石化实业有限责任公司取得由南京市六合区葛塘街道办事处中山社区居民委员会组织的宁扬加油站经营权的中标资格。南京宁扬加油站作为投标人之一,发现江苏省商务厅颁发的第0001366号成品油零售经营批准证书行政程序违法,也不具备法律依据。故请求:(1)撤销江苏省商务厅颁发的油零售证书第0001366号成品油零售经营批准证书;(2)江苏省商务厅承担本案诉讼费用。

二、诉讼过程

原审法院经审查认为：南京宁扬加油站既非本案被诉行政许可行为的行政相对人，与本案被诉行政许可行为也不具有法律上的利害关系，故不具备提起行政诉讼的主体资格，依照修改前的《中华人民共和国行政诉讼法》第四十一条的规定，该院裁定：对南京宁扬加油站的起诉不予受理。

江苏省高级人民法院认为：《最高人民法院关于执行〈中华人民共和国行政诉讼法〉若干问题的解释》（1999年，已废止）第十二条规定，与具体行政行为有法律上利害关系的公民、法人或者其他组织对该行为不服的，可以依法提起行政诉讼。该解释第四十四条第一款第（二）项规定，对于起诉人无原告诉讼主体资格的起诉应裁定不予受理。本案中，南京宁扬加油站所诉的江苏省商务厅颁发第0001366号成品油零售经营批准证书行为系对案外人南京亚龙石化实业有限责任公司江心洲加油站作出，且南京宁扬加油站与南京亚龙石化实业有限责任公司江心洲加油站之间就取得该批准证书事宜并不存在直接的竞争关系，故南京宁扬加油站与所诉行为不具有法律上的利害关系，其不具备本案起诉的原告主体资格。原审法院对南京宁扬加油站的起诉裁定不予受理并无不当，该裁定应予维持。南京宁扬加油站的上诉理由不成立，本院不予采纳。依照《中华人民共和国行政诉讼法》第八十九条第一款第（一）项的规定，裁定如下：驳回上诉，维持原裁定。

三、关联法条

《中华人民共和国行政诉讼法》（1990年施行，2014年修正；新版于2017年修正）

第二十五条第一款　行政行为的相对人以及其他与行政行为有利害关系的公民、法人或者其他组织，有权提起诉讼。

四、争议问题

本案中争议问题为：行政诉讼原告资格认定。

五、简要评论

本案中，南京宁扬加油站的诉讼请求是撤销江苏省商务厅颁发的油零售证书第0001366号成品油零售经营批准证书，该行政许可是江苏省商务厅针对案外人南京亚龙石化实业有限责任公司江心洲加油站作出。而该案在原审法院没能获得受理，二审时被驳回，原因就是对南京宁扬加油站提起行政诉讼的原告资格的否定，即法院认为原告南京宁扬加油站与江苏省商务厅颁发油零售证书第0001366号成品油零售经营批准证书行为无利害关系，属案外人。

《中华人民共和国行政诉讼法》（1990年施行，2014年修正；新版于2017年修正）第二十五条和《最高人民法院关于执行〈中华人民共和国行政诉讼法〉若干问题的解释》

(1999年,已废止)第十二条对于原告主体资格提出的要求是"具有利害关系"。2014年修订的《中华人民共和国行政诉讼法》第二十五条将"法律上的利害关系"修改为"利害关系",无疑扩大了行政诉讼的受案范围。构成原告资格的利害关系要包括三个方面的构成:一是原告资格应是具体行政行为的相对人,而不是案外人。本案中,对于江苏省商务厅颁发油零售证书第0001366号成品油零售经营批准证书的行为,相对人只能是南京亚龙石化实业有限责任公司江心洲加油站。在这个行政许可行为关系中,江苏省商务厅和南京亚龙石化实业有限责任公司江心洲加油站构成了行政许可的申请人与行政许可实施机关的关系,南京宁扬加油站并不是行政许可行为的相对人。二是必须是行政相对人的合法权益受到侵害。如果个人主张的权益不是法律所保护的合法权益,相对人也不能具有原告资格。三是因果关系。相对人的合法利益受损与行政主体具体行政行为之间有直接的因果关系,即证明相对人的合法权益损失是由行政行为侵害所直接造成。本案中根据《最高人民法院关于执行〈中华人民共和国行政诉讼法〉若干问题的解释》(1999年)第十三条规定,若被诉的具体行政行为涉及其相邻权或公平竞争权的,公民、法人或者其他组织可以依法提起行政诉讼。但是江苏省商务厅颁发油零售证书第0001366号成品油零售经营批准证书的行为与南京亚龙石化实业有限责任公司江心洲加油站和南京宁扬加油站竞争加油站经营权,是两个不同的法律行为,且分属行政与民事法律关系的性质。虽南京宁扬加油站因南京亚龙石化实业有限责任公司江心洲加油站取得油零售证书第0001366号成品油零售经营批准证书行政许可参与竞争而没有中标,但这并不构成直接的因果关系。南京宁扬加油站受到损害的也是可期待的利益,而非现实的直接利益受损。

案例3-4 汤鹏波等51人诉武义县住房和城乡建设局行政许可案

一、基本案情

原告汤鹏波、杨起法、朱虹冉、陈宝圭等51人均系武义县熟溪街道南湖花苑1幢、6幢房屋的业主,其小区南面即武义县环城南路与环城西路交叉口东北角,原为空地,依照南湖畈拆迁安置区规划总平面图显示,该地块原规划为公共建筑。2000年11月27日,原武义县建设和环境保护局依照原中南村委会(即现在的第三人中南合作社)关于武义城南超级商场的用地选址申请,制定了2000字第25号建设项目选址意见书,对拟安排在上述地块的建设项目的规划选址意见为:该地块的用地性质为公共设施和道路广场用地;根据县城总体规划及该地块的自身停车泊位要求应在地块内留出5 000平方米的停车场用地;本地块建筑密度应低于35%,绿地率大于35%,日照间距系数大于1:1.2。2001年9月20日,武义县人民政府为支持中南合作社发展集体经济,解决部分农民的出路问题,以武政办抄〔2009〕第78号抄告单同意将上述涉案宗地,以成本价协议出让给中南合作社。2002年6月23日,武义县国土资源局与中南合作社签订了《国有土地使用权出让合同》,将涉案环城南路与环城西路交叉口的宗地17 665平方米出让给中南合作社,合同约定土地用途为综合。中南合作社于2002年6月14日缴纳了出让金1 713 977.20元;2003年7月23日,缴纳了契税51 419.31元。2009年5月20日,武义县人民政府以武政办抄〔2009〕第78号抄告单进一步明确了涉案地块土地用途为商住,出让年限商业40年,居住70年。2010年12月17日,原武义县建设局就涉案地块作出了编号为〔2010〕第030号的规划设计条件,用地规划性质为公共设施及居住用地,规划设计要求:建筑密度≤40%,绿地率≥20%,容积率≤4.0,建筑限高80米;底下三层为商业,三层以上为住宅。2011年3月7日,原武义县建设局向中南合作社核发了地字第330723201101008号建设用地规划许可证,用地性质为公共设施与居住用地。2011年7月29日,武义县人民政府向中南合作社颁发了武国用〔2011〕第02135号国有土地使用权证,土地用途为商业、住宅。后第三人中南合作社与武义汇丰房产合作开发涉案地块房地产,拟建中南名城项目。2011年8月18日,原武义县建设局将中南名城设计方案予以批前公示。2012年7月20日,被告将中南名城地块控规予以批前公示。2012年8月3日,被告向武义县人民政府呈报了《中南名城地块控制性详细规划》,建议涉案地块的开发强度指标控制建筑密度≤40%,绿地率≥20%,容积率≤3.10,建筑限高60米,用地面积17 655平方米,用地性质b/r。2012年10月17日,武义县人民政府以武政发〔2012〕82号文件批复同意了被告编制的《中南名城地块控制性详细规划》。2013年1月21日,被告将中南名城建筑设计方案予以批前公示。2013年4月12日,武义县建筑方案评审委员会审批同意了中南名城建筑设计方案。2013年8月29日,被告依照第三人的申请,经审核,根据《中华人民共和国城乡规划法》(2008年)第四十条规定颁发了建字第330723201301066号建设工程规划许可证,建设项目名称中南名城,建设单位中南合作社(由武义汇丰房产代为开发)。2013年9月5日,被告将建字第330723201301066号建设工程规划许可证予以批后规划公示。

二、诉讼过程

原审金华市人民法院认为,被告武义县住房和城乡建设局作为县级人民政府城乡规划的主管部门,具有审查、作出管辖范围内的建设规划行政许可的法定职责。行政许可是依申请的行政行为,行政机关经审查,若认为申请人的申请符合法定条件、标准,应依法作出准予行政许可的书面决定。第三人申请批建的中南名城符合武义县人民政府批复同意的《中南名城地块控制性详细规划》关于建筑密度、绿地率、容积率、建筑限高等控制指标,被告所作涉案行政许可行为没有违反建筑间距、日照标准等技术规定。而且,被告在作出涉案行政许可行为前已将中南名城建筑设计方案予以批前公示,颁发涉案行政许可证后又予以了批后公示。综上,被告颁发的建字第330723201301066号建设工程规划许可证,认定事实清楚、证据确实充分、程序合法、适用法律正确。原告的诉讼请求不能成立,不予支持。原告提出被告所作涉案地块规划设计条件以及《中南名城地块控制性详细规划》违法,不属本案审查范围。据此,依照《最高人民法院关于执行〈中华人民共和国行政诉讼法〉若干问题的解释》(1999年,已废止)第五十六条第(四)项之规定,判决驳回原告汤鹏波、杨起法、朱虹冉、陈宝圭等51人的诉讼请求。

二审浙江省高级人民法院认为:根据《城乡规划法》(原城市规划法)的相关规定,城乡规划的编制和修改,有着严格的条件和程序要求:县人民政府组织编制县人民政府所在地镇的总体规划,报上一级人民政府审批;涉及基础设施和公共服务设施用地等应当作为城市总体规划、镇总体规划的强制性内容。修改城市总体规划有较为严格的条件限制,且应按照规定的权限和程序进行;控制性详细规划应当符合总体规划的要求。本案中,根据《武义县城城市总体规划(1998—2020)》,涉案地块属于"停车场用地""居住用地"和"公共设施用地"的事实清楚。在未依法对该总体规划进行修改的情况下,武义县人民政府办公室以"抄告单"形式将涉案地块用地性质调整为"商住"用地,后武义县人民政府以武政发〔2012〕82号文件批复同意被上诉人武义县住房和城乡建设局呈报的《中南名城地块控制性详细规划》,均不符合相关法律规定,亦不符合浙江省人民政府浙政函〔2012〕96号批准同意的《武义县域总体规划(2006—2020)》中对涉案地块用地性质的规划要求。据此,武义县住房和城乡建设局颁发建字第330723201301066号建设工程规划许可证的依据不足。根据《浙江省实施行政许可听证办法》第十七条第一款规定,行政许可直接涉及申请人与他人之间重大利益关系的,行政机关在作出行政许可决定前,应当制作听证权利告知书,并送达行政许可申请人、利害关系人;利害关系人无法直接确定的,行政机关应当通过公告登记确定利害关系人。被上诉人武义县住房和城乡建设局在作出被诉建设工程规划许可行为前,未依法告知利害关系人有要求举行听证的权利,其程序违法。综上,被上诉人武义县住房和城乡建设局颁发被诉建设工程规划许可证的依据不足,且程序违法,依法应予撤销。但鉴于涉案地块建筑均已结顶,本案不宜判决撤销被诉建设工程规划许可行为,依法应判决确认违法,并责令武义县住房和城乡建设局采取相应的补救措施,以弥补涉案地块规划调整可能对公共利益带来的影响,保障利害关系人的合法权益。原审法院未对涉案规划许可行为的合法性进行全面审查,其判决驳回汤鹏波等51人的诉讼请求属认定事实不清,依法应予纠正。上诉人提出的部分上诉理由成立,本院予以采纳。依照《中华人民共和国行政诉讼法》(1990年施行;新版于2014年、2017年修正)第六十一条第(三)项、第五十四条第(二)项第1、3目,《最高人民法院关于执行〈中华人民共和国行政诉讼法〉若干问题的解释》第五十八条之规定,判决如下:

(1)撤销金华市中级人民法院(2014)浙金行初字第36号行政判决;

(2)确认武义县住房和城乡建设局颁发建字第330723201301066号建设工程规划许可证的具体行政行为违法;

(3)责令武义县住房和城乡建设局采取就近易地安排公共停车场用地等补救措施。

一、二审案件受理费人民币各50元,共计人民币100元,由武义县住房和城乡建设局负担。

本判决为终审判决。

三、关联法条

《中华人民共和国城乡规划法》（2008年施行；新版于2015年修正）

第十五条　县人民政府组织编制县人民政府所在地镇的总体规划，报上一级人民政府审批。其他镇的总体规划由镇人民政府组织编制，报上一级人民政府审批。

四、争议问题

本案中争议问题为：建字第330723201301066号建设工程规划许可证是否有效？

五、简要评论

该案件形式上是围绕建字第330723201301066号建设工程规划许可证而展开，实质上是有关武义县人民政府武政发〔2012〕82号文件批复同意被上诉人武义县住房和城乡建设局呈报的《中南名城地块控制性详细规划》是否合法有效。根据《武义县城城市总体规划（1998—2020）》，涉案地块属于"停车场用地""居住用地"和"公共设施用地"，武义县人民政府以"抄告单"形式将涉案地块用地性质调整为"商住"用地是否合法。

《城乡规划法》（2008年施行；新版于2015年修正）第四十八条第一款规定"修改控制性详细规划的，组织编制机关应当对修改的必要性进行论证，征求规划地段内利害关系人的意见，并向原审批机关提出专题报告，经原审批机关同意后，方可编制修改方案。修改后的控制性详细规划，应当依照本法第十九条、第二十条规定的审批程序报批。控制性详细规划修改涉及城市总体规划、镇总体规划的强制性内容的，应当先修改总体规划"。

城乡规划是政府为了合理利用土地资源，促进城乡空间合理布局，促进经济社会协调发展而进行的有效力的计划。城乡规划是对产业和形态的发展所进行的整体性布局。如果规划不具有拘束力，动辄随心所欲地改变，规划的指向意义和调整功能将丧失。但是基于情势变更的原因，因产业布局和空间布局的变化，应当允许对城乡规划进行细微调整，但是这种调整必须依据公共利益最大化的考虑和动因，不能唯利是图。城乡规划已经正当程序生成之后便具有了公定力、确定力和执行力，但同时社会生活条件千变万化，导致规划许可始终处于稳定性和灵活性的紧张关系之中。这体现在《城乡规划法》（2008年施行；新版于2015年修正）第七条"经依法批准的城乡规划，是城乡建设和规划管理的依据，未经法定程序不得修改"和第四章"城乡规划的修改"。

城乡规划许可的变更有两个较为重要的前提：一是城乡规划许可的变更必须是出于正当的动机和目的，而不是唯利是图的功利主义，即表现为许可规划的调整与修改是为了实现公共利益最大化的目的，而不是诸如商业开发的私益。近年来，因开发需要，诸如"绿地起高楼""地下车库变商铺"等变更规划的现象比较普遍，究其根源实则是出于盲目开发、单纯追求利益的目的。近些年来,围绕城乡规划许可变更引发的纠纷和诉讼逐年增加。二是变更规划许可必须遵守正当的程序,地方政府不能随意而为。规划许可的变更要履行严格的审批程序,《城乡规划法》(2008年施行;新版于2015年修正)第十五条规定:"县人民政府组织编制县人民政府所在地镇的总体规划,报上一级人民政府审批。其他镇的总体规划由镇人民政府组织编制,报上一级人民政府审批。"本案中,被上诉人武义县住房和城乡建设局在作出被诉建设工程规划许可行为前,未依法告知利害关系人有要求举行听证的权利,显然存在较为明显的程序违法。

案例 3-5　潘成友、李吉素诉重庆市黔江区人民政府行政许可案

一、基本案情

潘成友与潘成清系同胞兄弟,原均系黔江区原舟白镇村民。潘成友在该集体经济组织小地名饶家坡有自留地一块。1985年,潘成友到黔江烟厂工作,并于1993年将户口转为城镇户口,其妻李吉素户籍仍在原舟白镇。该自留地在潘成友夫妻进城后由其兄潘成清管理使用。2003年10月,潘成清向黔江区原舟白镇人民政府申请用该自留地建住宅,并填报了"村镇居民建房用地呈报表"。该表上,村民(居民)小组意见栏内注有"经村民小组讨论同意该户建房"的意见;村民(居民)委员会意见栏内注有"经村支两委讨论同意占用非耕地建房"的意见;国土管理人员核实情况栏内注有"经实地勘察,该户有农业人口6人,现有宅基地面积100 m²,新建房面积45.5 m²"的意见。黔江区原舟白镇人民政府(以下简称"原舟白镇政府")于2004年8月20日签署意见同意潘成清占用原舟白镇非耕地45.5平方米建房。2011年5月,潘成清将取得的上述建房地块转让给另一集体经济组织成员洪启方。2011年8月,潘成友、李吉素回老家奔丧,发现洪启方在自己的自留地上建房,便以土地使用权属自己,潘成清与洪启方的转让协议侵犯其合法权益为由,提起请求确认转让协议无效的民事诉讼。一、二审均以潘成清已取得政府行政许可,成为该地的合法使用权人,潘成友、李吉素不再享有该地的使用权,二人主张转让协议侵害其享有土地使用权的事实证据不足为由,判决驳回潘成友、李吉素的诉讼请求。潘成友、李吉素遂提起行政诉讼,请求确认重庆市黔江区人民政府(以下简称"黔江区政府")批准潘成清占用原舟白镇的非耕地45.5平方米建房的具体行政行为违法或无效。

二、诉讼过程

一审法院重庆市第四中级人民法院认为本案被诉具体行政行为,即黔江区政府委托原舟白镇政府在"村镇居民建房用地呈报表"中,审批同意第三人潘成清占用非耕地45.5平方米建房的具体行政行为成为潘成清合法取得宅基地使用权的行政许可行为,对行政管理相对人及其他利害关系人的权利义务均产生了实际影响,具有可诉性,属行政诉讼受案范围。在该呈报表上先有村民小组组长、村委会主任签署的意见,然后有国

土管理人员核实情况并签署的意见,最后才是原舟白镇政府签署批准的意见。该呈报表经过了层层批准,土地来源亦有村组干部签字同意。至于规划、路政、防洪等部门意见栏为空白,是因该地在2003—2004年审批期间尚在城镇或村镇规划区外,不需要规划等部门签署意见。该呈报表的作出虽无其他证据予以证明,但呈报表本身表明了该审批意见的形成过程,且呈报表有无编号,并不影响呈报表本身的合法性。因而一审法院认为黔江区政府为潘成清批准建房用地的具体行政行为合法,驳回原告的诉讼请求。

二审法院重庆市高级人民法院认为虽争议之地小地名饶家坡原是潘成友家自留地,但从2004年8月20日黔江区原舟白镇人民政府将该自留地批准为潘成清的宅基地后,潘成友、李吉素就不再享有本案诉争之地的使用权,其土地使用权依法应由潘成清享有。潘成清提出住宅用地申请后,村民小组、村民委员会以及国土管理人员实地勘察核实情况后均签注了同意建房的相关意见。2004年8月20日,黔江区原舟白镇人民政府依据上述相关意见,批准同意潘成清占用原舟白镇非耕地45.5平方米建房,并无不当。一审判决关于潘成友、李吉素起诉本案未超过法定起诉期限的评判正确。二审法院认为潘成友、李吉素请求确认本案被诉具体行政行为违法的理由不成立,一审法院判决驳回其诉讼请求并无不当。潘成友、李吉素的上诉理由不能成立,本院不予支持。依照《中华人民共和国行政诉讼法》(1990年施行;新版于2014年、2017年修正)第六十一条第(一)项之规定,判决如下:驳回上诉,维持原判。二审案件受理费50元,由上诉人潘成友、李吉素负担。本判决为终审判决。

三、关联法条

《中华人民共和国土地管理法》

第六十二条第三款　农村村民住宅用地,经乡(镇)人民政府审核,由县级人民政府批准;其中,涉及占用农用地的,依照本法第四十四条的规定办理审批手续。

四、争议问题

本案中争议问题为:黔江区政府为潘成清批准建房用地的具体行政行为是否合法?

五、简要评论

本案的核心问题是黔江区政府为潘成清批准建房用地的具体行政行为是否合法。即潘成清已取得的政府土地使用行政许可是否有效?如果有效,潘成清就成为该地的合法使用权人而具有转让的权利。在该案例的事实查明阶段,潘成清取得的"村镇居民建房用地呈报表"上有村民小组组长、村委会主任签署的意见,然后有国土管理人员核实情况并签署的意见,最后才是原舟白镇政府签署批准的意见。该呈报表经过了层层批准,土地来源亦有村组干部签字同意,因而具有土地使用权许可的实体要求和程序条件。《中华人民共和国土地管理法》第六十二条第三款:"农村村民住宅用地,经乡(镇)人民政府审核,由县级人民政府批准;其中,涉及占用农用地的,依照本法第四十四条的规定办理审批手续。"2003年9月26日,黔江区政府黔江府办发〔2003〕120号《重庆市黔江区人民政府办公室转发区国土房管局关于进一步强化建设用地服务促进全区城镇化建设实施意见的通知》第四条第(十一)项规定,除主城规划和镇乡城镇规划区外的农村农房建设用地审批,黔江区政府授权街道办事处、镇乡政府按规定审批,报区国土房管局备案。因而,黔江区人民政府具有审批和委托审批土地许可的权力。黔江区人民政府具有该土地行政许可的实体与程序权限,导致潘成友夫妇的败诉。

然而,为何原本属潘成友夫妇二人的自留地,在其未知悉和同意的情况下,被潘成清合法获得许可并转让,且并没有支付潘成友任何的对价?潘成清申报自留地的许可及黔江区人民政府的许可审批程序均无瑕疵,这种程序合法是否代表其符合实质性正当性要求值得去进一步思考。

在庭审中,一、二审法院均认为:"虽争议之地饶家坡原是潘成友家自留地,但从2004年8月20日黔江区舟白镇人民政府将该自留地批准为潘成清的宅基地后,潘成友、李吉素就不再享有本案诉争之地的使用权,其土地使用权依法应由潘成清享有。"从原属潘成友家自留地到现潘成清享有其使用权和转让权,这之间并没有经历通知的正当程序,并没有基于征得同意与支付对价的正当实体要求。在未为潘成友知悉和同意的前提下,黔江区原舟白镇人民政府将该自留地批准为潘成清的宅基地虽符合法律的条件和程序,但仍然存在通知的程序正当和同意的实体正当的缺失。一方面,正当性应当成为合法性的基础,但合法性与正当性并非完全统一。特别是在司法实务中,我们将合法性形式主义地理解为合法律性,形式上的合法性并不能代替实质上的正当性。另一方面,追求合法性与正当性的统一,是法治建设和发展的方向,也为我国法制建设实现从有法可依向良法治理的转变提供了努力的方向。

案例3-6 张卫斌诉杭州市人民政府行政许可案

一、基本案情

杭州市人民政府于2004年8月31日审核同意杭州市国土资源局呈报的杭国土字〔2004〕323号《建设用地项目呈报材料"一书一方案"》,该方案同意收回国有土地1.8131公顷,新批建设用地1.8131公顷,提前收回的国有土地包括了原告张卫斌在该区域内的房屋。原告张卫斌诉称,涉案建设项目是盈利性质的商品房开发,不符合提前收回国有土地使用权的法定条件,杭州市人民政府的行为违反法律规定。故张卫斌向法院提起行政诉讼,请求撤销杭州市人民政府作出的杭国土字〔2004〕323号建设用地呈报材料的具体行政行为。2014年9月17日杭州市中级人民法院作出(2014)浙杭行受初字第3号不予受理裁定,张卫斌不服,向浙江高级人民法院提出上诉。

二、诉讼过程

一审浙江省杭州市中级人民法院认为起诉人原房屋所在的国有土地使用权已经被批准收回,涉案土地的后续批准出让行为与起诉人不存在法律上的利害关系。现起诉人针对杭州市人民政府将涉案土地批准出让给建设单位的行为提起行政诉讼,不具有本案原告诉讼主体资格。起诉人的起诉不符合人民法院行政案件的立案条件。据此,依照《中华人民共和国行政诉讼法》(1990年施行;新版于2014年、2017年修正)第四十一条、第四十二条和《最高人民法院关于执行〈中华人民共和国行政诉讼法〉若干问题的解释》(1999年,已废止)第三十二条第一款、第四十四条第一款第(二)项之规定,裁定:对张卫斌的起诉不予受理。

二审浙江省高级人民法院认为,从方案的内容看,审核意见包含了"收回国有土地使用权"及"新批建设用地"两个不同的行政行为。上诉人涉案的房屋位于上述地块内,现起诉杭州市人民政府审核同意杭国土字〔2004〕323号《建设用地项目呈报材料"一书一方案"》中收回国有土地使用权的行为,该审核意见虽是内部行政行为,但杭州市国土资源局已实际执行并外化为对外发生法律效力的具体行政行为,对上诉人的权利义务产生了实际影响,上诉人对该行政行为不服提起行政诉讼具有原告主体资格,应当依法予以受理。原审裁定适用法律错误,应予纠正。上诉人张卫斌的上诉理由成立,本院予以支持。依照《中华人民共和国行政诉讼法》(1990年施行;新版于2014年、2017年修正)第六十一条第(三)项、《最高人民法院关于执行〈中华人民共和国行政诉讼法〉若干问题的解释》(1999年,已废止)第九十七条以及《中华人民共和国民事诉讼法》第一百七十一条之规定,裁定撤销杭州市中级人民法院(2014)浙杭行受初字第3号行政裁定;本案由杭州市中级人民法院立案受理。

三、关联法条

《中华人民共和国行政诉讼法》

第二条 公民、法人或者其他组织认为行政机关和行政机关工作人员的具体行政行为侵犯其合法权益,有权依照本法向人民法院提起诉讼。

四、争议问题

本案争议问题为:张卫斌是否具有行政许可诉讼的原告主体资格?

五、简要评论

根据《行政诉讼法》(1990年施行;新版于2014年、2017年修正)第四十一条规定"提起诉讼应当符合下列条件:(一)原告是认为具体行政行为侵犯其合法权益的公民、法人或者其他组织;(二)有明确的被告;(三)有具体的诉讼请求和事实根据;(四)属于人民法院受案范围和受诉人民法院管辖",同时符合以上四个条件的,法院才给予立案。

在本案中,针对原告是否符合《行政诉讼法》(1990年施行;新版于2014、2017年修正)第二条"公民、法人或者其他组织认为行政机关和行政机关工作人员的具体行政行为侵犯其合法权益,有权依照本法向人民法院提起诉讼"的规定,即其核心内容是行政行为是否对相对人张卫斌产生实际影响并侵害其合法权益的判断,一审和二审法院作出了完全不同的认定。一审法院认为起诉人原房屋所在的国有土地使用权已经被批准收回,涉案土地的后续批准出让行为与起诉人不存在法律上的利害关系。现起诉人针对杭州市人民政府将涉案土地批准出让给建设单位的行为提起行政诉讼,不具有本案原告诉讼主体资格。二审法院认为杭州市人民政府审核同意杭国土字〔2004〕323号《建设用地项目呈报材料"一书一方案"》,该审核意见虽是内部行政行为,但杭州市国土资源局已实际执行并外化为对外发生法律效力的具体行政行为,对上诉人的权利义务产生了实际影响,上诉人对该行政行为不服提起行政诉"讼具有原告主体资格。

这个案例产生了两个值得我们进一步探讨的问题:一是《建设用地项目呈报材料"一书一方案"》是否侵害起诉人侵犯其合法权益,这是判断原告主体资格的前提。根据我国《行政诉讼法》的规定,行政机关和行政机关工作人员的具体行政行为如果没有侵害相对人合法权益,相对人就不能取得原告主体资格。鉴于厉害关系边界模糊,2014年在修改《行政诉讼法》时将司法解释中出现的"利害关系"代替"法律上的利害关系"。笔者仍然认为应当坚持以直接的、现实的相对人与具体行政行为的利害关系为衡量标准,不应当将间接的、可能的联系概要为利害关系。立案从审核制走向登记制的改革,法院仍然负有防止滥一诉发生的审查责任。二是杭州市人民政府于2004年8月31日审核同意杭州市国土资源局呈报的杭国土字〔2004〕323号《建设用地项目呈报材料"一书一方案"》行政行为性质及效力。根据《行政诉讼法》的规定,行政诉讼不受理行政机关内部行为。该案中,杭州市人民政府在于2004年8月31日审核同意杭州市国土资源局呈报的杭国土字〔2004〕323号《建设用地项目呈报材料"一书一方案"》行为属政府内部的审批行为,但是因为原告涉案的房屋位于上述地块内,而且杭州市困土资源局已实际执行并外化为对外发生法律效力的具体行政行为,对原告的权利义务产生了实际影响,从而使原告与政府审批行为之间建立了一种实质性、直接性的"利害关系"关联性。

案例 3-7　连金兰诉龙海市人民政府行政许可案

一、基本案情

2009年2月8日之后,连金兰的户籍与其丈夫张沧海登记为同一户,户主为张沧海,户内人口仅有一人即本案原告连金兰。原告连金兰的丈夫张沧海在长洲村已取得两宗用地,地号分别为1-123和1-314,面积分别为195.96平方米和141.57平方米。2011年7月18日,连金兰填写"福建省农村村民住宅用地与建设申请表",以"住房困难,符合'一户一宅'的条件,没有将原住宅出卖出租赠予或改作生产经营用途"为由,提出地址在龙海市榜山镇长洲村、拟用地面积为120平方米的农村村民住宅用地与建设申请,其中连金兰在"福建省农村村民住宅用地与建设申请表"中的"家庭其他人员"一栏填写为儿子张玉明、儿媳连美玉、孙子张敏杰、孙子张钧杰、丈夫张沧海,并提交了户口簿复印件作为申请材料,该户口簿复印件中载明的签发时间为2000年11月29日。经逐级审核后,被告于2011年12月30日批准同意了连金兰的上述用地申请。后被告对原告连金兰取得的该用地许可进行调查,于2014年5月19日向连金兰作出龙政告字〔2014〕3号告知书,在无法直接送达情况下,被告于2014年6月17日作出龙政综〔2014〕125号公告,载明"龙海市榜山镇长洲村连金兰:现依法向你公告送达龙政告字〔2014〕3号告知书,拟决定撤销于2011年12月30日批准给你的址在长洲村新江东大桥西侧13米处建房用地120平方米的"福建省农村村民住宅用地与建设申请表"。你应当自公告之日起三个月内前来领取(领取地址:龙海市石码镇工农路61号。联系电话:656×××6),逾期视为送达"。该"公告"于2014年6月23日在《闽南日报》上予以刊登。2014年9月22日,原告就拟撤销连金兰用地许可一事向被告提出听证申请。2014年9月29日,被告作出龙政听〔2014〕6号"听证通知书",并于2014年9月30日送达原告。2014年10月14日,被告组织对撤销连金兰用地审批行政许可一案进行了听证。2014年10月20日,被告对该案进行了集体讨论研究。2014年10月27日,被告作出龙政综〔2014〕224号《关于撤销连金兰个人建房用地许可的决定》,决定撤销连金兰的用地许可。2014年10月31日,被告向原告送达了该龙政综〔2014〕224号《关于撤销连金兰个人建房用地许可的决定》。原告不服,于2014年11月27日向漳州市人民政府申请行政复议,2015年2月25日,漳州市人民政府作出漳政行复〔2015〕7号《漳州市人民政府行政复议决定书》,决定维持被告作出的龙政综〔2014〕224号《关于撤销连金兰个人建房用地许可的决定》,该复议决定书于2015年2月28日送达原告。原告仍不服,遂于2015年3月16日向法院提起本案行政诉讼。

二、诉讼过程

一审漳州市中级人民法院认为原告连金兰于2011年7月18日填写"福建省农村村民住宅用地与建设申请表",以"住房困难,符合'一户一宅'的条件,没有将原住宅出卖出租赠予或改作生产经营用途"等为由,提出地址在龙海市榜山镇长洲村、拟用地面积为120平方米的农村村民住宅用地与建设申请,但实际上在原告提出该用地申请之前,其户籍登记的家庭成员只有原告与其丈夫张沧海共计两人,并非如其在"福建省农村村民住宅用地与建设申请表"中填写的六人,而且在原告提出本案所涉用地申请之前,原告的丈夫张沧海名下在长洲村已拥有两块宅基地,地号分别为1-123和1-314,面积分别为195.96平方米和141.57平方米。上述情况,原告在其向被告申请本案用地许可时提交的申请材料中未如实填写、提交。被告据此依据《中华人民共和国行政许可法》第六十九条第二款关于"被许可人以欺骗、贿赂等不正当手段取得行政许可的,应当予以撤销"的规定,作出龙政综〔2014〕224号《关于撤销连金兰个人建房用地许可的决定》,认定事实清楚、证据充分、适用法律法规正确。判决驳回原告连金兰的诉讼请求。

连金兰因诉龙海市人民政府土地行政许可一案,不服漳州市中级人民法院(2015)漳行初字第7号行政判决,向福建省高级人民法院提出上诉。

二审法院认为被上诉人根据《中华人民共和国行政许可法》第六十九条第二款关于"被许可人以欺骗、贿赂等不正当手段取得行政许可的,应当予以撤销"的规定,作出龙政综〔2014〕224号《关于撤销连金兰个人建房用地许可的决定》,并无不当。原审判决驳回其诉讼请求正确合法,应予维持。依照《中华人民共和国行政诉讼法》第八十九条第一款第(一)项之规定,判决驳回上诉,维持原判。

三、关联法条

《中华人民共和国行政许可法》

第六十九条第二款　被许可人以欺骗、贿赂等不正当手段取得行政许可的,应当予以撤销。

四、争议问题

本案中争议问题为:龙海市人民政府关于《关于撤销连金兰个人建房用地许可的决定》行政许可撤销程序是否合法正当?

五、简要评论

本案中,事实部分较为清楚,连金兰于2011年7月18日提出建房用地申请,其填写的"福建省农村村民住宅用地与建设申请表"中申请理由是"住房困难,符合'一户一宅'的条件,没有将原住宅出卖出租赠予或改作生产经营用途",家庭成员共六人。但实际上在上诉人提出该用地申请之前,其户籍登记的家庭成员只有上诉人与其丈夫张沧海两人,并非如其在"福建省农村村民住宅用地与建设申请表"中填写的六人,构成了以欺诈的方式获取行政许可。本案适用法律准确,《中华人民共和国土地管理法》第六十二条第一款规定,"农村村民一户只能拥有一处宅基地,其宅基地的面积不得超过省、自治区、直辖市规定的标准"。《福建省实施〈中华人民共和国土地管理法〉办法》第四十一条第一款规定,"村民每户建住宅用地面积限额为八十平方米至一百二十平方米,但三口以下的每户不得超过八十平方米,六口以上的每户不得超过一百二十平方米"。《中华人民共和国行政许可法》第六十九条第二款规定,"被许可人以欺骗、贿赂等不正当手段取得行政许可的,应当予以撤销"。故龙海市人民政府的撤销行为并无不妥。

在本案中,原告提出的一个较为核心的问题是原告认为该用地申请是经有关单位及被告层层批准通过已生效的主张,但这不能否认其在申请用地许可过程中未如实提交、填写申请材料的事实。原告主张被告未提供立案审批表、行政机关指派两名以上工作人员承办案件手续，未附执法人员的执法证复印件等，属程序违法。原审人民法院认为《中华人民共和国行政许可法》没有规定撤销行政许可的具体程序，也没有撤销行政许可必须有书面的立案审批表及指派工作人员承办案件应履行何种手续的相关规定，本案被告虽然未提交有关立案审批表、行政机关未指派两名以上工作人员承办案件手续，但从本案被告提交的调查笔录、调查报告等证据材料看，已足以证明被告对该案立案调查的事实。另外，根据本案被告提供的调查笔录还可以证明，执法人员在向原告丈夫张沧海进行询问之前，已明确向其表明执法人员身份并出示证件。综上，原告主张被告程序违法的诉称理由，缺乏事实和法律依据，不能成立。

《中华人民共和国行政许可法》对行政许可的撤销的实体性条件作了较为详尽的规定，这对于捍卫相对人信赖保护的利益，限制和规范许可机关不当的许可撤销行为有实质性意义，在《中华人民共和国行政许可法》第六十九条规定了五种情形下作出行政许可的机关可以根据利害关系人的请求或者依据职权对行政许可予以撤销。但是其并没有规定撤销行政许可应当遵循的正当程序。在本案中，原审法院就主张了《中华人民共和国行政许可法》没有规定撤销行政许可的具体程序事实。《中华人民共和国行政许可法》的价值除了具有保障与规范行政许可实施的意义，更有保护相对人信赖保护的利益。信赖保护原则具有对相对人申请与实施行政许可的呵护价值。长期以来，信赖保护原则被认为是实体上保护相对人可期待的许可利益的原则，然而这确属误解与偏见。信赖保护包含了实体性与程序性的双重内容意义。因而在行政许可撤销过程中，引入告知、听证、赔偿救济等程序正当的方法就十分重要。程序性信赖保护原则的内容引进，可以成为我国《行政许可法》修改与完善的一个方向。

案例 3-8　余国郎、付木林诉岳阳开发区管委会等不履行法定职责案

一、基本案情

2004年12月，原告余国郎、付木林申请在岳阳市建设森源加油站，湖南省商务厅予以同意。为此，二原告在岳阳市白石岭路以东、长山路以南购买了一宗土地，总用地面积为6 082.21平方米，准备用于建设该加油站，随后办理了国有土地使用权证。2011年5月，岳阳市国土资源局岳阳经济技术开发区分局为两原告办理了建设用地规划许可证。2013年10月，湖南省商务厅批复同意建设森源加油站。此后，二原告认为三被告[岳阳经济技术开发区管理委员会（以下简称"岳阳经开区管委会"）、岳阳市规划局、岳阳市规划局岳阳经济技术开发区分局)（以下简称"岳阳规划局经开区分局"）]故意拖延不为其办理建设森源加油站所需要的建设工程规划许可证等相关许可，遂向法院提起行政诉讼，要求判令三被告履行法定职责并赔偿因三被告未履行法定职责给其造成的经济损失43 172 200元。

同时查明：2013年10月，湖南省商务厅批复同意建设"岳阳市森源加油站"。由于建设用地规划许可证上的"用地单位"为余国郎、付木林，不是"岳阳市森源加油站"，余国郎、付木林申请规划许可证更名。2014年（具体月日不详，上诉人称是春节后），余国郎、付木林向岳阳规划局经开区分局提出了更名并办理相关许可的申请。规划分局相关工作人员口头或在手机短信中告知余国郎"接经开区管委会通知，该宗地可能被征收作为他用，手续暂不能办理"。

2014年5月20日，上诉人向岳阳市政府行政效能投诉中心投诉。同年6月20日，岳阳规划局经开区分局给效能中心出具了书面回复。其主要内容为：该宗地拟用于红星美凯龙项目，但未最后确定。如确定建设该项目，则须征用加油站用地，相关规划手续不能办理；如不建，则加油站须到国土部门办理是否为闲置土地手续后，再办规划手续。

二、诉讼过程

一审岳阳市中级人民法院认为：两原告在岳阳市内建设加油站，负责发放建设工程规划许可证的单位是岳阳市规划局，故岳阳经开区管委会和岳阳规划局经开区分局均不是本案适格被告。两原告办理建设加油站的建设工程规划许可证等许可，须向岳阳市规划局提交申请书及相关资料，被告岳阳市规划局辩称两原告没有提交申请书及相关资料，两原告也未提供扎实证据证明其提交了申请书及相关资料，故两原告起诉要求被告岳阳市规划局履行法定职责为其办理建设工程规划许可证等许可的诉讼请求依法不予支持，其要求赔偿经济损失的请求亦同样不予支持。一审判决驳回原告余国郎、付木林的诉讼请求。

二审湖南省高级人民法院认为：《湖南省行政程序规定》第八十六条规定，非因法定或者正当事由，行政机关不得不履行或者拖延履行法定职责。从查明的事实看，余国郎、付木林确实提出了更名及办理相关规划许可证的申请。岳阳市规划局辩称二上诉人没有提交申请书及相关资料，一审认为"二原告也未提供扎实证据证明其提交了申请书及相关资料"，是不客观的。但岳阳规划局经开区分局已经通过一些途径（如工作人员口头答复、手机短信、给效能中心出具书面回复）答复了余国郎、付木林，该宗地可能被征收作为他用，手续暂不能办理，因此实际上是履行了法定职责（当然，没有以书面形式及时给上诉人回复，程序有瑕疵）。岳阳市规划局二审中给余国郎、付木林送的通知，最终明确该宗地要用于红星美凯龙项目，相关规划手续不能办理。据此，本案余国郎、付木林诉被上诉人不履行法定职责的理由不能成立，依法应驳回其诉讼请求。二审驳回上诉，维持原判驳回诉讼请求的结论。

三、关联法条

《湖南省行政程序规定》

第八十六条　行政机关不得不履行法定职责或者拖延履行法定职责。

行政机关在法定期限内，非因法定或者正当事由未依职权或者未依申请启动行政执法程序的，属于不履行法定职责。

行政机关在法定期限内，非因法定或正当事由，虽启动行政执法程序但是未及时作出行政执法决定的，属于拖延履行法定职责。

四、争议问题

本案中争议问题为：岳阳规划局经开区分局已经通过一些途径（如工作人员口头答复、手机短信、给效能中心出具书面回复）答复了余国郎、付木林，该宗地可能被征收作为他用，手续暂不能办理，是否构成履行了法定职责？

五、简要评论

在该案中，虽然一审与二审法院均驳回了两原告的诉讼请求，但对事实认定和适用法律的处理却不同。一审法院认为，两原告没有提交申请书及相关资料，也未提供扎实证据证明其提交了申请书及相关资料，故两原告起诉要求被告岳阳市规划局履行法定职责为其办理建设工程规划许可证等许可的诉讼请求依法不予支持。二审法院认为，岳阳规划局经开区分局已经通过一些途径（如工作人员口头答复、手机短信、给效能中心出具书面回复）答复了余国郎、付木林，该宗地可能被征收作为他用，手续暂不能办理，因此实际上是履行了法定职责（当然，没有以书面形式及时给上诉人回复，程序有瑕疵）。岳阳市规划局给余国郎、付木林送的通知，最终明确该宗地要用于红星美凯龙项目，相关规划手续不能办理。据此，本案余国郎、付木林诉被上诉人不履行法定职责的理由不能成立，依法应驳回其诉讼请求。

虽然本案一审认定事实不客观，裁判理由不妥当，但其驳回余国郎、付木林要求"判令被告尽快为其办理新建岳阳市森源加油站的相关手续"的诉讼请求，并无不当。

《行政诉讼法》（1990年施行，2014年修正；新版于2017年修正）第四十七条第一款规定："公民、法人或者其他组织申请行政机关履行保护其人身权、财产权等合法权益的法定职责，行政机关在接到申请之日起两个月内不履行的，公民、法人或者其他组织可以向人民法院提起诉讼。法律、法规对行政机关履行职责的期限另有规定的，从其规定。"《最高人民法院关于适用〈中华人民共和国行政诉讼法〉若干问题的解释》（2015年，已废止）第四条规定："公民、法人或者其他组织依照行政诉讼法第四十七条第一款的规定，对行政机关不履行法定职责提起诉讼的，应当在行政机关履行法定职责期限届满之日起六个月内提出。"显然在本案中一、二审法院对于岳阳经济技术开发区管理委员会、岳阳市规划局、岳阳市规划局岳阳经济技术开发区分局是否履行行政许可法定职责的认定结果不同。而衡量行政机关是否履行行政许可法定职责的标准就成为评判的关键：

（1）行为主体是行政主体，包括行政机关和法律授权组织。

（2）该主体有外部的法定职责，包括积极的作为职责和消极的不作为职责两类。

(3) 行政主体有履行法定职责的能力。因不可抗力与意外事故导致行政主体丧失履行法定职责的能力不构成不履行法定职责的认定,法也不强人所难。

(4) 行政主体有具体的履行法定职责的行为。就是说,行政主体有较为具体的、现实的履行职责的行为与方式,而不是口头的或想象的履行。

在本案中,三被告岳阳经济技术开发区管理委员会、岳阳市规划局、岳阳市规划局岳阳经济技术开发区分局是《中华人民共和国地方各级人民代表大会和地方各级人民政府组织法》《城乡规划法》和《行政许可法》规定的具有履行土地规划许可的行政主体,并且卷宗中并没有交代三被告丧失履行能力的存在,从而推定其具有履行土地规划许可法定职责的能力。一审与二审法院的分歧在于三被告是否有具体履行规划许可职责的行为。岳阳规划局经开区分局已经通过一些途径(如工作人员口头答复、手机短信、给效能中心出具书面回复)答复了余国郎、付木林,该宗地可能被征收作为他用,手续暂不能办理;岳阳市规划局二审中给余国郎、付木林送的通知,最终明确该宗地要用于红星美凯龙项目,相关规划手续不能办理。因此实际上,被告是履行了法定职责(当然,没有以书面形式及时给上诉人回复,程序有瑕疵)。二审法院认定履行行为发生,从而认定三被告不构成不履行规划许可法定职责。

案例 3-9　夏存霞诉南通市规划局、华润置地(南通)有限公司行政许可案

一、基本案情

夏存霞为江苏省南通市橡树湾三期 48 幢 704 室房屋的购买人,认为:华润置地(南通)有限公司(以下简称"华润公司")提交的日照分析图不真实、不合法,规划行政许可不符合建筑间距的有关技术规范;且核发"建设工程规划许可证"时未按照《江苏省城乡规划条例》(2010 年施行;新版于 2018 年修正)第四十条的规定进行公示。故其以南通市规划局、华润置地(南通)有限公司为被告向江苏省南通市中级人民法院提起诉讼。

二、诉讼过程

一审法院认为涉案建设项目不属于《江苏省城乡规划条例》(2010 年施行;新版于 2018 年修正)第四十条规定的建设工程的范畴,且公示针对的是建设工程的修建性详细规划、建设工程设计方案,而非建设工程规划许可证。本案中,橡树湾 43 幢与 48 幢的间距竣工核实为 42.82 米,48 幢与 52 幢的间距竣工核实为 42.83 米,均满足上述 40 米最小间距的要求。南通市规划局对华润公司作出的规划行政许可符合日照、采光等有关规划技术规范,满足高层住宅建筑最小间距的要求。一审法院判决驳回再审申请人夏存霞的诉讼请求。

夏存霞不服江苏省南通市中级人民法院(2015)通中行终字第 00164 号行政判决,向本院申请再审。

二审法院认为夏存霞对该案的再审申请不符合《中华人民共和国行政诉讼法》(1990年施行,2014年修正;新版于2017年修正)第九十一条规定的情形。依照《最高人民法院关于执行〈中华人民共和国行政诉讼法〉若干问题的解释》(1999年,已废止)第七十四条的规定,裁定驳回夏存霞的再审申请。

三、关联法条

《江苏省城乡规划条例》(2010年施行;新版于2018年修正)

第四十条第一款、第二款 城乡规划主管部门应当就下列建设工程的修建性详细规划、建设工程设计方案,以公示、听证会、座谈会等形式,听取利害关系人的意见:

(一)与居住建筑相邻,可能影响居民合法权益的;

(二)位于文物保护单位建设控制地带、历史文化街区和风景名胜区内的。

可能对居住环境造成重大影响的建设项目,城乡规划主管部门在核发选址意见书前,应当以公示、听证会、座谈会等形式,听取利害关系人的意见。

四、争议问题

本案中争议问题为:涉案日照分析图采用的测量方法;涉案建设工程规划许可证未经公示是否合法。

五、简要评论

本案中,争议主要集中于两个方面:一个是技术问题,即有关高层建筑日照时间及测量方法的规定;另一个是程序问题,有关涉案建设工程规划许可未经公示是否合法的认定。

根据《江苏省城市规划管理技术规定》的规定,南通市为江苏省大城市,住宅建筑不应低于大寒日2小时的日照标准。本案中,橡树湾43幢、48幢、53幢均为高层建筑,三幢住宅楼沿南北向平行布置。根据UDG联创国际建筑设计有限公司制作的日照分析图,再审申请人夏存霞购买的橡树湾三期48幢在大寒日的日照时间超过3小时,满足《江苏省城市规划管理技术规定》要求的日照标准。根据《江苏省城市规划管理技术规定》的规定,高层住宅建筑之间平行布置时的最小间距为40米。本案中,橡树湾43幢与48幢的间距竣工核实为42.82米,48幢与52幢的间距竣工核实为42.83米,均满足上述40米最小间距的要求。

同时根据《江苏省城乡规划条例》(2010年施行;新版于2018年修正)第四十条规定,涉案建设项目不属于上述条例第四十条规定的建设工程的范畴,且公示针对的是建设工程的修建性详细规划、建设工程设计方案,而非建设工程规划许可证。

一条技术性规范和一条程序性规范将夏存霞的诉求击碎。反观上述两项争议问题及其法律规制,仍然存在值得进一步探讨的空间。

应促进有关楼间距和日照时间的国家标准与统一规范性法律文件应出台。在本案中,有关涉案橡树湾48栋及其周边建筑的楼间距与日照时间有地方性标准《江苏省城市规划管理技术规定》,规划许可因具有这样的规范依据便可以做到有法可依。然而,基于地方立法资源及立法条件的考量,立法质量不尽如人意的情况时有发生,在有些地方立法存在地方保护主义的不良动机,所以在缺乏全国性标准和规范的制约下,为发展地方经济建立较低的标准进而损害群众利益的行为就不足为奇。有关日照与楼间距的控制标准是最低标准,而在商品房开发中,开发商往往以最小的楼间距和最短的日照时间申请规划。建立较高的以保护群众利益为目的的全国标准就显得十分必要和迫切,而不能任凭开发商及地方政府在狭隘地方利益观引领下唯利是图。

本案中,建设工程规划许可证未经公示,依据《江苏省城乡规划条例》(2010年施行;新版于2018年修正)第四十条有关公开的范围与方式的规定,公示针对的是建设工程的修建性详细规划、建设工程设计方案,而非建设工程规划许可证。但是建设工程规划许可证的公示仍然对于保障相对人知情权,监督建设工程规划许可部门依法依规规划许可具有程序与实体的双重价值。建议对《江苏省城乡规划条例》进行修订,将建设工程规划许可证的公示纳入第四十条公示的范围。

案例3-10 陈渭庭诉北京市朝阳区房屋管理局行政许可案

一、基本案情

上诉人陈渭庭因诉北京市朝阳区房屋管理局(以下简称"朝阳房管局")房屋拆迁行政许可一案,不服北京市朝阳区人民法院(2015)朝行初字第772号行政裁定,向北京市第三中级人民法院提起上诉。北京市第三中级人民法院受理后,依法组成合议庭审理了本案。

陈渭庭起诉至一审法院,请求撤销朝阳房管局于2015年1月21日颁发的续京建朝拆许字〔2007〕第135号房屋拆迁许可证(以下简称"135号拆迁许可证续证")。

二、诉讼过程

一审法院裁定认为,公民向法院提起行政诉讼应符合法定起诉条件。陈渭庭在房屋拆迁主管部门就其与拆迁人之间的拆迁纠纷进行了拆迁裁决,且该裁决已经二审终审予以维持后,再针对该拆迁项目的拆迁许可延期行为提起的行政诉讼不符合法定起诉条件,应予驳回。依据《最高人民法院关于执行〈中华人民共和国行政诉讼法〉若干问题的解释》(1999年,已废止)第四十四条第一款第(十一)项之规定,裁定驳回陈渭庭的起诉。

陈渭庭不服一审裁定,上诉至本院,其上诉理由主要是:本案系针对135号拆迁许可证续证侵犯上诉人合法权益提起的诉讼,一审法院应该就该项行政行为本身证据是否充分、适用法律法规是否正确及程序是否合法等方面进行审查,并依法作出判决。根据《最高人民法院关于审理行政许可案件若干问题的规定》第一条的规定可知,135号拆迁许可证续证是独立存在的一项行政行为,具有可诉性,且一审法院所谓"拆迁裁决"是仅就拆迁补偿安置方式、补偿安置具体条件、补偿数额等作出的裁决,与135号拆迁许可证续证是两个完全不同的行政行为,针对该项行政行为的合法性进行审查并不受到行政裁决一案判决结果的影响。故一审法院据此裁定驳回上诉人起诉存在明显错误。综上,一审裁定缺乏法律依据,请求二审法院撤销一审裁定并依法改判支持上诉人一审诉讼请求。

北京市第三中级人民法院认为,根据《中华人民共和国行政诉讼法》(1990年施行,2014年修正;新版于2017年修正)第四十九条及《最高人民法院关于适用〈中华人民共和国行政诉讼法〉若干问题的解释》(2015年,已废止)第三条的规定,公民、法人或者其他组织提起行政诉讼,应当符合法定起诉条件;不符合法定起诉条件已经立案的,应当裁定驳回起诉。本案中,陈渭庭请求撤销135号拆迁许可证续证,但因拆迁人与被拆迁人陈渭庭不能就拆迁补偿安置达成协议,房屋拆迁主管部门已就补偿安置进行裁决,陈渭庭作为被拆迁人的权益可通过对补偿安置裁决的合法性审查予以保护,故陈渭庭针对135号拆迁许可证续证提起的行政诉讼,不符合起诉条件,一审法院裁定驳回陈渭庭的起诉正确,本院应予维持。依照《中华人民共和国行政诉讼法》(1990年施行,2014年修正;新版于2017年修正)第八十九条第一款第(一)项之规定,2016年2月14日北京市第三中级人民法院裁定驳回上诉,维持一审裁定。

三、关联法条

《最高人民法院关于适用〈中华人民共和国行政诉讼法〉若干问题的解释》(2015年,已废止)

第三条第一款 有下列情形之一,已经立案的,应当裁定驳回起诉:

(一) 不符合行政诉讼法第四十九条规定的;

(二) 超过法定起诉期限且无正当理由的;

(三) 错列被告且拒绝变更的;

(四) 未按照法律规定由法定代理人、指定代理人、代表人为诉讼行为的;

(五) 未按照法律、法规规定先向行政机关申请复议的;

(六) 重复起诉的;

(七) 撤回起诉后无正当理由再行起诉的;

(八) 行政行为对其合法权益明显不产生实际影响的;

(九) 诉讼标的已为生效裁判所羁束的;

(十) 不符合其他法定起诉条件的。

四、争议问题

本案中争议问题为:陈渭庭请求撤销朝阳房管局于2015年1月21日颁发的续京

建朝拆许字〔2007〕第 135 号房屋拆迁许可证行为是否符合起诉条件？

五、简要评论

有关行政诉讼的起诉条件，包括积极条件与消极条件，在《行政诉讼法》(1990 年施行，2014 年修正；新版于 2017 年修正)第四十九条和《最高人民法院关于适用〈中华人民共和国行政诉讼法〉若干问题的解释》(2015 年，已废止)第三条作了较为详细的规定。本案中，就陈渭庭请求撤销朝阳房管局于 2015 年 1 月 21 日颁发的续京建朝拆许字〔2007〕第 135 号房屋拆迁许可证行为，一审与二审法院均认为不符合起诉条件。其中，一审法院认为，否定陈渭庭具有起诉权是依据《最高人民法院关于执行〈中华人民共和国行政诉讼法〉若干问题的解释》(1999 年，已废止)第四十四条第一款第(十一)项之规定，该条规定的内容是"(十一)起诉不具备其他法定要件的"。显然，这是一个保守主义的兜底性规定，并不具有直接的援引作用，而需要去进一步寻法。二审法院则认为，陈渭庭请求撤销 135 号拆迁许可证续证，但因拆迁人与被拆迁人陈渭庭不能就拆迁补偿安置达成协议，房屋拆迁主管部门已就补偿安置进行裁决，陈渭庭作为被拆迁人的权益可通过对补偿安置裁决的合法性审查予以保护，故陈渭庭针对 135 号拆迁许可证续证提起的行政诉讼，不符合起诉条件。

综合以上一审与二审法院的审查意见，依据"陈渭庭在房屋拆迁主管部门就其与拆迁人之间的拆迁纠纷进行了拆迁裁决，且该裁决已经二审终审予以维持后，陈渭庭作为被拆迁人的权益可通过对补偿安置裁决的合法性审查予以保护"，进而对其起诉权予以否认。

通过比照《行政诉讼法》(1990 年施行，2014 年修正；新版于 2017 年修正)第四十九条和《最高人民法院关于适用〈中华人民共和国行政诉讼法〉若干问题的解释》(2015 年，已废止)第三条，并不能见较为直接的构成以上法院推理的依据。一审法院也并没有给出"(十一)起诉不具备其他法定要件的"情形，仅以不符合起诉的笼统原因予以否定。但就陈渭庭请求撤销朝阳房管局于 2015 年 1 月 21 日颁发的续京建朝拆许字〔2007〕第 135 号房屋拆迁许可证行为而言，并不能因为陈渭庭具有通过其他途径解决问题的通道而作为否定其具有请求撤销朝阳房管局于 2015 年 1 月 21 日颁发的续京建朝拆许字〔2007〕第 135 号房屋拆迁许可证请求权的权利，这两者并不具有关联性。这就需要审慎认识《行政诉讼法》(1990 年施行，2014 年修正；新版于 2017 年修正)第二十五条的原告资格条件，及其对"利害关系"的认识与判断标准，并对陈渭庭请求撤销朝阳房管局于 2015 年 1 月 21 日颁发的续京建朝拆许字〔2007〕第 135 号房屋拆迁许可证行为进行"利害关系"衡量与资格认定。对此，笔者持保留态度。

案例 3-11　李盛伦诉重庆市江津区中山镇人民政府规划行政许可案

一、基本案情

再审申请人(一审原告、二审上诉人)李盛伦；被申请人(一审被告、二审被上诉人)重庆市江津区中山镇人民政府；被申请人（一审第三人、二审被上诉人）李先荣。李盛伦认为：（1）重庆市江津区中山镇人民政府（简称"中山镇政府"）未尽到审查职责，在李先荣未提交土地行政主管部门同意其使用宅基地的书面意见及附图以及李盛伦同意其建房的书面意见等材料的情况下，向李先荣颁发了"乡村建设规划许可证"，违反了《重庆市农村村民住宅规划建设管理暂行办法》第八条的规定。（2）中山镇政府的会议纪要以及其对李先荣发出的"限期整改通知"表明李先荣建房不仅侵占了乡村公路，也未办理用地审批手续等相关手续，中山镇政府向李先荣颁发的乡村建设规划许可证应予以撤销。李盛伦向法院起诉主张其诉讼请求。

二、诉讼过程

一审重庆市江津区人民法院、二审重庆市第五中级人民法院均驳斥了原告的诉讼请求。

再审重庆市高级人民法院认为根据《中华人民共和国城乡规划法》第四十条第二款以及《重庆市城乡规划条例》第六条第三款的规定，中山镇政府具有颁发乡村建设规划许可证的法定职责。《重庆市城乡规划条例》第四十九条第一款对乡、村规划区内的农村村民住宅建设办理乡村建设规划许可证应当提交的材料和办理程序作了明确的规定。

本案中，李先荣以原有房屋系危房为由，向中山镇政府申请办理乡村建设规划许可证，并提交了农村建房用地申请、身份户籍情况、乡村房屋所有权证、农村宅基地置换协议、村社证明等相关材料，经中山镇政府审查，李先荣提交的材料符合上述规定，且新建房屋宅基地面积也符合重庆市关于宅基地占地标准的规定，中山镇政府向李先荣颁发乡村建设规划许可证并无不当。

关于李先荣未办理用地审批手续的问题。根据《重庆市城乡规划条例》第四十九条第二款规定，村民在取得乡村建设规划许可证后，方可办理用地审批手续。因此，用地审批手续的办理时间是乡村建设规划许可证办理之后，不属于办理乡村建设规划许可证应当提交的材料。

关于李先荣新建房屋占用乡道的问题。李先荣建房是否存在违法行为、中山镇政府是否履行了规划后的监管职责，与本案颁证行为分属不同的法律关系，不属于本案审查范围。

再审驳回李盛伦的再审申请。

三、关联法条

《中华人民共和国城乡规划法》（2008年施行；新版于2015年修正）

第四十条第二款　申请办理建设工程规划许可证，应当提交使用土地的有关证明文件、建设工程设计方案等材料。需要建设单位编制修建性详细规划的建设项目，还应当提交修建性详细规划。对符合控制性详细规划和规划条件的，由城市、县人民政府城乡规划主管部门或者省、自治区、直辖市人民政府确定的镇人民政府核发建设工程规划许可证。

四、争议问题

本案中争议问题为：用地审批手续与乡村建设规划许可证办理手续时序问题。

五、简要评论

本案是有关申请撤销行政许可的诉讼请求，理由是主张许可机关未尽审查义务，并且提出许可后许可权利人违法实施许可。法院在事实查明阶段确认李先荣以原有房屋系危房为由，向中山镇政府申请办理乡村建设规划许可证，并提交了农村建房用地申请、身份户籍情况、乡村房屋所有权证、农村宅基地置换协议、村社证明等相关材料，经中山镇政府审查，李先荣提交的材料符合相关规定，且新建房屋宅基地面积也符合重庆市关于宅基地占地标准的规定，中山镇政府向李先荣颁发乡村建设规划许可证并无不当。

同时，李先荣新建房屋占用乡道与撤销许可分属不同法律关系，不属本案对是否撤销许可的审查范围。

法院对许可审批手续与乡村建设规划许可证办理手续时序进行辨正。原告认为办理用地审批手续是办理乡村建设规划许可证的前置手续，事实上，根据《重庆市城乡规划条例》（2010年施行；新版于2016年修订）第四十九条第二款规定，村民在取得乡村建设规划许可证后，方可办理用地审批手续。因此，用地审批手续的办理时间是在乡村建设规划许可证办理之后，不属于办理乡村建设规划许可证应当提交的材料。

行政许可程序是指国家为保证行政许可权的公正有效行使而规定行政许可的实施机关从受理行政许可申请到作出准许、拒绝、终止、收回、撤销行政许可等决定的步骤、措施、方式和时限等规则的总称。《行政许可法》在许可程序上的创新不仅规范了行政许可权的行使，而且较好地维护了行政许可申请人的合法权益。由于行政许可涉及政府管理的方方面面，有行政管理领域的存在就有行政许可的存在，因而行政许可涉及面广，行政许可表现出的专业性和差异性成为行政许可的一大特征。故更多关于专业领域的行政许可条件和程序往往借助于地方性法规或规章的形式进行规制，如本案中的《重庆市城乡规划条例》。程序内含了许可的时限、方式、步骤等内容，其中步骤为基本意义上的程序问题。步骤程序问题是较为简单的外部识别问题，当事人何以产生对许可程序顺序的错误认识：一方面在于各种审批程序五花八门，当事人如果缺乏探寻规则的能力和方法，就容易陷入想当然的似是而非；另一方面在于部分程序设置缺乏公平性和正当性基础，有违基本价值理念。这对各地方的立法技术与水平提出了更高的要求，制定调整许可标准和程序的规范性法律文件和行政许可裁量基准必须努力提高立法质量，遵循科学与民主的价值理念，促进科学的、正当的各类许可程序与许可条件的生成。

案例 3‑12　刘明安诉临颍县政府行政许可信息公开案

一、基本案情

刘明安于 2015 年 9 月 6 日填写了政府信息公开申请表,要求临颍县人民政府公开原临颍县皇帝庙乡商桥村支部书记邢少敏在职期间将临颍县商桥中学(临颍县皇帝庙乡二中)扒掉,由其占用建设粮库、棉花库的政府信息及行政许可信息。该政府信息公开申请于 2015 年 9 月 11 日通过中国邮政挂号信函的方式寄送临颍县人民政府,临颍县人民政府于 2015 年 9 月 14 日收到该申请。临颍县国土资源局于 2015 年 10 月 9 日作出情况说明一份,主要内容是:临颍县逢春粮油贸易有限公司未经批准,于 2013 年 9 月 20 日占用临颍县皇帝庙乡商桥村原乡二中建仓库,占地面积 4 395 平方米。2013 年 10 月 29 日,临颍县国土资源局对临颍县逢春粮油贸易有限公司下达了临土罚字〔2013〕第 095 号土地行政处罚决定书,该案于 2014 年 1 月 7 日申请临颍县人民法院强制执行。但临颍县人民政府未向法院提交该情况说明向刘明安送达的证据。2015 年 11 月 30 日,临颍县人民政府信息公开领导小组办公室向刘明安作出《关于刘明安申请政府信息公开的答复》。但刘明安对该答复不服,向本院提起本案行政诉讼,请求人民法院依法判令临颍县人民政府按照刘明安的要求书面答复其信息公开申请。一审法院另查明:在审理期间,临颍县人民政府信息公开领导小组办公室于 2015 年 11 月 30 日对刘明安作出《关于刘明安申请政府信息公开的答复》,内容是:商桥中学(原皇帝庙乡二中)是根据上级文件要求,对农村学校生源达不到一定规模的学校进行撤并。商桥中学撤并后,经当时商桥村委会研究对其进行了拆除。

二、诉讼过程

漯河市中级人民法院一审认为,临颍县人民政府于 2014 年 9 月 14 日收到刘明安的政府信息公开申请,既未告知刘明安申请公开的政府信息是否属于其公开的信息,亦未在《中华人民共和国政府信息公开条例》规定的期限内对刘明安予以答复,其提交的临颍县国土资源局"情况说明"未能证明其向刘明安进行了送达,临颍县人民政府未严格按照《中华人民共和国政府信息公开条例》的规定及时、准确履行法定职责。但鉴于临颍县人民政府在一审法院审理期间提交了临颍县国土资源局 2015 年 10 月 9 日作出的情况说明及临颍县人民政府信息公开领导小组办公室 2015 年 11 月 30 日作出的《关于刘明安申请政府信息公开的答复》,已经就刘明安申请公开的政府信息进行了答复,且答复能够得出原商桥中学被拆除系经商桥村委会集体研究、拆除后由临颍县逢春粮油贸易有限公司作出行政处罚决定的事实,再判令临颍县人民政府对刘明安履行政府信息公开义务已无意义。依照《中华人民共和国行政诉讼法》(1990 年施行,2014 年修正;新版于 2017 年修正)第七十四条第二款第(三)项之规定,一审法院作出(2015)漯行初字第 84 号行政判决,确认临颍县人民政府未在法定期限内对刘明安的政府信息公开申请作出答复的行政行为违法。

刘明安对该行政判决不服,向河南省高级人民法院提起上诉;临颍县人民政府称临颍县原商桥中学(临颍县皇帝庙乡二中)被拆除是临颍县皇帝庙乡商桥村委会研究决定的,却未提供该村委会研究决定的证据,应判令临颍县人民政府公开该证据。

二审法院认为临颍县人民政府针对刘明安申请政府信息公开存在的违法之处,以及判令临颍县人民政府对刘明安履行政府信息公开义务已无意义,一审行政判决已作出了详细叙述,本院予以确认,该行政判决确认临颍县人民政府未在法定期限内对刘明安的政府信息公开申请作出答复的行政行为违法,认定事实清楚,适用法律、法规正确,本院予以维持。上诉人上诉所称的临颍县皇帝庙乡商桥村委会研究决定拆除临颍县原商桥中学的材料,不属《中华人民共和国政府信息公开条例》规定的政府信息的范畴,其上诉称应判令临颍县人民政府对此予以公开,本院不予支持。依据《中华人民共和国行政诉讼法》(1990年施行,2014年修正;新版于2017年修正)第八十九条第一款第(一)项之规定,判决驳回上诉,维持漯河市中级人民法院(2015)漯行初字第84号行政判决。

三、关联法条

《中华人民共和国政府信息公开条例》

第二十一条第(一)项、第(三)项 对申请公开的政府信息,行政机关根据下列情况分别作出答复:

(一)属于公开范围的,应当告知申请人获取该政府信息的方式和途径;

(三)依法不属于本行政机关公开或者该政府信息不存在的,应当告知申请人,对能够确定该政府信息的公开机关的,应当告知申请人该行政机关的名称、联系方式……

第二十四条第二款 行政机关不能当场答复的,应当自收到申请之日起15个工作日内予以答复;如需延长答复期限的,应当经政府信息公开工作机构负责人同意,并告知申请人,延长答复的期限最长不得超过15个工作日。

四、争议问题

本案中争议问题为:决定拆除临颍县原商桥中学(临颍县皇帝庙乡二中)的村委会研究决定是否属于信息公开范围?

五、简要评论

本案是由原告刘明安申请公开行政许可信息等政府信息,临颍县人民政府针对刘明安申请政府信息公开存在的违法之处的认定,二审中刘明安申请公开临颍县原商桥中学(临颍县皇帝庙乡二中)被拆除的村委会研究决定的证据,引发了人们对政府信息公开范围的思考。

《中华人民共和国政府信息公开条例》(以下简称《政府信息公开条例》)第二章"公开的范围"从第九条到第十四条对信息公开范围作了较为详细的列举。就本案中上诉人上诉所称的临颍县皇帝庙乡商桥村委会研究决定拆除临颍县原商桥中学的材料,法院认定为不属《中华人民共和国政府信息公开条例》规定的政府信息的范畴,而不予支持,应当持探讨的立场。

政务公开价值与理念逐渐深入人心和法治政府建设的视域。在梳理有关政府信息公开的案例中,申请人败诉的一个常见原因就是法院以不属于《政府信息公开条例》的公开范围而予以否定并判定败诉,这需要对《政府信息公开条例》的核心价值进行审视。在政府信息公开的推进过程中,一个重要的现象和趋势就是,自我国推行政务公开与权力运行监督制度以来,公开的对象与范围越来越广泛,公开的事项也越来越具体。政府信息公开范围究竟应当是怎么样的?这个问题的核心和前提,是政府信息公开的基本原则。有什么原则,就有什么范围。根据政府信息公开制度的历史发展,理论上总结出两个基本原则:不公开原则和公开原则。不公开原则,是指政府信息原则上都是不公开的,公开的只是少数,即以不公开为原则以公开为例外。公开原则却不同,是指政府信息原则上都应该公开,不公开的政府信息只是少数,且须有法律禁止性规定,即以公开为原则以不公开为例外。我国以 2008 年《政府信息公开条例》的颁布为标志,确立了政府信息以"公开为原则,以不公开为例外"的政府信息公开的原则与指导思想。以政府的全面信息公开为要求,除了涉及国家秘密、商业秘密及个人隐私的政府信息不得公开以外,应当将政府信息向当事人、申请人和社会全面、真实、及时公开,这是打造"阳光政府"的要求,也是法治政府的题中应有之义。人们期望政府信息公开制度规定公开原则是无疑的,但现在的问题是,《政府信息公开条例》是否确立了公开原则——以公开为原则,以不公开为例外?回答是否定的。《政府信息公开条例》对信息公开范围的列举要转变方法,应当是将不得进行政府信息公开的信息进行具体列举,应当进行政府信息公开的信息对不可以公开的政府信息进行排除。这样的体例与范式更符合政府信息"以公开为原则,以不公开为例外"的原则,这也应当成为下一步《政府信息公开条例》修改与完善的一个方向。

案例 3-13　邹积芳(姜积模)诉烟台市住房和城乡建设局拆迁行政许可案

一、基本案情

烟台市城市管理局经烟台市发展计划委员会烟计审〔2002〕75 号文批准,进行机场路绿化拓宽改造工程,并取得了〔2002〕烟规地字第 358 号建设用地规划许可证。经烟台市人民政府批准,由第三人黄务办事处负责辖区地段的拆迁事宜。第三人向被告提供了烟台市国土资源局芝罘分局出具的该地段国有土地手续正在办理之中的证明;同时,黄务办事处建委向被告出具了将 50 万元拆迁资金存入黄务信用社的证明。

2002年8月9日,被告为黄务办事处机场路拓宽改造项目建设颁发了拆许字〔2002〕第12号拆迁许可证,拆迁范围是芝罘区姜家疃居委会东一街1-49号、38号,东二街2-42号等地段。拆迁期限为2002年8月12日至2002年9月11日。原告姜积模的私有房屋坐落在该拆迁范围内。原告持有农村集体土地使用证。原告向烟台市芝罘区人民法院提出撤销烟台市住房和城乡建设局拆迁行政许可。

二、诉讼过程

一审烟台市芝罘区人民法院审理认为,被告是本辖区内房屋拆迁管理的主管机关,其依拆迁人的申请,对符合拆迁许可条件的单位颁发拆迁许可证是其法定职责。国务院《城市房屋拆迁管理条例》(2001年,已废止)第七条第一款规定:"申请领取房屋拆迁许可证的,应当向房屋所在地的市、县人民政府房屋拆迁管理部门提交下列资料:(一)建设项目批准文件;(二)建设用地规划许可证;(三)国有土地使用权批准文件;(四)拆迁计划和拆迁方案;(五)办理存款业务的金融机构出具的拆迁补偿安置资金证明。"《山东省城市房屋拆迁管理条例》第五十条规定"在城市规划区范围内的集体土地上,经批准建设需要拆迁房屋及其附属设施的,可参照本条例执行",被告据此为第三人颁发拆迁许可证,事实清楚,证据确凿,适用法律正确,符合法定程序,依据《中华人民共和国行政诉讼法》(1990年施行;新版于2014年、2017年修正)第五十四条第(一)项之规定,判决维持被告作出的拆许字〔2002〕第12号拆迁许可证。

一审原告邹积芳(姜积模之妻,姜积模于2006年11月去世)不服,向烟台市中级人民法院提起上诉。

二审查明的案件事实与一审相同。

再审山东省高级人民法院认为国务院《城市房屋拆迁管理条例》(2001年,已废止)第七条第一款规定:"申请领取房屋拆迁许可证的,应当向房屋所在地的市、县人民政府房屋拆迁管理部门提交下列资料:1.建设项目批准文件;2.建设用地规划许可证;3.国有土地使用权批准文件;4.拆迁计划和拆迁方案;5.办理存款业务的金融机构出具的拆迁补偿安置资金证明。"《山东省城市房屋拆迁管理条例》对此也有相同的规定。经审查,烟台市机场路改造拆迁项目,于2002年8月7日取得了建设用地规划许可证,黄务办事处建委向拆迁许可机关出具了将50万元拆迁资金存入黄务信用社的证明,烟台市国土资源局芝罘分局出具了该地段用地手续正在办理之中的书面证明,缺少了《城市房屋拆迁管理条例》(2001年,已废止)第七条规定的建设项目批准文件、国有土地使用权批准文件、拆迁计划和拆迁方案。因此,原烟台市房产管理局(现为烟台市住房和城乡建设局)为原审第三人颁发拆许字〔2002〕第12号拆迁许可证的证据不足。根据《中华人民共和国行政诉讼法》(1990年施行;新版于2014年、2017年修正)第五十四条第(二)项第1目的规定,应判决撤销具体行政行为。但是,由于拆许字〔2002〕第12号拆迁许可证规定的拆迁期限已经过去,并实际执行完毕,已不具有可撤销的内容,根据《最高人民法院关于执行〈中华人民共和国行政诉讼法〉若干问题的解释》(1999年,已废止)第五十七条第二款第(二)项的规定,应作出确认违法的判决。判决:(1)撤销烟台市中级人民法院(2004)烟行终字第6号行政判决;(2)撤销烟台市芝罘区人民法院(2003)芝行初字第82号行政判决;(3)确认原烟台市房产管理局于2002年8月9日为原审第三人颁发拆许字〔2002〕第12号拆迁许可证的具体行政行为违法。

三、关联法条

《城市房屋拆迁管理条例》(2001年,已废止)

第七条第一款　申请领取房屋拆迁许可证的,应当向房屋所在地的市、县人民政府房屋拆迁管理部门提交下列资料:
(一)建设项目批准文件;
(二)建设用地规划许可证;
(三)国有土地使用权批准文件;
(四)拆迁计划和拆迁方案;
(五)办理存款业务的金融机构出具的拆迁补偿安置资金证明。

四、争议问题

本案中争议问题为:山东省《关于贯彻国家和省〈城市房屋拆迁管理条例〉的意见》(鲁)建发〔2001〕63号文效力认定问题。

五、简要评论

本案事实清楚,主要是行政许可程序问题,因行政许可所要提交的文本资料缺失导致行政许可无效的情形。

国务院《城市房屋拆迁管理条例》(1999年,已废止)和《山东省城市房屋拆迁管理条例》(2001年,已废止)都规定申请拆迁许可证需要建设项目批准文件、国有土地使用权批准文件、拆迁计划和拆迁方案。烟台市国土资源局芝罘分局出具了该地段用地手续正在办理之中的书面证明,缺少了《城市房屋拆迁管理条例》(1999年,已废止)第七条规定的建设项目批准文件、国有土地使用权批准文件、拆迁计划和拆迁方案。因此,原烟台市房产管理局为原审第三人颁发拆许字〔2002〕第12号拆迁许可证的证据不足。由于拆许字〔2002〕第12号拆迁许可证规定的拆迁期限已经过去,并实际执行完毕,已不具有可撤销的内容,根据《最高人民法院关于执行〈中华人民共和国行政诉讼法〉若干问题的解释》(1999年,已废止)第五十七条第二款第(二)项的规定,应作出确认违法的判决。

遗憾的是一审与二审法院均依据不全面的申报材料,对授予许可证的行为予以确认,作出了错误的判定。

此外,在二审中,烟台市中级人民法院认为二审期间提交的鲁建发〔2001〕63号文

《关于贯彻国家和省〈城市房屋拆迁管理条例〉的意见》,只是一个规范性文件,其效力低于《山东省城市房屋拆迁管理条例》(2001年,已废止),故不予适用。再审中,山东省建设厅办公室印发的鲁建发〔2001〕63号文《关于贯彻国家和省〈城市房屋拆迁管理条例〉的意见》是对《城市房屋拆迁管理条例》(1999年,已废止)和《山东省城市房屋拆迁管理条例》(2001年,已废止)实施提出的具体意见。根据《最高人民法院关于执行〈中华人民共和国行政诉讼法〉若干问题的解释》(1999年,已废止)第六十二条第二款的规定,"人民法院审理行政案件,可以在裁判文书中引用合法有效的规章及其他规范性文件。"因此,原审判决认为"鲁建发〔2001〕63号文只是一个规范性文件,其效力低于《山东省城市房屋拆迁管理条例》(2001年,已废止),故不予适用",属于对规范性文件的适用错误。这引发了我们关于山东省建设厅办公室印发的鲁建发〔2001〕63号文《关于贯彻国家和省〈城市房屋拆迁管理条例〉的意见》这类规章以下的规范性法律文件是否可以作为司法审查依据的探讨。

二审和再审法院对鲁建发〔2001〕63号文《关于贯彻国家和省〈城市房屋拆迁管理条例〉的意见》截然相反的态度折射出包括在法院系统人们对规章以下的规范性文件作为司法审查依据效力的认识分歧。《行政诉讼法》与《最高人民法院关于执行〈中华人民共和国行政诉讼法〉若干问题的解释》似乎呈现了自相矛盾的立场。笔者更倾向于在规范性法律文件规制缺失的前提下,通过对规章以下的规范性文件进行合法性审查,可以承认其作为司法审查的依据的地位。

案例3-14　洋浦交通服务有限公司诉海南省道路运输局行政许可案

一、基本案情

原告洋浦交通服务有限公司因被告海南省道路运输局给原审第三人海口市运输服务公司颁发营运证和客运标志牌,而不给其颁发营运证和客运标志牌,认为被告不给其购买的车辆发放营运证和客运标志牌侵犯了其合法权益而向海口市中级人民法院提起行政诉讼。

二、诉讼过程

原审海口市中级人民法院认为:根据《最高人民法院关于执行〈中华人民共和国行政诉讼法〉若干问题的解释》(1999年,已废止)第十二条关于"与具体行政行为有法律上利害关系的公民、法人或者其他组织对该行为不服的,可以依法提起行政诉讼"的规定,当事人提起行政诉讼应当与被诉具体行政行为具有法律上的利害关系。根据《中华人民共和国道路运输条例》(2004年施行,新版于2012年、2016年修订)第十条第二款的规定,经营者要从事客运经营首先须向道路运输管理机构提出申请,道路运输管理机构收到申请后进行审查并作出许可或不予许可的决定。予以许可的,向申请人颁发道路运输经营许可证,并向申请人投入营运的车辆配发车辆营运证。由此可知,客运经营属于行政许可经营事项,经营者必须先依法取得道路运输管理机构的行政许可,然后才可以从事客运经营并就投入班线营运的车辆申请颁发营运证和客运标志牌。而洋浦交通服务有限公司并无证据证明其已经依法取得了本案所涉的"海口至洋浦"班线线路的经营许可,在此情况下,洋浦交通服务有限公司并不具备就有关车辆申请发放营运证和客运标志牌的资格,因此,该公司以被告向第三人申请的车辆发放营运证和客运标志牌,不给其购买的车辆发放营运证和客运标志牌侵犯了其合法权益为由提起本案行政诉讼没有法律依据,被告作出的被诉具体行政行为与洋浦交通服务有限公司没有法律上的利害关系,洋浦交通服务有限公司并不具有本案原告诉讼主体资格。根据《最高人民法院关于执行〈中华人民共和国行政诉讼法〉若干问题的解释》(1999年,已废止)第四十四条第一款第(二)项关于人民法院对于起诉人无原告诉讼主体资格的,应当裁定不予受理,已经受理的,裁定驳回起诉的规定,原审法院裁定驳回原告的起诉。

二审海南省高级人民法院认为:上诉人没有经营二类客运班线(地区所在地与县之间的客运班线)的资质,不具备有关车辆申请发放营运证和客运标志牌的资格,因此,上诉人以被上诉人向原审第三人的车辆发放营运证和客运标志牌,不给其购买的车辆发放营运证和客运标志牌侵犯了其合法权益为由提起本案行政诉讼没有法律依据,上诉人与被上诉人作出的被诉具体行政行为没有法律上的利害关系,上诉人不具有本案原告诉讼主体资格。原审裁定认定事实清楚,适用法律正确,应予维持。上诉人的上诉理由不成立,本院不予支持。依照《中华人民共和国行政诉讼法》(1990年施行;新版于2014年、2017年修正)第六十一条第(一)项之规定,裁定驳回上诉,维持原裁定。

三、关联法条

最高人民法院《关于执行〈中华人民共和国行政诉讼法〉若干问题的解释》

第十二条　与具体行政行为有法律上利害关系的公民、法人或者其他组织对该行为不服的,可以依法提起行政诉讼。

第四十四条第一款第(二)项　有下列情形之一的,应当裁定不予受理;已经受理的,裁定驳回起诉:

(二)起诉人无原告诉讼主体资格的。

四、争议问题

本案中争议问题为:洋浦交通服务有限公司是否具备提起行政许可诉讼主体资格?

五、简要评论

本案事实较为简单,原告洋浦交通服务有限公司因被告海南省道路运输局给原审第三人海口市运输服务公司颁发营运证和客运标志牌,而不给其颁发营运证和客运标志牌提起行政诉讼。

原告以被告不给其购买的车辆发放营运证和客运标志牌侵犯了其合法权益为由而向海口市中级人民法院提起行政诉讼。一审与二审法院均因原告与海南省道路运输局给原审第三人海口市运输服务公司颁发营运证和客运标志牌没有"利害关系"而不具有原告主体资格而裁定不予受理。

实际上,本案涉及两个方面的问题:一是关于班线许可与颁发营运证和客运标志牌的关系。原告向被告申请给予原告洋浦交通服务有限公司所购车辆颁发营运证和客运标志牌。客运经营属于行政许可经营事项,经营者必须先依法取得道路运输管理机构的行政许可,然后才可以从事客运经营并就投入班线营运的车辆申请颁发营运证和客运标志牌。洋浦交通服务有限公司并无证据证明其已经依法取得了本案所涉的"海口至洋浦"班线线路的经营许可,在此情况下,被告海南省道路运输局就拒绝了洋浦交通服务有限公司为其有关车辆发放营运证和客运标志牌申请的要求。就海南省道路运输局拒绝为洋浦交通服务有限公司有关车辆发放营运证和客运标志牌这一拒绝行政许可行为,洋浦交通服务有限公司可以通过行政复议和行政诉讼的形式进行救济,而若洋浦交通服务有限公司就海南省道路运输局拒绝为其有关车辆发放营运证和客运标志牌的行为提起复议和诉讼行为,洋浦交通服务有限公司与海南省道路运输局拒绝为其有关车辆发放营运证和客运标志牌的具体行政行为之间就必须具有"利害关系"。二是注意到另外一个事实:海南省道路运输局给原审第三人海口市运输服务公司颁发了营运证和客运标志牌。原告洋浦交通服务有限公司注意到这个事实,可能基于平等性的诉求,洋浦交通服务有限公司认为海南省道路运输局给原审第三人海口市运输服务公司颁发了营运证和客运标志牌就应当给其颁发营运证和客运标志牌。这里存在两个方面的误差:一方面,第三人海口市运输服务公司并不与洋浦交通服务有限公司具有同样的法律地位,其获得营运证和客运标志牌必然具有了获得线路的前置许可。另一方面,洋浦交通服务有限公司与海南省道路运输局给原审第三人海口市运输服务公司颁发了营运证和客运标志牌这一具体行政行为并不具有"利害关系",因而不能成为针对海南省道路运输局给原审第三人海口市运输服务公司颁发营运证和客运标志牌这一具体行政行为而启动行政诉讼的适格原告。

案例 3-15 王绍松、刘加波等诉温州经济技术开发区管理委员会行政许可案

一、基本案情

原审裁定载明:原告王绍松、刘加波、王炳滔、王宝明、王绍基诉称,五原告对第三人办公楼所占用的农用地[合计 10.362 亩(约 6 908 平方米)]享有农村集体土地承包经营权。2004 年 12 月,承包户发现被告下属机构征地办公室与龙湾区天河镇新川村委会签

订《征地补偿补充协议书》，该协议实质为征用承包地行为。包括原告在内的 33 家承包户向龙湾区人民法院提起要求撤销该协议的行政诉讼，龙湾区人民法院作出（2007）龙行初字第 19 号行政判决。承包户不服提起上诉，温州市中级人民法院于 2007 年 7 月 5 日作出（2007）温行终字第 127 号行政判决，判决书第 4 页载明："被上诉人管委会辩称：上诉人承包的是水田和旱地，而协议书并不涉及承包地，只涉及旧村建筑物及所在的土地，不属于承包地范围。"可见，包括原告在内的承包户享有承包经营权的农村集体土地在 2007 年 7 月 5 日之前，不存在被国家征收情形。但是，被告擅自将五原告合计 10.362 亩的承包地许可给第三人用于办公大楼建设。为此，包括原告在内的 17 家承包户针对被告非法使用承包地行为向龙湾区人民法院提起民事诉讼，在该案中被告认为 17 家承包户 34.383 亩（约 22 922 平方米）承包地被浙江省人民政府浙土字〔b2003〕第 10533 号、浙土字〔b2006〕0630 号征地许可文件征用。但该两次征地许可所涉农用地面积均远超 34.383 亩，且该两份征地批文时间均在 2007 年 7 月 5 日之前，当时进行的数场行政诉讼中，被告完全否认争议的农用地已被征收。龙湾区人民法院经审理，认为原、被告间的争议系行政诉讼范围，裁定驳回原告的起诉。在此情况下，五原告只能提起行政诉讼。五原告对涉案农用地依法享有承包经营权，迄今为止，没有经过浙江省人民政府征收为国有，仍然属于农民集体所有。被告将五原告享有用益物权的 10.362 亩的农用地非法许可给第三人使用，严重侵害了五原告的财产权利。综上，被告擅自将原告的承包地许可给第三人使用，要求确认其行政行为违法。

二、诉讼过程

原审温州市中级人民法院认为原告对起诉符合法定条件的承担举证责任。本案中，五原告的诉讼请求为"被告擅自将原告的承包地许可给第三人使用，要求确认其行政行为违法"，但没有提供任何能够证实其主张的行政许可行为存在的证据，经本院释明，五原告仍坚持该诉讼请求，并明确否认对建设用地的供地审批等具体行政行为起诉，人民法院无法根据五原告的诉讼请求确定司法审查对象，并依法审理裁判。因此，五原告的诉讼请求不明确，其起诉不符合行政诉讼的法定起诉条件。据此，依照《最高人民法院关于执行〈中华人民共和国行政诉讼法〉若干问题的解释》（1999 年，已废止）第四十四条第一款第（十一）项之规定，裁定驳回原告王绍松、刘加波、王炳滔、王宝明、王绍基的起诉。

二审浙江省高级人民法院认为上诉人起诉称被上诉人温州经济技术开发区管委会存在将其原承包土地许可给被上诉人浙江朱氏电器有限公司使用的事实，却未能提供相应的事实根据，且经原审法院查明，仍拒绝进一步明确其诉讼请求，故原审法院以不符合法定起诉条件为由裁定驳回其起诉，并无不当。提起上诉应以起诉时的诉讼请求为基础，故上诉人二审时增加的行政赔偿请求，不属本案审理范围。上诉人的上诉理由缺乏事实和法律依据，依法不予采信。依照《中华人民共和国行政诉讼法》（1990 年施行；新版于 2014 年、2017 年修正）第六十一条第（一）项、《最高人民法院关于执行〈中华人民共和国行政诉讼法〉若干问题的解释》(1999年,已废止)第九十七条、《中华人民共和国民事诉讼法》(1991年施行;后于2007年、2012年、2017年修正)第一百五十四条之规定,裁定驳回上诉,维持原裁定。

三、关联法条

《中华人民共和国行政诉讼法》(1990年施行;新版于2014年、2017年修正)

第四十一条 提起诉讼应当符合下列条件:

(一)原告是认为具体行政行为侵犯其合法权益的公民、法人或其他组织;

(二)有明确的被告;

(三)有具体的诉讼请求和事实根据;

(四)属于人民法院受案范围和受诉人民法院管辖。

《最高人民法院关于执行〈中华人民共和国行政诉讼法〉若干问题的解释》(1999年,已废止)

第二十七条 原告对下列事项承担举证责任:

(一)证明起诉符合法定条件,但被告认为原告起诉超过起诉期限的除外;

(二)在起诉被告不作为的案件中,证明其提出申请的事实;

(三)在一并提起的行政赔偿诉讼中,证明因受被诉行为侵害而造成损失的事实;

(四)其他应当由原告承担举证责任的事项。

四、争议问题

本案中争议问题为:温州经济技术开发区管委会是否存在将原告原承包土地许可给被上诉人浙江朱氏电器有限公司使用的行为?

五、简要评论

本案在一审与二审原告均提出了"被告擅自将原告的承包地许可给第三人使用,要求确认其行政行为违法",但因没有提供任何能够证实其主张的行政许可行为存在的证据,被一、二审法院裁定不符合行政诉讼的起诉条件。

《中华人民共和国行政诉讼法》(1990年施行;新版于2014年、2017年修正)第四十一条和《最高人民法院关于执行〈中华人民共和国行政诉讼法〉若干问题的解释》(1999年,已废止)第二十七条规定,原告向人民法院提起行政诉讼必须有具体的诉讼请求和事实根据,原告对起诉符合法定条件的承担举证责任。本案中,原告王绍松、刘加波称被上诉人温州经济技术开发区管委会存在将其原承包土地许可给被告浙江朱氏电器有限公司使用的事实,却未能提供相应的事实根据,且经原审法院查明,仍拒绝进一步明确其诉讼请求,故原审法院以不符合法定起诉条件为由裁定驳回其起诉,并无不当,二审法院予以了确认。

《行政诉讼法》的举证责任与民事诉讼有较大的区别,民事诉讼遵循"谁主张,谁举证"的举证责任原则,行政诉讼遵循的却是"被告行政主体举证为主,原告相对人举证为辅"的举证责任分配原则。这可详见于我国《行政诉讼法》(2014修正)第三十四条第一款"被告对作出的行政行为负有举证责任,应当提供作出该行政行为的证据和所依据的规范性文件"和第二款"被告不提供或者无正当理由逾期提供证据,视为没有相应证据。但是,被诉行政行为涉及第三人合法权益,第三人提供证据的除外"。相对于民事诉讼的举证责任,行政诉讼的举证责任可以概括为举证责任倒置。

然而,行政诉讼遵循"被告行政主体举证为主,原告相对人举证为辅"的举证责任分配原则,却并没有完全否定原告相对人的举证责任。在《最高人民法院关于执行〈中华人民共和国行政诉讼法〉若干问题的解释》(1999年,已废止)第二十七条规定了四种情形下原告必须承担的举证责任;《行政诉讼法》(2014修正)第三十七条规定:"原告可以提供证明行政行为违法的证据。原告提供的证据不成立的,不免除被告的举证责任。"《行政诉讼法》采取列举的方式规定原告承担举证责任的四种情形:行政赔偿、补偿诉讼中原告的举证责任;在起诉被告不履行法定职责案件中原告的举证责任;提起行政诉讼符合的条件;原告申请被告履行法定职责或者给付义务理由不成立的,人民法院判决驳回原告诉讼请求。

然而对原告而言,虽然现行法律对原告举证责任作了列举式规定,但是这种做法也往往伴随着限制原告举证责任范围的风险和诟病。从当初的立法引起了人们对原告是否承担行政行为事实违法性举证责任的争论,到现行立法对原告承担举证责任范围的扩大正体现了这一点。2014年《行政诉讼法》修改实际上扩大了原告举证责任的范围,在行政诉讼中原告处于弱势,无论是程序的弱势或是实体的举证能力的弱势。从当初对于原告举证责任的探讨,到现在原告举证责任的扩大,是否有违行政诉讼举证责任分配的基本价值理念。

案例3-16 张家界安顺出租车有限公司等诉张家界市道路运输管理局行政许可案

一、基本案情

张家界市易安新能源出租汽车有限公司(以下简称"易安公司")(原审第三人)系张家界市交通建设投资集团有限公司独资创建。2011年7月26日,张家界市交通建设投资集团有限公司向张家界市道路运输管理局(以下简称"市运管局")提出为第三人易安公司办理出租车客运经营许可的申请,市运管局(原审被告)于2011年8月7日予以受理。同月12日,市运管局对拟实施客运经营许可事项进行了公示,公示期为五天。同月17日,张家界市工商行政管理局为第三人预先核准了企业名称。当日,市运管局根据申请人提交的有关资料以及《城市出租汽车管理办法》的规定,作出了出租汽车客运经营行政许可决定,并为第三人易安公司颁发了道路运输经营许可证。2011年10月8日,张家界市人民政府国有资产监督管理委员会批复同意成立张家界市易安新能源出租汽车有限公司。2012年11月13日,市运管局在张家界市公众信息网上独家发布了《2012年永定城区城市出租汽车经营权出让招标公告》。张家界安顺出租车有限公司(以下简称"安顺公司")、张家界飞龙出租汽车有限公司(以下简称"飞龙公司")(原审原告)不服,认为易安公司不符合出租汽车客运经营条件,市运管局违法许可,提起行政诉讼。

二、诉讼过程

一审湖南省张家界市中级人民法院认为,参照相关规定,第三人易安公司申请行政许可需提交的资料中并无必须实际拥有20台以上出租汽车的内容。市运管局依据上述规章以及《中华人民共和国行政许可法》的程序性规定,作出行政许可决定并为第三人易安公司颁发的道路运输经营许可证符合法定程序和法律规定。综上,安顺公司、飞龙公司认为第三人易安公司是市运管局非法设立的企业,不能从事交通运输行业的经营活动,以及市运管局不具备核发城市出租车经营许可的资格和作出行政许可违法的观点不能成立。其撤销市运管局向易安公司颁发的道路运输经营许可证的请求,不予支持。依照《中华人民共和国行政诉讼法》(1990年施行;新版于2014年、2017年修正)第五十四条第(一)项之规定,判决维持张家界市道路运输管理局于2011年8月17日根据第三人易安公司申请作出的《出租汽车客运经营行政许可决定书》及颁发的道路运输经营许可证。案件受理费50元由安顺出公司、飞龙公司承担。

二审湖南省高级人民法院查明张家界市事业单位登记管理局颁发给市运管局的有效期为2011年3月4日至2012年3月31日的事业单位法人证书表明,市运管局系事业单位;其业务范围:维护道路运输市场秩序,提供管理保障、道路运输经营许可与资质管理、道路运输从业人员资质管理、道路运输经营监督与违章经营处罚、道路运输质量纠纷调解、道路运输行业调查与统计。张家界市机构编制委员会办公室2010年9月14日印发的《关于调整城市公共客运管理体制的通知》(张编办〔2010〕32号)规定,将张家界市城市管理行政执法局承担的城市公共客运管理职责划入张家界市交通运输局;将张家界市城市管理行政执法局管理的张家界市城市公共客运管理处人、财、物、事等成建制划入市运管局。

二审法院认为张家界市机构编制委员会办公室已将张家界市城市公共客运的事项纳入市运管局的具体工作范围,但城市公共客运管理职责归张家界市交通运输局。因此,市运管局应以张家界市交通运输局的名义作出出租汽车经营行政许可。其以自己的名义为易安公司作出的《出租汽车客运经营行政许可决定书》及据该决定颁发的道路运输经营许可证属无效行为。原判维持上述《出租汽车客运经营行政许可决定书》及道路运输经营许可证,明显不当。依照《中华人民共和国行政诉讼法》(1989年,已废止)第六十一条第(二)项、《最高人民法院关于执行〈中华人民共和国行政诉讼法〉若干问题的解释》(1999年,已废止)第五十七条第二款第(三)项、参照《湖南省行政程序规定》第一百六十一条第一款第(一)项之规定,判决:(1)撤销湖南省张家界市中级人民法院(2012)张中行重字第69号行政判决;(2)确认张家界市道路运输管理局为张家界市易安新能源出租汽车有限公司颁发的道路运输经营许可证无效。一、二审案件受理费100元,由被上诉人张家界市道路运输管理局负担。

三、关联法条

《中华人民共和国行政许可法》

第二十三条　法律、法规授权的具有管理公共事务职能的组织,在法定授权范围内,以自己的名义实施行政许可。被授权的组织适用本法有关行政机关的规定。

《国务院办公厅关于印发交通运输部主要职责内设机构和人员编制规定的通知》(国办发〔2009〕18号)

二、主要职责

(三)承担道路、水路运输市场监管责任。组织制定道路、水路运输有关政策、准入制度、技术标准和运营规范并监督实施。指导城乡客运及有关设施规划和管理工作,指导出租车行业管理工作。负责汽车出入境运输、国际和国境河流运输及航道有关管理工作。

四、争议问题

本案中争议问题为:市运管局作出出租汽车客运经营行政许可决定及据该决定颁发道路运输经营许可证是否越权?

五、简要评论

本案中,一审与二审法院对于市运管局作出出租汽车客运经营行政许可决定及据该决定颁发道路运输经营许可证是否具有权限作了完全相反的事实认定。一审法院认为市运管局依据湖南省人民政府湘政发〔2011〕47号《关于加强城市公共客运管理的意见》的规定以及《中华人民共和国行政许可法》的程序性规定,足以证明市运管局对张家界市出租车行业具有许可权主体资格和法定职责,作出行政许可决定并为第三人易安公司颁发道路运输经营许可证符合法定程序和法律规定。二审法院认为市运管局是事业单位,属具有管理公共事务职能的组织,不是交通运输行政机关,且没有法律、法规授权其实施出租汽车经营行政许可权力。

《中华人民共和国行政许可法》第二十二条规定:"行政许可由具有行政许可权的行政机关在其法定职权范围内事实。"第二十三条规定:"法律、法规授权的具有管理公共事务职能的组织,在法定授权范围内,以自己的名义实施行政许可。被授权的组织适用本法有关行政机关的规定。"第六十九条第一款第(二)项规定:"有下列情形之一的,作出行政许可决定的行政机关或者其上级行政机关,根据利害关系人的请求或依据职权,可以撤销行政许可:(二)超越法定职权作出准予行政许可决定的。"本案中,因《出租汽车客运经营行政许可决定书》及道路运输经营许可证皆属交通运输部门的许可职权范围,市运管局不具有许可的权限因而其作出的许可无效而应被撤销。

撤销行政许可是我国《行政许可法》上确立的一项重要法律制度,其价值在于对有违实体与程序正当的已获得的许可予以许可效力的否定。《行政许可法》第六十九条列举了应当撤销行政许可的情形,并且确立了成效程序启动的两种方式,即依据利害关系人的请求或依据职权。在行政许可撤销的处分中必须厘清两个方面的要求:一是科学界定撤销行政许可与吊销行政许可、撤回行政许可、注销行政许可的界限。《行政许可法》作了部分规制,如第七十条"有下列情形之一的,行政机关应当依法办理有关行政许可的注销手续",但是并不全面,也带来许可实践与诉讼中的一系列问题。二是行政许可撤销标准的不确定性。《行政许可法》在规定撤销行政许可时引入了对许可相对人信赖利益的保护,但是却并没有为信赖利益能够在多大程度上阻却撤销许可决定的作出而提供可操作的标准,即现行《行政许可法》上撤销许可的标准具有很大的不确定性,这种不确定性既有来自《行政许可法》规定的违法程序对撤销决定的影响力不明确,也表现为行政机关在行政许可撤销规程中拥有较大的裁量权。

案例3-17 古洪词诉习水县人民政府撤销行政许可案

一、基本案情

2004年9月8日,习水县国土资源局出台了《习水县城西区二○○二年元月以前建设用地留地安置实施方案》,明确"凡二○○二年元月前西区开发建设征用土地中,在习府函〔2002〕18号征地价款调整前原征地价格的被征地农户均可享受留地安置","安置面积按宗地(68平方米)计算,留地安置面积达不到宗地面积的,尚差部分由被安置农户按安置地价购买(以宗地为单位,抵满为限)","留地安置面积农户与农户间可以相互调剂,所安置的面积可以依法交易,交易必须以宗地为单位"。《习水县城西区二○○二年元月以前建设用地留地安置实施方案》同时对留地安置面积计算方式、留地安置区域和地价、安置区域楼层层数等作出了规定。

根据《习水县城西区二○○二年元月以前建设用地留地安置实施方案》,王显良、王钦华、杨安德、资皇香、蒋福琼、邹德成等六户系留地安置农户。其中:王显良选择第三片区A板块60号宗地(其中留地安置面积0.96平方米,补差面积67.04平方米),王钦华选择第三片区A板块61号宗地(其中留地安置面积0.514平方米,补差面积67.486平方米),杨安德选择第三片区A板块70号宗地(其中留地安置面积0.969平方米,补差面积67.031平方米),资皇香选择第三片区A板块69号宗地(其中留地安置面积2.695平方米,补差面积65.305平方米),蒋福琼、冯仕武选择第三片区8板块81号宗地

(其中留地安置面积0.796平方米,补差面积67.204平方米),邹德成、邹中文选择第三片区8板块80号宗地(其中留地安置面积3.107平方米,补差面积64.893平方米)。王显良等六户与陈利会、王建秋等六户分别于2004年9月15日、2004年10月15日签订协议书,约定:王显良等六户将自己的安置面积"调剂"给陈利会等六户,陈利会等六户向王显良等六户支付对价,宗地补差面积款由陈利会等人直接向有关部门交纳。陈利会等人分四次向习水县城西区开发建设指挥部缴纳了"购地费"共计294 698.97元,收款收据上"交款单位或个人"栏填写了王显良等人的姓名,"备注栏"注明实际交款人为陈利会等人;陈利会等人同时缴纳了契税。

2011年3月15日,习水县城西区开发建设指挥部向习水县住房和城乡建设局、习水县国土局发函,证明王显良等六户经西区开发建设指挥部同意,将"安置计划"转让给陈利会、何洪霞、古洪词、王建秋、喻春波,陈利会等人已交清留地安置购地款,请求协助办理建房用地规划手续。2011年6月1日,习水县住房和城乡建设局向陈利会、何洪霞、古洪词、王建秋、喻春波颁发了地字第52000020090795号建设用地规划许可证。

2013年11月25日,习水县住房和城乡建设局向习水县人民政府提交习住建呈〔2013〕229号《关于呈请撤销陈利会、何洪霞、古洪词、王建秋、喻春波等五人办理的〈建设用地规划许可证〉的请示》,提请县人民政府撤销颁发给陈利会等人的地字第52000020090795号建设用地规划许可证。2013年12月12日,习水县人民政府作出习府撤〔2013〕1号行政许可撤销决定书,以陈利会等人在申请建设用地规划许可证时,未依法取得该地块的国有土地使用权人资格为由,根据《中华人民共和国行政许可法》第六十九条第一款第(四)项的规定,决定撤销地字第52000020090795号建设用地规划许可证。古洪词等人不服,向遵义市人民政府申请复议。遵义市人民政府于2015年2月17日作出遵府行复〔2014〕6号行政复议决定,维持了习府撤〔2013〕1号行政许可撤销决定书。陈利会等人不服复议决定,提起本案诉讼。

二、诉讼过程

一审遵义市中级人民法院认为根据《中华人民共和国土地管理法》的规定,以划拨方式取得国有土地使用权是不需要支付对价,而本案的土地使用权是基于对被征地农户的补偿,并且对超出部分的面积需要支付购地款,显然是支付了对价的,因此应认定为出让取得。根据《中华人民共和国城乡规划法》(2008年施行,新版于2015年修正)第三十八条的规定,以出让方式使用国有土地的,办理建设用地规划许可证应当以签订国有土地使用权出让合同为前提。原告所持办理建设用地规划许可无需取得国有土地使用权的理由一审法院不予支持。原告作为实际缴款人向习水县城西区开发建设指挥部缴纳了土地出让金。因此,应当认定原告具备获得涉诉土地使用的资格。被告以原告不具备国有土地使用资格为由撤销原告建设用地规划许可,理由不成立。综上,被告撤销原告建设规划许可证的理由不成立,程序违法。根据《中华人民共和国行政诉讼法》(1990年施行,2014年修正;新版于2017年修正)第七十条第(一)项、第(三)项的规定,判决撤销习水县人民政府作出的习府撤〔2013〕1号行政许可撤销决定书。案件受理费50元,由习水县人民政府负担。

一审宣判后,习水县政府不服,向本院提出上诉,要求二审法院撤销一审判决并查清事实后依法改判或将本案发回重审,一、二审诉讼费用由被上诉人承担。

二审贵州省高级人民法院认为,本案中被上诉人按照《习水县城西区二○○二年元月以前建设用地留地安置实施方案》的规定和经相关政府职能部门同意取得了建设用地规划许可证。虽然被上诉人应当在取得国有土地使用权证后再行出让土地使用权,但这并非被上诉人责任所致,因此基于信赖利益保护原则不能让被上诉人承担不利法律后果。上诉人习水县人民政府的上诉理由不能成立,依法不予支持。一审判决基本事实清楚,证据充分,适用法律正确,审判程序合法。依照《中华人民共和国行政诉讼法》(1990年施行,2014年修正;新版于2017年修正)第八十九第一款第(一)项之规定,判决驳回上诉,维持原判。

三、关联法条

《中华人民共和国城乡规划法》(2008年施行;新版于2015年修正)

第三十七条 在城市、镇规划区内以划拨方式提供国有土地使用权的建设项目,经有关部门批准、核准、备案后,建设单位应当向城市、县人民政府城乡规划主管部门提出建设用地规划许可申请,由城市、县人民政府城乡规划主管部门依据控制性详细规划核定建设用地的位置、面积、允许建设的范围,核发建设用地规划许可证。

建设单位在取得建设用地规划许可证后,方可向县级以上地方人民政府土地主管部门申请用地,经县级以上人民政府审批后,由土地主管部门划拨土地。

第三十八条第一款、第二款 在城市、镇规划区内以出让方式提供国有土地使用权的,在国有土地使用权出让前,城市、县人民政府城乡规划主管部门应当依据控制性详细规划,提出出让地块的位置、使用性质、开发强度等规划条件,作为国有土地使用权出让合同的组成部分。未确定规划条件的地块,不得出让国有土地使用权。

以出让方式取得国有土地使用权的建设项目,在签订国有土地使用权出让合同后,建设单位应当持建设项目的批准、核准、备案文件和国有土地使用权出让合同,向城市、县人民政府城乡规划主管部门领取建设用地规划许可证。

四、争议问题

本案中争议问题为:王显良等人是否具备获得涉诉土地使用的资格?

五、简要评论

本案看似人物关系多,情节因涉及征地补偿及调配等较为复杂,实际上事实认定和适用法律较为简单。原审原告与被告及法院主要围绕着王显良等人是否具备获得涉诉土地使用的资格这一事实认定。

《中华人民共和国城乡规划法》(2008年施行；新版于2015年修正)第三十七条第一款规定，在城市、镇规划区内以划拨方式提供国有土地使用权的建设项目，经有关部门批准、核准、备案后，建设单位应当向城市、县人民政府城乡规划主管部门提出建设用地规划许可申请；第三十八条第二款规定，以出让方式取得国有土地使用权的建设项目，在签订国有土地使用权出让合同后……向城市、县人民政府城乡规划主管部门领取建设用地规划许可证。

这里产生的第一个问题就是，争议土地的使用权取得方式。根据事实描述，以划拨方式取得国有土地使用权是不需要支付对价，而本案的土地使用权是基于对被征地农户的补偿，并且对超出部分的面积需要支付购地款，显然是支付了对价的，因此应认定为出让取得。第二个问题是根据《中华人民共和国城乡规划法》(2008年)第三十八条规定，以出让方式取得国有土地使用权的建设项目，在签订国有土地使用权出让合同后，向城市、县人民政府城乡规划主管部门领取建设用地规划许可证。也就是说，王显良等人应当首先取得该地块的土地使用权，然后才能申请领取建设用地规划许可证。而事实上王显良等人并没有取得该地块的土地使用权。如果以此进行判断，那么应当判定习水县人民政府作出习府撤〔2013〕1号行政许可撤销决定书，王显良等人败诉。但一审与二审法院却作出了相反的判断。

这里有三个细节需要注意：一是原告作为实际缴款人向习水县城西区开发建设指挥部缴纳了土地出让金。二是虽然根据《中华人民共和国城市房地产管理法》第三十八条的规定，王显良等人应当在取得国有土地使用权证后再行出让土地使用权，但本案土地使用权的转让经过习水县城西区开发建设指挥部的同意。三是虽然被上诉人应当在取得国有土地使用权证后再行出让土地使用权，但这并非被上诉人责任所致，因此不能让被上诉人承担不利法律后果。因而，一审与二审法院基于信赖利益保护原则，认定原告具备获得涉诉土地使用的资格。

信赖保护原则不仅是行政法的基本原则，更是行政许可的基础原则。信赖保护原则的价值主要是从保护相对人可期待的信赖利益为根本，对行政许可机关变更与撤销行政许可行为给予限制和控制，以防止相对人可期待的信赖利益受到损失。这更是有利于形成对行政许可机关的监督，防止恣意许可和许可权力腐败，有利于行政许可的科学化管理。行政许可遵循信赖保护原则要求行政许可机关在行使行政许可权力时，不仅要注重效率、保护公益，更要强调公正，加强对相对人的合法权益的保护，不得随意变更和撤销行政许可。有必要指出的是，按照最新规定，该2年起诉期限调整为1年。

案例 3-18 缪春强诉江苏省交通运输厅运输管理局行政许可案

一、基本案情

2015年2月4日,缪春强以江苏省交通运输厅运输管理局(以下简称"省交管局")为被告向原审法院起诉称:1990年,缪春强出资购买大客车一辆,并以海安县胡集客货运站的名义向主管部门申报,取得计划号06-113角斜至无锡的客运班线经营权。1993年,缪春强又出资购买大客车一辆,以海安县鸿运实业公司的名义向主管部门申报,取得计划号93-6106海安至宜兴的客运班线经营权。2002年,海安县运输管理所根据中华人民共和国交通部办公厅〔2002〕305号文件《关于认真做好道路客运超类别经营线路调整工作的通知》第三条的规定,在双方自愿的基础上,对于超类别经营的小企业或个体运输户的车辆采取收购或作价入股等方式,将达不到资质的运输公司调整到海安县华翔汽车运输有限公司(以下简称"华翔公司"),而华翔公司未将缪春强的车辆及线路经营权作价收购或入股,依然要求缪春强每年交纳16 000元、18 000元的管理费。2008年1月4日,华翔公司将缪春强挂靠在华翔公司的线路经营权偷卖给南通汽运集团有限公司。2010年2月7日,省交管局实施《道路客运班线经营许可证明》,将计划号06-113、93-6106,原华翔公司苏F××××、苏F×××××,变更为南通汽运集团苏F×××××、苏F×××××。在变更该许可证明中,省交管局使用的是已经超过6个月期限、其于2009年3月23日作出的案号8518《客运班线变更经营许可决定书》。缪春强于2015年1月21日向江苏省交通运输厅提出行政复议申请。江苏省交通运输厅于2015年1月31日作出不予受理决定。缪春强为维护自己的合法财产不受侵害提起本案诉讼,请求:(1)撤销省交管局2010年2月7日作出的苏F×××××、苏F×××××《道路客运班线经营许可证明》;(2)判令省交管局将计划号06-113角斜至无锡、计划号93-6106海安至宜兴的经营用益权变更为仍属缪春强投资所有并置换成股东权。

二、诉讼过程

原审南京市中级人民法院经审查查明:缪春强对省交管局2010年2月7日、8日作出的《道路客运班线经营许可证明》不服,于2015年1月21日向江苏省交通运输厅提出行政复议申请。江苏省交通运输厅认为,缪春强提出行政复议申请已超过《中华人民共和国行政复议法》(1999年施行,2009年修正;新版于2017年修正)规定的法定时效,于2015年1月31日作出不予受理决定。缪春强不服该决定,于2015年2月向该院提起行政诉讼。原审法院经审查认为:根据缪春强提供的起诉材料表明,2010年2月,缪春强已知省交管局作出的苏F×××××、苏F×××××《道路客运班线经营许可证明》,但直到2015年2月缪春强才向法院提起行政诉讼,已超过了法定起诉期限。至于缪春强要求法院判令省交管局将缪春强的经营用益权置换成股权的请求,因该请求不属于人民法院行政诉讼的受案范围,故该院不予受理。综上,缪春强的起诉理由不能成立,依照《最高人民法院关于执行〈中华人民共和国行政诉讼法〉若干问题的解释》(1999年,已废止)第四十一条第一款、第四十四条第一款第(六)项的规定,该院裁定:对缪春强的起诉不予受理。

缪春强不服,向本院上诉称:其起诉未超过法定期限,符合受理条件,原审裁定认定事实和适用法律错误,请求撤销原审裁定,依法受理本案。

江苏省高级人民法院认为:《最高人民法院关于执行〈中华人民共和国行政诉讼法〉若干问题的解释》(1999年,已废止)第四十四条第一款第(六)项规定:起诉超过法定期限且无正当理由的,应当裁定不予受理;已经受理的,裁定驳回起诉。该解释第四十一条第一款规定,行政机关作出具体行政行为时,未告知公民、法人或者其他组织诉权或者起诉期限的,起诉期限从公民、法人或者其他组织知道或者应当知道诉权或者起诉期限之日起计算,但从知道或者应当知道具体行政行为内容之日起最长不得超过2年。本案系缪春强认为省交管局分别于2010年2月7日、2010年2月8日作出的《道路客运班线经营许可证明》侵害了其合法权益,故提起本案诉讼。根据其起诉时提交的诉状及初步证据,从其知道或应当知道其权利受侵害之日起至其提起本案诉讼时也已超过法律规定的2年起诉期限,故原审法院据此裁定对其起诉不予立案并无不当,应予维持。缪春强的上诉理由不成立,应予驳回。根据《中华人民共和国行政诉讼法》(1990年施行,2014年修正;新版于2017年修正)第八十九条第一款第(一)项的规定,裁定驳回上诉,维持原裁定。

三、关联法条

《最高人民法院关于执行〈中华人民共和国行政诉讼法〉若干问题的解释》(1999年,已废止)

第四十一条第一款　行政机关作出具体行政行为时,未告知公民、法人或者其他组织诉权或者起诉期限的,起诉期限从公民、法人或者其他组织知道或者应当知道诉权或者起诉期限之日起计算,但从知道或者应当知道具体行政行为内容之日起最长不得超过2年。

四、争议问题

本案中争议问题为:缪春强诉江苏省交通运输厅运输管理局是否超出诉讼时效?

五、简要评论

本案是因超过诉讼时效而不予受理的裁定,案件事实较为清楚。缪春强认为省交管局分别于2010年2月7日、2010年2月8日作出的《道路客运班线经营许可证明》侵害了其合法权益,故提起本案诉讼。根据其起诉时提交的诉状及初步证据,从其知道或应当知道其权利受侵害之日起至其提起本案诉讼时已超过法律规定的 2 年起诉期限。

我国目前普遍适用的行政诉讼起诉期限规定,主要是《行政诉讼法》(1990 年施行;新版于 2014 年、2017 年修正)第三十八条、第三十九条、第四十条以及《最高人民法院关于执行〈中华人民共和国行政诉讼法〉若干问题的解释》(1999 年,已废止)(以下简称《若干解释》)第四十一条、第四十二条、第四十三条和第四十四条的规定。行政相对人或者其他利害关系人认为具体行政行为侵害其合法权益向法院寻求司法救济,要求撤销具体行政行为,改变具体行政行为所形成的新的权利义务关系,恢复到原有的法律关系状态,则必须在法定期间内提起诉讼,而这个法定期间就是起诉期限。

上述规定构成了我国行政诉讼期限制度的主要内容,总结我国行政诉讼时效制度,主要有以下几种情形:

(1) 经过行政复议的起诉期是十五天,包括公民、法人或者其他组织不服复议决定的和复议机关逾期不作决定的两种情形。

(2) 直接提起行政诉讼的是六个月。公民、法人或者其他组织直接向人民法院提起诉讼的,自知道或者应当知道作出行政行为之日起六个月内提出。法律另有规定的除外。

(3) 申请行政机关履行职责的是两个月。公民、法人或者其他组织申请行政机关履行保护其人身权、财产权等合法权益的法定职责,行政机关在接到申请之日起两个月内不履行的,公民、法人或者其他组织可以向人民法院提起诉讼。法律、法规对行政机关履行职责的期限另有规定的,从其规定。公民、法人或者其他组织在紧急情况下请求行政机关履行保护其人身权、财产权等合法权益的法定职责,行政机关不履行的,提起诉讼不受前款规定期限的限制。

(4) 不可抗力不计算在起诉期限内。公民、法人或者其他组织因不可抗力或者其他不属于其自身的原因耽误起诉期限的,被耽误的时间不计算在起诉期限内。公民、法人或者其他组织因前款规定以外的其他特殊情况耽误起诉期限的,在障碍消除后十日内,可以申请延长期限,是否准许由人民法院决定。

(5) 行政机关没有履行告知义务的。一是行政机关作出具体行政行为时,未告知公民、法人或者其他组织诉权或者起诉期限的,起诉期限从公民、法人或者其他组织知道或者应当知道诉权或者起诉期限之日起计算,但从知道或者应当知道具体行政行为内容之日起最长不得超过两年。二是复议决定未告知公民、法人或者其他组织诉权或者法定起诉期限的,适用最长不超过两年的时效期限。

(6) 最长权利保护期限是二十年或五年。公民、法人或者其他组织不知道行政机关作出的具体行政行为内容的,其起诉期限从知道或者应当知道该具体行政行为内容之日起计算。对涉及不动产的具体行政行为从作出之日起超过二十年、其他具体行政行为从作出之日起超过五年提起诉讼的,人民法院不予受理。

案例 3-19　任福利等诉新乡市城乡规划局行政许可案

一、基本案情

2005年3月14日,新乡市城市规划局(以下简称"新乡规划局")(一审被告)就新开街以西、新华街以南、新市场以东、平原路以北地段向新乡市土地储备中心出具了规划设计条件。依据该规划设计条件,新乡市国土资源局2005年6月2日与新乡市世富房地产开发有限公司(以下简称"世富公司")(一审第三人)签订了编号为挂2005-24的国有土地使用权出让合同,将位于新乡市平原路北、新源街东、新华街南的宗地31 526.1平方米出让给世富公司。2005年6月3日,世富公司就上述宗地向新乡规划局提出建设用地规划选址定点申请。2005年6月16日,新乡规划局为世富公司颁发了编号为新规地20050050的建设用地规划许可证。任福利、任福安、任中会、刘树欣、申凤云、丁先勇、梁秀英(一审原告)所有的房产在该建设用地规划许可证用地范围内。2013年1月17日,任福利等6人通过政府信息公开得知编号为新规地20050050的建设用地规划许可证。后任福利等6人申请行政复议。河南省住房和城乡建设厅2013年3月29日作出豫建复决〔2013〕16号行政复议决定,维持该颁证行为。另查明,新乡市人民政府2005年6月17日作出新政土〔2005〕64号《新乡市人民政府关于收回平原路以北新市场东侧国有土地使用权的批复》,同意收回本案涉案土地的国有土地使用权。2014年7月14日,河南省高级人民法院作出(2014)豫法行终字第00104号行政判决,确认该批复违法。任福利、任福安、任中会、刘树欣、申凤云、丁先勇、梁秀英诉新乡市城乡规划局为新乡市世富房地产开发有限公司颁发建设用地规划证的行政许可行为违法,向河南省济源市中级人民法院提起行政诉讼。

二、诉讼过程

济源市中级人民法院一审认为,刘树欣、申凤云、丁先勇、梁秀英作为被诉颁证行为四至范围内的原实际住户,涉案宗地的规划建设与其生活、安置存在关联影响,故其与被诉颁证行为存在法律上的利害关系,具有诉讼主体资格。新乡规划局认为刘树欣、申凤云、丁先勇、梁秀英已经签订拆迁安置补偿协议,不再具备诉讼主体资格的理由不能成立。新乡规划局认为任福利等6人、梁秀英的起诉超过起诉期限应由其局承担举证责任。新乡规划局提供的证据不能直接证明任福利等6人、梁秀英何时知道被诉颁证行为的具体内容,故其辩称理由不成立,不予支持。本案建设用地涉及旧区改建,需要进行拆迁安置,对周边群众实际生产、生活影响较大。规划部门在履行规划行政许可的法定职责时,应当积极公开征求相关权益人、社会公众对建设项目的意见,并将该意见作为规划方案修改、审批的重要参考依据,以此健全建设项目规划的民主决策、公众参与、社会监督机制,提高规划的科学性、合理性、可操作性。新乡规划局未经上述程序进行颁证属于程序违法;新乡市人民政府作出的新政土〔2005〕64号《新乡市人民政府关于收回平原路以北新市场东侧国有土地使用权的批复》已被生效判决确认违法,以此为基础的被诉颁证行政行为亦属违法。综上,被诉颁证行为认定事实不清、程序违法,应予撤销。鉴于涉案土地已经开发完毕,撤销已无实际意义,故应确认违法。根据《最高人民法院关于执行〈中华人民共和国行政诉讼法〉若干问题的解释》(1999年,已废止)第五十八条之规定,判决确认新乡规划局2005年6月16日作出的新规地20050050号建设用地规划许可证违法。

新乡规划局不服济源市中级人民法院作出的(2014)济中行初字第21、22号行政判决,向河南省高级人民法院提出上诉。

二审法院认为本案被诉的建设用地规划许可颁证行为是一种行政许可,是新市场项目进行拆除房屋实施建设必需的前置条件,该行政许可直接涉及任福利等7人房屋的拆除及安置权益,故任福利等7人提起行政诉讼符合法律规定,新乡规划局辩称任福利等人与被诉行为没有法律上利害关系的上诉理由不成立,本院不予支持。本案中,被诉的规划许可是具体针对涉及新市场建设项目特定范围内的规划,包括任福利等7人的房屋,颁证行为的法律后果直接涉及任福利等7人的房屋处置,同时该建设用地规划许可是依据规划设计而作出,与土地出让合同不是附属关系,是完整独立的行政许可法律行为,故新乡规划局应当遵循《中华人民共和国行政许可法》中设立的告知、听取意见的法定程序和义务。新乡规划局辩称的规划颁证是依据土地出让合同作出,仅是确认行为,对当事人权益不直接产生影响、不适用告知听证程序的上诉理由不成立,本院不予支持。《中华人民共和国城市规划法》(2008年施行;新版于2015年修正)第三十一条及《河南省〈城市规划法〉实施办法》第三十二条第二款规定,颁发建设用地规划许可证应当审核建设人是否取得相应的建设项目批准文件。但本案中,针对新市场建设项目,任福利等人提交有新乡市发展和改革委员会的信息公开答复,答复该项目从未办理过立项手续、也未对该项目批复过拆迁和建设的建设项目审批;提交的新乡市环境保护局信息公开答复及行政处罚决定书,证明了该项目未经环评审批并对世富公司违法行为予以行政处罚的事实。据此,新乡规划局作出的被诉行政行为没有依法履行审核义务,属主要证据不足。新乡规划局辩称的颁发建设用地规划许可证的唯一依据是土地出让合同的理由没有法律依据,辩称的涉案建设项目未使用政府资金而不属于发改委立项审批范围,但未提交相应的事实证据,该项主张本院不予支持。判决驳回上诉,维持原判。

三、关联法条

《中华人民共和国行政许可法》

第三十六条　行政机关对行政许可申请进行审查时,发现行政许可事项直接关系他人重大利益的,应当告知该利害关系人。申请人、利害关系人有权进行陈述和申辩。行政机关应当听取申请人、利害关系人的意见。

四、争议问题

在具体案件的庭审规程中涉及一审原告资格、是否超过诉讼时效等争议问题,与行政许可有关的是:新乡规划局的规划许可颁证行为是否适用告知听证程序。

五、简要评论

本案中,因任福利、任福安、任中会、刘树欣、申凤云、丁先勇、梁秀英诉新乡市城乡规划局为新乡市世富房地产开发有限公司颁发建设用地规划证,围绕原告主体资格、是否超过诉讼时效、许可具体行政行为是否程序违法、被诉具体行政行为主要证据是否充足等问题展开了争论与交锋,法院都进行了一一的辨正。涉及行政许可的争议是新乡市城乡规划局为新乡市世富房地产开发有限公司颁发建设用地规划证行为程序是否违法。

世富公司认为,其提出建设用地选址定点申请,提供了国有土地使用权出让合同等材料,根据《中华人民共和国城市规划法》(2008年施行;新版于2015年修正)第三十一条、《河南省〈城市规划法〉实施办法》第三十二条第二款的规定被依法审查后核发了建设用地规划许可证;世富公司用地项目属于企业投资,不属于政府投资,根据国发〔2004〕20号《国务院关于投资体制改革的决定》的规定,在申请办理建设用地规划许可证时不需要提供建设项目批准文件,同时相关法律并未规定核发建设用地规划许可证前需要通知并听取原告等人的意见。

一审和二审法院对一审原告的诉求均予以否定。法院认为本案中,被诉的规划许可是具体针对涉及新市场建设项目特定范围内的规划,包括任福利等7人的房屋,颁证行为的法律后果直接涉及任福利等7人的房屋处置,同时该建设用地规划许可是依据规划设计而作出,与土地出让合同不是附属关系,是完整独立的行政许可法律行为,不是确认行为。法院认为本案建设用地涉及旧区改建,需要进行拆迁安置,对周边群众实际生产、生活影响较大,新乡规划局应当遵循《中华人民共和国行政许可法》第三十六条规定中设立的告知、听取意见的法定程序和义务。

案例3-20 莎乌西娜·达妮娅诉沈阳市铁西区对外贸易经济合作局行政许可案

一、基本案情

原审被告沈阳市铁西区对外贸易经济合作局于2007年4月10日作出《关于审批外资企业沈阳嘉熙房地产开发有限公司章程及设立企业的批复》(沈西外经贸发〔2007〕034号),同意原审原告莎乌西娜·达妮娅在沈阳市铁西区设立外资企业沈阳嘉熙房地产开发有限公司(原审第三人)。2011年3月23日,被告作出《关于沈阳嘉熙房地产开发有限公司股权转让的批复》(沈西外经贸发〔2011〕019号),同意原告所持有的沈阳嘉熙房地产开发有限公司的全部股权以原值转让给香港梁晓潞。2011年6月,原告向被告举报称,梁晓潞通过模仿举报人签名等方式,侵占了举报人对沈阳嘉熙房地产开发有限公司享有的股权。2011年10月26日,被告作出《关于撤销沈西外经贸发〔2011〕019号及沈西外经贸发〔2007〕034号批文的函》(沈西外经贸发〔2011〕080号),内容如下:"经调查,外资企业'沈阳嘉熙房地产开发有限公司'在2011年3月向我局申请股权变更及2007年申请设立企业过程中,所提交申请文件均存在部分虚假的事实,根据《外商投资企业股权变更的若干规定》及《公司法》《外资企业法》等有关法律、法规的规定,我局经研究决定如下:1. 撤销(沈西外经贸发〔2011〕019号)《关于沈阳嘉熙房地产开发有限公司股权转让的批复》;2. 撤销(沈西外经贸发〔2007〕034号)《关于审批外资企业沈阳嘉熙房地产开发有限公司章程及设立企业的批复》。3. 随文颁发的'沈府独字〔2007〕128号'外商投资企业批准证书暂由我局收回并暂停其效力。"原告对该函第2、3项内容不服,向法院提起行政诉讼。

二、诉讼过程

原审沈阳市中级人民法院认为被告作出的沈西外经贸发〔2011〕080号函,撤销了《关于沈阳嘉熙房地产开发有限公司的股权转让批复》,撤销了《关于审批外资企业沈阳嘉熙房地产开发有限公司章程及设立企业的批复》,并且收回并暂停外商投资企业批准证书的效力。沈西外经贸发〔2011〕080号函的内容对原告、梁晓潞等主体的权益造成了重大影响,被告作出080号函之前,应该告知利害关系人陈述和申辩的权利,被告未履行该程序,违反了正当法律程序,故该具体行政行为应予撤销。综上,依照《中华人民共和国行政诉讼法》(1990年施行;新版于2014年、2017年修正)第五十四条第(二)项第3目之规定,判决撤销被告于2011年10月26日作出的沈西外经贸发〔2011〕080号函。案件受理费50元,由被告承担。

莎乌西娜·达妮娅、沈阳市铁西区对外贸易经济合作局、沈阳嘉熙房地产开发有限公司均不服沈阳市中级人民法院(2013)沈中行初字第35号行政判决,向辽宁省高级人民法院提起上诉。

辽宁省高级人民法院认为,沈阳市铁西区对外贸易经济合作局作出的沈西外经贸发〔2011〕080号函第3项决定的内容,即"随文颁发的'沈府独字〔2007〕128号'外商投资企业批准证书暂由我局收回并暂停其效力"。该决定内容涉及的批准证书是2008年4月由辽宁省人民政府颁发,辽宁省人民政府作出的行为应由省政府负责,即便根据2010年《商务部关于下放外商投资审批权限有关问题的通知》及沈阳市对外贸易经济合作局文件《关于下放外商投资审批权限的通知》(沈外经贸发〔2010〕310号)之规定,沈阳市铁西区对外贸易经济合作局取得了外商投资企业的设立及变更事项的审批权,但对本案由省政府颁发的批准证书仍无权作出处理。沈阳市铁西区对外贸易经济合作局作出的沈西外经贸发〔2011〕080号函中第2项内容即"撤销(沈西外经贸发〔2007〕034号)《关于审批外资企业沈阳嘉熙房地产开发有限公司章程及设立企业的批复》",其内容对莎乌西娜·达妮娅的权益造成影响,根据正当程序原则,沈阳市铁西区对外贸易经济合作局应在作出具体行政行为之前,告知利害关系人陈述和申辩的权利,现没有证据证明其履行了该程序,故一审法院判决撤销并无不当。沈阳市铁西区对外贸易经济合作局作出的沈西外经贸发〔2011〕080 号函的内容是三项相互独立的具体行政行为,原审原告莎乌西娜·达妮娅的诉讼请求为撤销沈阳市铁西区对外贸易经济合作局作出的沈西外经贸发〔2011〕080 号函的第 2、3 项决定,而一审判决整体撤销了沈西外经贸发〔2011〕080 号函,超出的原审原告的诉讼请求范围,违反了行政诉讼不告不理的原则,应予撤销。

辽宁省高级人民法院认为沈阳市铁西区对外贸易经济合作局作出的沈西外经贸发〔2011〕080 号函中第 2 项决定违反正当法律程序,第 3 项决定超越法定职权,一审判决撤销正确。原审判决认定事实清楚,但判决结果超出原审原告莎乌西娜·达妮娅诉讼请求范围,应予撤销。依照《中华人民共和国行政诉讼法》(1990 年施行;新版于 2014 年、2017 年修正)第六十一条第(二)项、《中华人民共和国行政诉讼法》(1990 年施行;新版于 2014 年、2017 年修正)第五十四条第(二)项第 3 目、第 4 目的规定,判决撤销沈阳市中级人民法院(2013)沈中行初字第 35 号行政判决;撤销沈阳市铁西区对外贸易经济合作局作出的《关于撤销沈西外经贸发〔2011〕019 号及沈西外经贸发〔2007〕034 号批文的函》(沈西外经贸发〔2011〕080 号)第 2 项及第 3 项;一、二审案件受理费 100 元,由上诉人沈阳市铁西区对外贸易经济合作局负担。

三、关联法条

《中华人民共和国行政诉讼法》(1990 年施行;新版于 2014 年、2017 年修正)

第二条　公民、法人或者其他组织认为行政机关和行政机关工作人员的具体行政行为侵犯其合法权益,有权依照本法向人民法院提起诉讼。

《中华人民共和国行政许可法》

第五条第一款、第二款　设定和实施行政许可,应当遵循公开、公平、公正的原则。

有关行政许可的规定应当公布;未经公布的,不得作为实施行政许可的依据。行政许可的实施和结果,除涉及国家秘密、商业秘密或者个人隐私外,应当公开。

四、争议问题

本案涉及三个方面的问题:行政诉讼"不告不理"、行政许可撤销的正当程序、行政许可撤销是否超越法定职权。

五、简要评论

因许可超越职权较为容易识别,在这里重点探讨行政许可撤销的正当程序。在研读行政许可案例过程中,发现有相当多的实务案例是围绕许可撤销程序的争议。

《行政许可法》第六十九条规定"有下列情形之一的,作出行政许可决定的行政机关或者其上级行政机关,根据利害关系人的请求或者依据职权,可以撤销行政许可",并且列举了五大类的可以撤销的情形。但是《行政许可法》并没有正当程序的字样,甚至没有对撤销程序的规定。在这样的立法缺陷之下,造成了法院对撤销程序的尴尬态度。

有认可的,认为法律判决即使在没有法律明文规定的程序要求之下,也应当秉承程序正当的理念,况且《行政许可法》第五条第一款"设定和实施行政许可,应当遵循公开、公平、公正的原则"直接应用了正当程序核心价值理念。本案中,被告作出的沈西外经贸发〔2011〕080号函,撤销了《关于沈阳嘉熙房地产开发有限公司的股权转让批复》,撤销了《关于审批外资企业沈阳嘉熙房地产开发有限公司章程及设立企业的批复》,并且收回并暂停外商投资企业批准证书的效力。沈西外经贸发〔2011〕080号函的内容对原告、梁晓潞等主体的权益造成了重大影响,被告作出080号函之前,应该告知利害关系人陈述和申辩的权利,被告未履行该程序,违反了正当法律程序,故予以撤销。二审法院确认了对沈阳市铁西区对外贸易经济合作局作出的沈西外经贸发〔2011〕080号函中第2项决定违反正当法律程序的事实认定。

也有不认可的,有些法院判决认为《中华人民共和国行政许可法》未对行政机关依法撤销行政许可施加程序约束,既然法律没有明确的程序规定,就不能要求行政机关遵守程序性义务,法院也不宜以此为由认定行政许可撤销决定违法,因为其程序法的规范缺失认定程序违法显然不当。

《行政许可法》对许可撤销程序的规范缺失并不能代表其应然性和正当性,法定程序必须建立在正当程序基础之上。正当程序又称正当法律程序,起源于英国的"自然正义"原则,却在美国得到了广泛应用,美国联邦最高法院也发动了"一场正当程序革命",不但扩张了正当程序原则的适用范围,也推动了行政法的整体发展。在当下中国,不仅有理论上学者的证成与倡导,更是看到了正当程序原则作为一项精神与制度的双重原则在司法实践中的应用,本案的判决就是对正当程序原则应用的印证。正当程序在撤销行政许可的具体行政行为中的正当性价值在于:一方面通过对撤销行政许可的程序控制,防止撤销行为的滥用和恣意。《行政许可法》第六十九条虽然列举了可以撤销的情形,但仍然给予行政许可机关留有较大的可撤销的认定裁量,需要正当程序的控制。另一方面,从相对人的角度,通过撤销行政许可的正当程序控制,能切实有效保护相对人可期待的许可利益,践行行政许可的信赖保护。许可信赖保护要求相对人对公权力的合理信赖,行政学科行为一经作出,非经法定事由不得随意撤销,除非是基于公共利益的需要,并且,根据比例原则之要求,撤销原行政许可行为所保护的公共利益应当大于公民遭受的信赖利益的损失,否则行政主体无论如何也不能撤销或者变更原行政许可行为。

第四章 政府信息公开

案例 4-1　A 诉甲政府信息公开案

一、基本案情

2011 年 6 月 11 日，A 通过网站向甲单位提出政府信息公开申请，要求甲单位提供名为"浦建委非信申告〔2011〕206 号、沪房地资拆〔2004〕286 号关于印发《上海市城市房屋拆迁行政裁决若干规定》的通知，我夫妇俩于 2008 年 12 月 19 日各自用挂号信申请拆迁裁决的信息公开"的信息，甲单位在收到信息公开申请后谨慎审查并以 A 所填写的政府信息公开申请未明确特定政府信息的文件名称、文号或者其他特征描述为由要求 A 填写补正申请。后 A 补证申请后，甲单位认为 A 所提供信息仍然不能够明确指向具体文件，向 A 发出《非政府信息公开申请告知书》（以下简称《告知书》），并未提供相应信息。A 以甲单位作出的被诉《告知书》行政行为违法为由，诉至法院，请求法院判决撤销甲单位作出的被诉《告知书》行政行为。

二、诉讼过程

一审法院认为甲单位所作《告知书》认定事实清楚，适用法律正确，程序并无不当，驳回 A 诉讼请求；A 不服提起上诉，并以申请人文化程序较低无法提供具有明确指向的描述，但是指向相对明确，甲单位不予公开行为违法，要求改判并支持其诉讼请求。二审法院经审查后认定：申请人申请内容不明确，不符合政府信息公开的申请条件，甲单位并在法定期限内作出被诉《告知书》，认定事实清楚，程序合法，适用法律正确。因此判决驳回上诉，维持原判。

三、关联法条

《中华人民共和国政府信息公开条例》

第四条　各级人民政府及县级以上人民政府部门应当建立健全本行政机关的政府信息公开工作制度，并指定机构（以下统称政府信息公开工作机构）负责本行政机关政府信息公开的日常工作。

政府信息公开工作机构的具体职责是：

（一）具体承办本行政机关的政府信息公开事宜；

（二）维护和更新本行政机关公开的政府信息；

（三）组织编制本行政机关的政府信息公开指南、政府信息公开目录和政府信息公开工作年度报告；

（四）对拟公开的政府信息进行保密审查；

（五）本行政机关规定的与政府信息公开有关的其他职责。

第二十条　公民、法人或者其他组织依照本条例第十三条规定向行政机关申请获取政府信息的，应当采用书面形式（包括数据电文形式）；采用书面形式确有困难的，申请人可以口头提出，由受理该申请的行政机关代为填写政府信息公开申请。

政府信息公开申请应当包括下列内容：

（一）申请人的姓名或者名称、联系方式；

（二）申请公开的政府信息的内容描述；

（三）申请公开的政府信息的形式要求。

第二十一条　对申请公开的政府信息，行政机关根据下列情况分别作出答复：

（一）属于公开范围的，应当告知申请人获取该政府信息的方式和途径；

（二）属于不予公开范围的，应当告知申请人并说明理由；

（三）依法不属于本行政机关公开或者该政府信息不存在的，应当告知申请人，对能够确定该政府信息的公开机关的，应当告知申请人该行政机关的名称、联系方式；

（四）申请内容不明确的，应当告知申请人作出更改、补充。

《上海市政府信息公开规定》（2008年施行；2010年修正）

第二十一条（申请）　公民、法人或者其他组织依照《政府信息公开条例》第十三条规定向行政机关申请公开政府信息的，应当提交载明下列内容的申请书：

（一）申请人的姓名或者名称、联系方式；

（二）明确的政府信息内容，包括能够据以指向特定政府信息的文件名称、文号或者其他特征描述；

（三）获取政府信息的方式及其载体形式。

公民、法人或者其他组织向行政机关申请公开政府信息的，行政机关可以询问申请人获取政府信息的用途。

四、争议问题

本案中争议问题为：A在本案中向甲单位所提供的申请信息是否具备明确的指向？甲单位是否应当根据A所提供的信息公开相应信息？

五、简要评论

在本案中，A于2011年6月11日通过网站向甲单位提出政府信息公开申请，要求甲单位提供的信息名称为"浦建委非信申告〔2011〕206号；沪房地资拆〔2004〕286号关于印发《上海市城市房屋拆迁行政裁决若干规定》的通知，我夫妇俩于2008年12月19日各自用挂号信申请拆迁裁决的信息公开;谢谢"。对所需信息内容描述表述为"我夫妇俩申请房屋拆迁的所有资料已全部信息公开,在此表示谢谢,但按〔2004〕286号文第八条[裁决受理]第九条[不予受理的情形]第十条[裁决审理]都没有信息公开。2009年3月31日在周浦镇拆迁办公室十几个单位开的会议纪要造假的录像录音和会议笔录。还有快递在路上行了十八天。至今未作出裁决把申请人的房屋财产于2009年6月15日动用警力二三十名的依法程序全部信息公开。[以上申请全按拆迁行政裁决若干规定]必定行施程序。谢谢。"根据《中华人民共和国政府信息公开条例》第四条第二款第一项的规定,甲单位具有受理和处理向其提出的政府信息公开申请的法定职责。

甲单位在收到政府信息公开申请后认为不能有效确定 A 所申请公开的政府信息具体为何文件,遂根据《上海市政府信息公开规定》(2008年施行;2010年修正)第二十一条第一款第二项"公民、法人或者其他组织依照《政府信息公开条例》第十三条规定向行政机关申请公开政府信息的,应当提交载明下列内容的申请书:(二)明确的政府信息内容,包括能够据以指向特定政府信息的文件名称、文号或者其他特征描述",及《中华人民共和国政府信息公开条例》第二十一条第(四)项的规定"申请内容不明确的,应当告知申请人作出变更、补充",以 A 所提出的政府信息公开申请不具备明确指向为由,要求其补正申请。

A 在补正申请中,申请公开信息名称的表述为"浦建委信补告〔2011〕039号;建住房〔2004〕145号关于印发《城镇房屋拆迁管理规范化工作指导意见(试行)》的通知;严格执行《城市房屋拆迁行政裁决工作规程》在规定时限做出信息公开",所需信息内容描述为"本人和丈夫于2008年12月19日用挂号信申请房屋拆迁裁决,申请贵局于2011年5月30日〔2011〕165号浦建委信公告把两个被拆迁人的申请资料已全部公开,但未依法公开贵局依法审核的受理和裁决程序的归档保存信息,仍请全部公开。谢谢。一再找你们的麻烦。对不起。"在该补正申请中仍然没有明确表达出其申请公开政府信息的明确指向或作出准确描述,其申请后被甲单位依法予以拒绝。而后在诉讼过程中,A 主张其文化程度较低,并不具备准确描述和明确指向所需要公开政府信息的能力,要求依据其申请内容作出相应公开行为亦不具有相应的法律依据。

本案中所争论问题是行政机关拒绝公开相关信息的理由是否成立,其焦点在于申请人对政府信息内容的描述是否明确,如果申请人描述含糊,被申请机关无法清晰了解申请人申请内容,就不具备公开的条件。《中华人民共和国政府信息公开条例》第二十条第二款中所规定的政府信息公开申请所应当具备的内容要求,就本案例而言是其第(二)项规定中的"申请公开的政府信息的内容描述",同时根据《上海市政府信息公开规定》第二十一条第一款第(二)项的规定,对政府信息内容描述所应该达到的标准为:"明确的政府信息内容,包括能够据以指向特定政府信息的文件名称、文号或者其他特征描述。"但是由于申请人往往对被申请人所掌握的信息不太了解,要求申请人对政府信息内容的描述精确到具体文号、名称和日期显然是不切实际的,否则便是变相提高政府信息公开门槛,构成政府信息公开壁垒。只要申请人的内容描述能够使被申请人对相关政府信息进行基本定位,能够根据《上海市政府信息公开规定》要求作出相应的特征描述,就应当认定申请公开的内容描述明确。基于以上理由,对本案而言,被申请人确实无法根据申请人的描述对其申请公开的政府信息进行精确定位,因无法公开,故不予公开并无不当。

案例 4-2 柏岳诉济南市市中区教育局政府信息公开案

一、基本案情

2015 年 5 月,原告柏岳将一套位于济南市纬三路小学学区房(某单位宿舍)出售。房屋出售后原告得知,2014 年 6 月,被告济南市市中区教育局已将该宿舍由原学区划归至新的经五路小学学区。被告将该学区调整情况在同年招收新生前夕在经五路小学门口进行了公告张贴,但原告在出售房屋之前没有得知该信息。2015 年 8 月 5 日,原告向被告提交政府信息公开申请书,申请内容是:"该学区房(即涉案房屋)是否为经五路小学学区房,何时划归该学区,以何种方式公布过该信息。"2015 年 8 月 17 日,被告书面答复:"目前,该学区房(即涉案房屋)属于济南市经五路小学招生的学区范围。2014 年 6 月,按照市教育局有关规定及学校生源情况,为让更多的孩子享受优质教育,我局对部分学校的学区范围进行了动态调整,该处院落由济南市纬三路小学学区划归济南市经五路小学学区。济南市经五路小学以在学校门口醒目处张贴学区图的方式向社会公开相关信息。"原告认为,由于被告未能在涉案房屋所在地,或者公众可以接触到的媒体公布学区房调整信息,使得自己在出售涉案房屋时,是以原纬三路小学学区房价格售卖,该售价仅仅为经五路小学学区房的一半,遭受重大损失。同年 11 月 9 日,柏岳向法院提起行政诉讼,请求法院判令被告未将经五路学区房划分情况向社会公示之行为构成行政不作为,被告赔偿原告在不知情的情况下出售学区房造成的损失 34 万元。据了解,2015 年 11 月被告又在其官方网站 www.jnszjy.net 将上述学区调整情况进行了公示。

二、诉讼过程

法院经审理认为,原告具有本案诉讼主体资格。被告的信息公开行为存在一定的瑕疵,但是无法认定该瑕疵与原告低价售卖房屋之间存在法律上的因果关系,被告不应对原告售卖房屋价格未达到期望价格承担赔偿责任,该价格差异应当由原告对其市场行为承担责任。据此法院判决驳回原告的诉讼请求。一审判决生效后,双方均未上诉,判决已生效。

三、关联法条

《中华人民共和国行政诉讼法》(1990 年施行,2014 年修正;新版于 2017 年修正)

第二条 公民、法人或者其他组织认为行政机关和行政机关工作人员的行政行为侵犯其合法权益,有权依照本法向人民法院提起诉讼。

前款所称行政行为,包括法律、法规、规章授权的组织作出的行政行为。

《中华人民共和国政府信息公开条例》

第九条　行政机关对符合下列基本要求之一的政府信息应当主动公开：

（一）涉及公民、法人或者其他组织切身利益的；

（二）需要社会公众广泛知晓或者参与的；

（三）反映本行政机关机构设置、职能、办事程序等情况的；

（四）其他依照法律、法规和国家有关规定应当主动公开的。

第十五条　行政机关应当将主动公开的政府信息,通过政府公报、政府网站、新闻发布会以及报刊、广播、电视等便于公众知晓的方式公开。

第十八条　属于主动公开范围的政府信息,应当自该政府信息形成或者变更之日起20个工作日内予以公开。法律、法规对政府信息公开的期限另有规定的,从其规定。

《中华人民共和国国家赔偿法》

第四条　行政机关及其工作人员在行使行政职权时有下列侵犯财产权情形之一的,受害人有取得赔偿的权利：

（一）违法实施罚款、吊销许可证和执照、责令停产停业、没收财物等行政处罚的；

（二）违法对财产采取查封、扣押、冻结等行政强制措施的；

（三）违法征收、征用财产的；

（四）造成财产损害的其他违法行为。

四、争议问题

本案中诉讼双方的争议焦点问题为：原告柏岳是否具有诉讼主体资格？被告济南市市中区教育局的政府信息公开的方式是否有瑕疵？被告是否应当因此对原告的损失承担赔偿责任？

五、简要评论

在本案中,被告济南市市中区教育局所作政府信息公开内容为学区调整情况。根据《中华人民共和国政府信息公开条例》(以下简称《政府信息公开条例》)第九条之规定,该信息为符合行政机关应当主动公开的政府信息的范畴,因此其应当根据《政府信息公开条例》的有关规定予以公开,对于因公开行为导致的利益相关方的利益损失,应当承担相应的责任。本案原告认为,被告没有依法对其调整学区的政府信息向社会公示,导致原告将房屋低价出售,侵犯其合法权益,从而提起行政诉讼并要求赔偿,符合《行政诉讼法》(1990年施行,2014年修正；新版于2017年修正)第二条规定,因此原告柏岳具有诉讼主体资格。但是在学理上,一般将政府信息公开行为视为行政事实行为,即行政主体基于职权实施的不能产生、变更或者消灭行政法律关系的行为,要符合《中华人民共和国国家赔偿法》第四条第四款所规定的"造成财产损害的其他违法行为"这一认定标准，还需要二者具有法律上的因果关系，即该行政行为违法并且与行政相对人财产损害结果的产生之间具有法律上的因果关系。

按照上述规定，教育主管部门作出的有关学区调整，属于教育政策信息，属于应当主动公开的政府信息，而且应当及时通过政府公报、政府网站、新闻发布会以及报刊、广播、电视等便于公众知晓的方式进行公开。《政府信息公开条例》第十五条和第十八条分别规定主动公开政府信息的方式和期限：公开方式是通过政府公报、政府网站、新闻发布会以及报刊、广播、电视等便于公众知晓的方式；公开时间是自该信息形成或者变更之日起 20 个工作日内。本案中，被告于 2014 年 6 月对部分学校的学区范围进行了动态调整，但是仅通过在学校门口公告张贴的形式进行一定程度的公示，未达到"便于公众知晓"的程度；2015 年 11 月被告在网站上所作出的公示，虽然能够达到"便于公众知晓"的要求，但是无法达到及时性的要求，两次主动公开分别在公开范围和公开时间上存在一定的瑕疵。因此，被告的两次信息公开行为均存在一定的瑕疵，属于被告履行职责不到位的情形。但是，原告在本案中诉请被告没有履行政府信息公开的法定职责，指其不履行法定的作为义务而构成行政违法，却有失偏颇，《政府信息公开条例》第十八条中应当视为不完全列举规定，只要被告采取了公开的措施，并没有隐瞒相关信息，应当认定为履行了公开义务，两次公开均存在一定瑕疵，不应当被扩大解释为"不履行法定职责"，所以不应被认定为行政不作为，应被认定为作为不适当。同时被告在诉讼过程中对行政行为已经作出相应补正，无须作出责令改正判决。

对于最后一个争点，被告是否应当对原告的损失承担赔偿责任。本案中，原告所主张遭到的财产损失为房屋售卖价格低于预期价格的损失。首先，房屋买卖行为为市场行为，在该行为中，导致房价变化的因素有很多，诸如交通、环境、利率、税收等均是有影响力的因素，原告将学区划分作为影响涉案房屋定价的唯一因素并不充分。其次，房屋买卖为市场行为，被告教育局的政府信息公开行为为政府行为，房价的涨跌确实会受到政府信息的影响，但本质上遵循的是市场价值规律和供求关系，房屋的交易更是市场行为而不是政府行为，如果该等民事行为产生的法律后果均由政府承担，会混淆市场和政府在经济生活中各自的作用，不适当增加政府负担。最后，被告行为并不构成行政违法。本案中被告虽然有公开方式存在瑕疵的情形，但不属于行政违法范畴，而行政赔偿制度应当以行政违法事实的存在为前提。因此无法认定被告政府信息公开行为和原告的房产售卖损失之间存在法律上的因果关系，这不符合国家赔偿的范畴，因此被告不应当对原告所遭受的损失承担赔偿责任。

案例4-3 中华环保联合会诉贵州省贵阳市修文县环境保护局环境信息公开案

一、基本案情

2011年10月，原告中华环保联合会向贵州省清镇市人民法院环保法庭提起环境公益诉讼，起诉贵州好一多乳业股份有限公司（以下简称"好一多公司"）超标排放工业污水。因案件需要好一多公司的相关环保资料，原告便向被告贵州省贵阳市修文县环境保护局提出申请，要求被告向其公开好一多公司的排污许可证、排污口数量和位置、排放污染物种类和数量情况、经环保部门确定的排污费标准、经环保部门监测所反映的情况及处罚情况、环境影响评价文件及批复文件、"三同时"验收文件等有关环境信息，并于2011年10月28日将信息公开申请表以公证邮寄的方式提交给被告。被告收到该信息公开申请表后，认为原告所申请公开的信息内容不明确，信息形式要求不具体、不清楚，获取信息的方式不明确，故一直未答复原告的政府信息公开申请，也未向原告公开其所申请的信息。原告认为被告贵州省贵阳市修文县环保局在法定期限内既未向原告公开上述信息，也未对原告申请给予答复，违反了国务院《中华人民共和国政府信息公开条例》和环保部《环境信息公开办法（试行）》的规定，故向人民法院提起行政公益诉讼，要求判决贵州省贵阳市修文县环保局对原告的政府信息公开申请予以答复，并向原告公开相关信息。

二、诉讼过程

贵州省清镇市人民法院依照《政府信息公开条例》第十三条和第二十六条、《环境信息公开办法（试行）》第十六条，以及最高人民法院《关于审理政府信息公开行政案件若干问题的规定》第一条第（一）项、第九条第一款之规定，于2012年1月10日判决：被告贵州省贵阳市修文县环境保护局于判决生效之日起十日内对原告中华环保联合会的政府信息公开申请进行答复，并按原告的要求向其公开贵州好一多乳业股份有限公司的相关环境信息。

三、关联法条

《中华人民共和国政府信息公开条例》

第二十条 公民、法人或者其他组织依照本条例第十三条规定向行政机关申请获取政府信息的，应当采用书面形式（包括数据电文形式）；采用书面形式确有困难的，申请人可以口头提出，由受理该申请的行政机关代为填写政府信息公开申请。

政府信息公开申请应当包括下列内容：

（一）申请人的姓名或者名称、联系方式；

（二）申请公开的政府信息的内容描述；

（三）申请公开的政府信息的形式要求。

第二十一条 对申请公开的政府信息，行政机关根据下列情况分别作出答复：

（一）属于公开范围的，应当告知申请人获取该政府信息的方式和途径；

（二）属于不予公开范围的，应当告知申请人并说明理由；

（三）依法不属于本行政机关公开或者该政府信息不存在的，应当告知申请人，对能够确定该政府信息的公开机关的，应当告知申请人该行政机关的名称、联系方式；

（四）申请内容不明确的，应当告知申请人作出更改、补充。

第二十四条 行政机关收到政府信息公开申请，能够当场答复的，应当当场予以答复。

行政机关不能当场答复的，应当自收到申请之日起15个工作日内予以答复；如需延长答复期限的，应当经政府信息公开工作机构负责人同意，并告知申请人，延长答复的期限最长不得超过15个工作日。

申请公开的政府信息涉及第三方权益的，行政机关征求第三方意见所需时间不计算在本条第二款规定的期限内。

《环境信息公开办法（试行）》

第十六条 公民、法人和其他组织依据本办法第五条规定申请环保部门提供政府环境信息的，应当采用信函、传真、电子邮件等书面形式；采取书面形式确有困难的，申请人可以口头提出，由环保部门政府环境信息公开工作机构代为填写政府环境信息公开申请。

政府环境信息公开申请应当包括下列内容：

（一）申请人的姓名或者名称、联系方式；

（二）申请公开的政府环境信息内容的具体描述；

（三）申请公开的政府环境信息的形式要求。

《贵州省政府信息公开暂行规定》

第二十四条 行政机关对申请公开的政府信息，根据下列情况分别作出答复：

（一）属于主动公开范围的，行政机关应当告知申请人向载有该政府信息的政府公报、政府网站或者行政机关指定的查阅场所进行查询，并提供详细的查询方法。

（二）属于不予公开范围的，行政机关出具《政府信息不予公开告知书》，告知申请人不予公开的理由。

（三）申请公开的政府信息不存在的，行政机关出具《政府信息不存在告知书》，告知申请人。

（四）依法不属于本行政机关公开的，行政机关出具《非本行政机关政府信息告知书》，对能够确定该政府信息的公开机关的，告知申请人该行政机关的名称、联系方式；对不能够确定该政府信息公开机关的，告知申请人向本级政府信息公开工作主管部门咨询。

（五）申请公开的政府信息中含有不应当公开的内容，但是能够作区分处理的，行政机关出具《政府信息部分公开告知书》，向申请人提供可以公开的信息内容。

（六）申请内容不明确或申请书形式要件不齐备的，行政机关应当出具《补正申请告知书》，一次性告知申请人作出更正、补充。

（七）行政机关认为申请人申请政府信息公开的内容与申请人没有关联，申请人又不能补充说明相关联的理由的，行政机关可根据具体情况决定是否向申请人公开该政府信息。

四、争议问题

本案中争议焦点问题是原告中华环保联合会向被告贵州省贵阳市修文县环境保护局提交的信息公开申请是否明确具体？

五、简要评论

依法获取环境信息，是公民、法人和其他组织的一项重要权利，是公众参与环境保护、监督环保法律实施的一项重要手段。为了保障公民、法人和其他组织的这一权利，相关法律法规对环境信息公开的范围、信息公开的程序和方式、监督和保障都作了详细的规定。环境信息应以公开为原则，以不公开为例外。本案中，原告中华环保联合会所申请的好一多公司的环境信息资料并非相关法律法规所禁止公开的内容，被告贵州省贵阳市修文县环境保护局未向原告公开其所需信息的行为违反法律法规的规定。原告中华环保联合会为环境公益诉讼案件的需要向被告贵州省贵阳市修文县环境保护局通过邮政快递的方式提出了环境信息公开的书面申请，并在申请中载明了申请人的名称、联系方式、申请公开的具体内容、获取信息的方式等，其申请环境信息的内容也并不涉及国家秘密、商业秘密、个人隐私，属于法定可以公开的政府环境信息，申请环境信息的程序亦符合《政府信息公开条例》第二十条、《环境信息公开办法（试行）》第十六条的规定。

通过查阅案卷发现，在庭审过程中，被告贵州省贵阳市修文县环境保护局认为原告中华环保联合会在提交政府信息公开申请时，应同时附上原告的身份证明。而《政府信息公开条例》第二十条明确规定，政府信息公开申请应当包括"（一）申请人的姓名或者名称、联系方式；（二）申请公开的政府信息的内容描述；（三）申请公开的政府信息的形式要求"，其中并没有强制要求申请人提供身份证明，原告在信息公开申请表中已正确填写了单位名称、住所地、联系人及电话并加盖了公章，所以原告的申请完全符合法律规定。同时被告对其拒绝公开信息行为进行辩解时称，好一多公司在修文县有三个基地，原告中华环保联合会未明确申请公开哪一个基地的环境信息，原告所申请的内容不明确。根据《政府信息公开条例》第二十一条的规定，对于申请内容不明确的，行政机关应当告知申请人作出更改、补充。在本案中，原告在申请表中已经明确提出需要贵州好一多乳业股份有限公司的排污许可证、排污口数量和位置、排放污染物种类和数量情况、经环保部门确定的排污费标准、经环保部门监测所反映的情况及处罚情况、环境影响评价文件及批复文件等,可见其申请内容的表述是明确具体的,至于好一多公司在修文县有几个基地,并不妨碍被告公开信息,被告应就其手中掌握的所有涉及好一多公司的相关环境信息向原告公开。另外,《贵州省政府信息公开暂行规定》第二十四条第(六)项规定:"行政机关对申请公开的政府信息,根据下列情况分别作出答复:(六)申请内容不明确或申请书形式要件不齐备的,行政机关应当出具《补正申请告知书》,一次性告知申请人作出更正、补充。"即便被告认为原告申请内容不明确,应当按该规定向原告发出《补正申请告知书》,一次性告知申请人作出更正、补充,而被告显然没有按规定办理。故被告以申请内容不明确不公开信息,不符合规定。同时,按照《政府信息公开条例》第二十四条第二款、《环境信息公开办法(试行)》第十八条的规定,被告显然在法定期限内没有履行其答复的义务,故被告不予答复申请的行为违反法律法规的规定。

案例4-4 岳鸿森诉国家食品药品监督管理总局政府信息公开案

一、基本案情

2015年9月25日,岳鸿森向国家食品药品监督管理总局(以下简称"国家食药监总局")邮寄了政府信息公开申请,申请公开"原国家药品监督管理局市场监督司2004年复函的具体内容",并提交了天津市高级人民法院驳回再审申请通知书,该文书载明根据上述函件驳回其再审诉请。国家食药监总局收到了岳鸿森的申请后进行了查询,未找到相关文件。2015年10月28日,国家食药监总局针对岳鸿森的政府信息公开申请,以未查到相关文件为由没有公开相应的信息。岳鸿森不服国家食药监总局作出的上述被诉告知书,提起行政诉讼,请求法院撤销被诉告知书,责令国家食药监总局找到岳鸿森申请公开的文件后向岳鸿森公开。

二、诉讼过程

北京市第一中级人民法院(一审法院)审查认为:岳鸿森向国家食药监总局所提出的政府信息公开申请合理合法,国家食药监总局对该申请处理过程中仅通过在本单位档案部门查询这一种单一查询途径进行检索,未尽到审慎的查找义务,不能够以该文件不存在为由拒绝提供相应的政府信息;因此一审法院判令撤销国家食药监总局所作出的告知书,同时责令其在法定期限内对岳鸿森的信息公开申请重新答复。

国家食药监总局不服一审判决,提出上诉,所提出的上诉理由中包括岳鸿森可以向法院要求提供相应的文书,并不需要向本单位提出政府信息公开申请。北京市高级人民法院(二审法院)认为一审法院判决正确,未支持国家食药监总局所提出的上诉理由,判决驳回上诉,维持一审判决。

三、关联法条

《中华人民共和国政府信息公开条例》

第二十一条　对申请公开的政府信息，行政机关根据下列情况分别作出答复：

（一）属于公开范围的，应当告知申请人获取该政府信息的方式和途径；

（二）属于不予公开范围的，应当告知申请人并说明理由；

（三）依法不属于本行政机关公开或者该政府信息不存在的，应当告知申请人，对能够确定该政府信息的公开机关的，应当告知申请人该行政机关的名称、联系方式；

（四）申请内容不明确的，应当告知申请人作出更改、补充。

《最高人民法院关于审理政府信息公开行政案件若干问题的规定》

第五条　被告拒绝向原告提供政府信息的，应当对拒绝的根据以及履行法定告知和说明理由义务的情况举证。

因公共利益决定公开涉及商业秘密、个人隐私政府信息的，被告应当对认定公共利益以及不公开可能对公共利益造成重大影响的理由进行举证和说明。

被告拒绝更正与原告相关的政府信息记录的，应当对拒绝的理由进行举证和说明。

被告能够证明政府信息涉及国家秘密，请求在诉讼中不予提交的，人民法院应当准许。

被告主张政府信息不存在，原告能够提供该政府信息系由被告制作或者保存的相关线索的，可以申请人民法院调取证据。

被告以政府信息与申请人自身生产、生活、科研等特殊需要无关为由不予提供的，人民法院可以要求原告对特殊需要事由作出说明。

原告起诉被告拒绝更正政府信息记录的，应当提供其向被告提出过更正申请以及政府信息与其自身相关且记录不准确的事实根据。

《中华人民共和国行政诉讼法》（1990年施行，2014年修正；新版于2017年修正）

第六条　人民法院审理行政案件，对行政行为是否合法进行审查。

第三十四条　被告对作出的行政行为负有举证责任，应当提供作出该行政行为的证据和所依据的规范性文件。

被告不提供或者无正当理由逾期提供证据，视为没有相应证据。但是，被诉行政行为涉及第三人合法权益，第三人提供证据的除外。

四、争议问题

本案中争议问题有二：（1）国家食药监总局所作出的信息不存在的告知书是否合法？（2）国家食药监总局所主张的岳鸿森可以向其他主体寻求相应信息的主张是否成立？

五、简要评论

针对本案中的第一个争议焦点，被申请机关国家食药监总局以申请人岳鸿森所申请的政府信息不存在为由拒绝了公开申请，申请人对该告知答复不服并提起诉讼。该争议焦点的核心在于举证责任和证明程度的问题。《行政诉讼法》（1990年施行，2014年修正；新版于2017年修正）第三十四条规定：被申请机关对作出的具体行政行为负有举证责任，应当提供作出该具体行政行为的证据和所依据的规范性文件。《最高人民法院关于审理政府信息公开行政案件若干问题的规定》第五条第一、三、五款规定：被申请机关拒绝向申请人提供政府信息的，应当对拒绝的根据以及履行法定告知和说明理由义务的情况举证；被申请机关拒绝更正与申请人相关的政府信息记录的，应当对拒绝的理由进行举证和说明；被申请机关主张政府信息不存在，申请人能够提供该政府信息系由被申请机关制作或者保存的相关线索的，可以申请人民法院调取证据。根据上述规定，被申请机关以相关信息不存在为由拒绝提供信息的，信息不存在这一要件事实理应由被申请机关承担举证责任；而客观上，被申请机关也有能力对不存在相关信息的事实进行举证。具体到涉案文书而言，申请人在向被申请机关提起的政府信息公开申请中明确给出了"天津市高级人民法院驳回再审申请通知书"，该文书明确载明驳回理由为根据被申请机关所作出的"原国家药品监督管理局市场监督司2004年复函的具体内容"。这也事实上证明了该文件是确实存在的，根据我国政府机构的变迁历史，该文件现在应当处于被申请机关单位的管辖控制下，被申请机关具备证明文书存在与否的能力。被申请机关在处理该政府信息公开申请过程中仅通过对本单位档案馆查询这一单一查询方式进行检索，并未穷尽相应的可能就径直以该信息不存在为由拒绝公开该信息的处理未达到《行政诉讼法》第三十四条和《最高人民法院关于审理政府信息公开行政案件若干问题的规定》第五条相关规定的有关"以政府信息不存在为由拒绝公开"的证明标准，因此本案中被申请机关所作出的答复不合法，其所主张的信息不存在缺乏证据支撑，一审法院所作判令撤销告知书，并责令在法定期限内重新作出答复的认定正确。

对于被申请机关在上诉过程中所提出的上诉理由："岳鸿森作为案件当事人，有向审判机关申请查阅、复制庭审材料的权利，不需要通过政府信息公开申请由行政机关向审判机关搜集相关信息。"根据《政府信息公开条例》第十三条规定：除本条例第九条、第十条、第十一条、第十二条规定的行政机关主动公开的政府信息外，公民、法人或者其他组织还可以根据自身生产、生活、科研等特殊需要，向国务院部门、地方各级人民政府及县级以上地方人民政府部门申请获取相关政府信息。其中该规定并未作出"可以通过其他方式获得政府信息的"这一例外规定，因此申请人向其提出政府信息公开申请的行为并无下次；而被申请机关提出的上诉理由仅能够并不能够实际上构成不公开相应信息的有效抗辩。因此，申请人有权向其提出政府信息公开申请，并不应其是否具有其他获得途径而发生变化。

案例 4-5　王维诉杭州市西湖区住房和城乡建设局政府信息公开案

一、基本案情

2013年1月11日，王维向杭州市西湖区人民政府提交〔2013〕德加公寓业主知情申请字第19号申请表，政府信息公开义务机关为杭州市西湖区住房和城乡建设局（以下简称"西湖区住建局"），信息内容描述为"杭州市南都德加公寓第四届业主委员会选举筹备组的成立文件及成员基本情况（2011年前后）"，用途描述为"了解德加公寓物业管理区依法形成的历史和现状"。同日，杭州市西湖区人民政府向其出具〔2013〕第11号转办回执，告知其将该申请转递给西湖区住建局办理。1月31日，西湖区住建局向王维寄送通知书，告知收悉其于2013年1月11日通过杭州市西湖区人民政府政府信息公开中心转交的12件信息公开申请，根据《政府信息公开条例》第二十四条，决定延长答复的期限15个工作日。2月26日，西湖区住建局作出并向王维邮寄答复书。该答复书共四页，无编号、页码，在最后一页落款为西湖区住建局并盖有单位公章。答复书告知王维其申请的信息并不存在。王维不服，提起行政复议，复议机关作出维持的复议决定后，王维诉至法院，请求：撤销西湖区住建局所作信息公开答复，并重新公开相应信息等。

二、诉讼过程

原审法院审理后认为王维的诉讼请求缺乏事实和法律依据，不予支持，判决驳回王维的诉讼请求。王维不服，提起上诉。二审法院认为原审判决认定事实清楚，适用法律正确。上诉人的上诉理由不成立，其上诉请求法院不予支持。判决驳回上诉，维持原判。

三、关联法条

《中华人民共和国行政诉讼法》（1990年施行；新版于2014年、2017年修正）
第五条　人民法院审理行政案件，对具体行政行为是否合法进行审查。

《中华人民共和国政府信息公开条例》
第二条　本条例所称政府信息，是指行政机关在履行职责过程中制作或者获取的，以一定形式记录、保存的信息。
第十七条　行政机关制作的政府信息，由制作该政府信息的行政机关负责公开；行政机关从公民、法人或者其他组织获取的政府信息，由保存该政府信息的行政机关负责公开。法律、法规对政府信息公开的权限另有的，从其规定。
第二十一条　对申请公开的政府信息，行政机关根据下列情况分别作出答复：
（一）属于公开范围的，应当告知申请人获取该政府信息的方式和途径；
（二）属于不予公开范围的，应当告知申请人并说明理由；
（三）依法不属于本行政机关公开或者该政府信息不存在的，应当告知申请人，对能

够确定该政府信息的公开机关的,应当告知申请人该行政机关的名称、联系方式;

(四)申请内容不明确的,应当告知申请人作出更改、补充。

第二十四条 行政机关收到政府信息公开申请,能够当场答复的,应当当场予以答复。

行政机关不能当场答复的,应当自收到申请之日起15个工作日内予以答复;如需延长答复期限的,应当经政府信息公开工作机构负责人同意,并告知申请人,延长答复的期限最长不得超过15个工作日。

《最高人民法院关于执行〈中华人民共和国行政诉讼法〉若干问题的解释》(1999年,已废止)

第五十六条 有下列情形之一的,人民法院应当判决驳回原告的诉讼请求:

(一)起诉被告不作为理由不能成立的;

(二)被诉具体行政行为合法但存在合理性问题的;

(三)被诉具体行政行为合法,但因法律、政策变化需要变更或者废止的;

(四)其他应当判决驳回诉讼请求的情形。

四、争议问题

本案的争议问题有二:一是西湖区住建局以申请公开的政府信息不存在或者被遗失为由拒绝公开政府信息所作答复书是否于法有据?二是西湖区住建局所作答复书是否合规?

五、简要评论

本案中,原告王维首先向西湖区人民政府提交信息公开申请表申请公开"杭州市南都德加公寓第四届业主委员会选举筹备组的成立文件及成员基本情况(2011年前后)"。西湖区人民政府向其出具回执告知将申请递交被告西湖区住建局办理。《政府信息公开条例》第二十一条第(三)项规定:"对申请公开的政府信息,行政机关根据下列情况分别作出答复:(三)依法不属于本行政机关公开或者该政府信息不存在的,应当告知申请人,对能够确定该政府信息的公开机关的,应当告知申请人该行政机关的名称、联系方式。"根据该条款可知,西湖区人民政府的行为是符合法律规定的。西湖区住建局在在收到申请后告知原告决定延长答复的期限,其行为也符合《政府信息公开条例》第二十四条规定,即"行政机关收到政府信息公开申请,能够当场答复的,应当当场予以答复。行政机关不能当场答复的,应当自收到申请之日起15个工作日内予以答复;如需延长答复期限的,应当经政府信息公开工作机构负责人同意,并告知申请人,延长答复的期限最长不得超过15个工作日"。最后西湖区住建局回复告知"我局查找了所存的信息资料,没有相关信息",其程序上并无问题。

关于问题一,王维诉至法院请求确认西湖区住建局存在指导"杭州市南都德加公寓第四届业主委员会选举筹备组的成立文件及成员基本情况"。然而可以发现的是，该主张系其本案的诉讼理由，本身不属于诉讼请求。王维主张西湖区住建局行使了行政指导职能则必然产生相关政府信息，其根据在于住房和城乡建设部于2009年发布的《业主大会和业主委员会指导规则》第五十八条："因客观原因未能选举产生业主委员会或者业主委员会委员人数不足总数的二分之一的，新一届业主委员会产生之前，可以由物业所在地的居民委员会在街道办事处、乡镇人民政府的指导和监督下，代行业主委员会的职责。"然而，西湖区住建局系区级房地产行政主管部门，其本身不符合此条规则中乡镇级行政部门的要求，此外此类指导行为与产生相关政府信息并无必然关联，所以西湖区住建局作出没有相关信息的答复并无不当。

针对问题二，王维主张涉案答复书的公文格式违反《党政机关公文处理工作条例》。然而根据该条例第二条、第三条的规定，条例适用于各级党政机关公文处理工作，党政机关公文是党政机关实施领导、履行职能、处理公务的具有特定效力和规范体式的文书，是传达贯彻党和国家方针政策，公布法规和规章，指导、布置和商洽工作，请示和答复问题，报告、通报和交流情况等的重要工具。该条例第八条规定的公文种类包括十五类：决议、决定、命令(令)、公报、公告、通告、意见、通知、通报、报告、请示、批复、议案、函、纪要。可见，其中的"请示和答复问题"是指上下级党政机关之间的请示和答复。所以该条例并不适用于行政机关对政府信息公开申请人所作的答复。根据《政府信息公开条例》第一条，政府信息公开的目的为：保障公民、法人和其他组织依法获取政府信息，提高政府工作的透明度，促进依法行政，充分发挥政府信息对人民群众生产、生活和经济社会活动的服务作用。西湖区住建局就王维的政府信息公开申请所作出的答复书无编号、页码，在格式上存在欠缺，但并不影响王维获取政府信息。王维主张的西湖区住建局答复书格式上的欠缺不属于具体行政行为应予撤销或确认违法的情形。

案例4-6　淄博汇源水务设备有限公司诉淄博市国土局不履行政府信息公开法定职责案

一、基本案情

2012年10月29日，原告淄博汇源水务设备有限公司向被告淄博市国土资源局提出信息公开申请，要求被告公开原告经营所在区域淄博市张店区马尚大街7号土地被收回的建设项目国有土地使用权批准文件、国有土地使用权出让合同、项目用地预审意见、国有土地收回依据的土地利用规划、该块土地收回的土地储备计划及申请建设项目用地的其他报批文件材料。2012年11月16日，原告收到被告的答复，称未下发国有土地使用权批准文件。2012年12月14日，原告向山东省国土资源厅申请行政复议，2013年1月28日，山东省国土资源厅作出驳回行政复议申请决定书。原告通过向淄博市规划局申请信息公开得知：淄博市国土资源局张店分局于2010年9月2日向淄博市规划一处发函称对马尚大街 7 号宗地拟办理土地出让手续，申请出具规划设计条件，淄博市规划局于 2011 年 9 月 21 日发放了该地块的规划条件。原告认为被告的答复不符合法律规定，侵害了原告的合法权益，因此，原告提起行政诉讼，请求法院判决被告不履行政府信息公开义务的行为违法，并责令被告向原告公开其申请的相关政府信息。

二、诉讼过程

山东省淄博市临淄区人民法院判决：驳回原告淄博汇源水务设备有限公司的诉讼请求。原告不服一审判决，提起上诉。二审山东省淄博市中级人民法院经审理判决：驳回上诉，维持原判。

三、关联法条

《中华人民共和国政府信息公开条例》

第二十一条　对申请公开的政府信息，行政机关根据下列情况分别作出答复：

（一）属于公开范围的，应当告知申请人获取该政府信息的方式和途径；

（二）属于不予公开范围的，应当告知申请人并说明理由；

（三）依法不属于本行政机关公开或者该政府信息不存在的，应当告知申请人，对能够确定该政府信息的公开机关的，应当告知申请人该行政机关的名称、联系方式；

（四）申请内容不明确的，应当告知申请人作出更改、补充。

第二十四条　行政机关收到政府信息公开申请，能够当场答复的，应当当场予以答复。

行政机关不能当场答复的，应当自收到申请之日起 15 个工作日内予以答复；如需延长答复期限的，应当经政府信息公开工作机构负责人同意，并告知申请人，延长答复的期限最长不得超过 15 个工作日。

《最高人民法院关于执行〈中华人民共和国行政诉讼法〉若干问题的解释》（1999 年，已废止）

第五十六条　有下列情形之一的，人民法院应当判决驳回原告的诉讼请求：

（一）起诉被告不作为理由不能成立的；

（二）被诉具体行政行为合法但存在合理性问题的；

（三）被诉具体行政行为合法，但因法律、政策变化需要变更或者废止的；

（四）其他应当判决驳回诉讼请求的情形。

《中华人民共和国城乡规划法》（2008 年施行；新版于 2015 年修正）

第三十八条第一款　在城市、镇规划区内以出让方式提供国有土地使用权的，在国有土地使用权出让前，城市、县人民政府城乡规划主管部门应当依据控制性详细规划，提出出让地块的位置、使用性质、开发强度等规划条件，作为国有土地使用权出让合同的组成部分。未确定规划条件的地块,不得出让国有土地使用权。

四、争议问题

本案争议焦点问题是淄博市国土资源局所作答复"未下发国有土地使用权批准文件"是否符合法律规定?

五、简要评论

本案中,原告淄博汇源水务设备有限公司认为,被告淄博市国土资源局对其关于淄博市张店区马尚大街 7 号土地申请的一系列政府信息公开答复为"未下发国有土地使用权批准文件"违反了法律规定,即其认为被告存在其申请的信息但拒绝公开。其依据在于淄博市国土资源局张店分局曾向淄博市规划一处发函称对马尚大街 7 号宗地拟办理土地出让手续,申请出具规划设计条件,淄博市规划局于 2011 年 9 月 21 日发放了该地块的规划条件。然而根据《城乡规划法》(2008 年施行;新版于 2015 年修正)第三十八条第一款规定"在城市、镇规划区内以出让方式提供国有土地使用权的,在国有土地使用权出让前,城市、县人民政府城乡规划主管部门应当依据控制性详细规划,提出出让地块的位置、使用性质、开发强度等规划条件,作为国有土地使用权出让合同的组成部分。未确定规划条件的地块,不得出让国有土地使用权"的规定,可以发现规划条件是国有土地使用权出让前的一个前置条件。淄博市规划局应原告信息公开申请的答复仅说明被告曾经就涉案地块向淄博市规划局提出过规划条件的申请,淄博市规划局发放了规划条件,并不能证明原告所主张的被告制作或者保存了原告申请的相关政府信息。根据《政府信息公开条例》第二十一条第(三)项"对申请公开的政府信息,行政机关根据下列情况分别作出答复:(三)依法不属于本行政机关公开或者该政府信息不存在的,应当告知申请人,对能够确定该政府信息的公开机关的,应当告知申请人该行政机关的名称、联系方式"、第二十四条第二款"行政机关不能当场答复的,应当自收到申请之日起 15 个工作日内予以答复;如需延长答复期限的,应当经政府信息公开工作机构负责人同意,并告知申请人,延长答复的期限最长不得超过 15 个工作日"的规定,被告对原告申请政府信息公开的事项调查核实后作出"未下发收回国有土地使用权批准文件"的答复,并无不当。

案例 4-7 李维玲诉上海市浦东新区建设和
交通委员会政府信息公开案

一、基本案情

2013 年 9 月 13 日,原告李维玲向被告上海市浦东新区建设和交通委员会(以下简称"浦东建交委")提出政府信息公开申请,要求获取某大道某村某号某室房屋拆迁评估报告(1. 整体报告;2. 附技术报告;3. 基数、参照系数;4. 照片;5. 录像)的复印件(文号：浦建房拆许字〔2009〕0042号。描述为东：中穗广场一期。南：浦东大道。西：VIP大厦。北：临昌邑路）。2013年9月23日，浦东建交委对李维玲作出浦建委信公拆告〔2013〕101号告知书行政行为，告知书的主要内容为：经审查，李维玲要求获取的政府信息因浦东建交委未获取，该政府信息无法提供。另查，浦东建交委有保存该房屋"上海市城市居住房屋拆迁估价分户报告单"，如有需要请另行申请。李维玲收到上述告知书后不服，遂诉至法院。

二、诉讼过程

一审过程中，李维玲认为根据《上海市城市房屋拆迁管理实施细则》等相关规定，浦东建交委应当保管有其所提出的相应信息，其在告知书中所作出的答复不合法，请求撤销之；浦东建交委辩称相应的信息保管在估价公司，其没有获取相应信息的义务，因此请求驳回其诉讼请求。一审法院审理认为浦东建交委所作出的行政行为合法，判决驳回李伟玲诉讼请求。李维玲不服一审判决，提起上诉，二审判决维持原判，驳回上诉。

三、关联法条

《中华人民共和国政府信息公开条例》

第十七条 行政机关制作的政府信息，由制作该政府信息的行政机关负责公开；行政机关从公民、法人或者其他组织获取的政府信息，由保存该政府信息的行政机关负责公开。法律、法规对政府信息公开的权限另有规定的，从其规定。

第二十一条 对申请公开的政府信息，行政机关根据下列情况分别作出答复：

（一）属于公开范围的，应当告知申请人获取该政府信息的方式和途径；

（二）属于不予公开范围的，应当告知申请人并说明理由；

（三）依法不属于本行政机关公开或者该政府信息不存在的，应当告知申请人，对能够确定该政府信息的公开机关的，应当告知申请人该行政机关的名称、联系方式；

（四）申请内容不明确的，应当告知申请人作出更改、补充。

《上海市城市房屋拆迁管理实施细则》（2001年，已废止）

第三十一条 市房地资源局和区、县房地局应当加强对房屋拆迁活动的监督检查。拆迁人、拆迁单位有义务如实提供有关情况和资料。

市房地资源局和区、县房地局应当建立、健全房屋拆迁档案管理制度，加强对房屋拆迁档案资料的管理。拆迁人和拆迁单位应当根据国家和本市有关规定，建立房屋拆迁档案，及时报送有关资料，并接受监督检查。

《上海市房屋拆迁评估管理暂行规定》（2004年，已废止）

第十条（估价人员现场查勘） 房地产估价人员应当持证上岗，并对被拆迁房屋进行实地查勘，做好实地查勘记录，拍摄被拆迁房屋状况的照片，有必要的可拍摄录像资料。实地查勘记录由实地查勘的估价人员、拆迁人、被拆迁人签字认可。

被拆迁人拒绝房地产估价人员实地查勘或不同意在实地查勘记录上签字的,应当由除拆迁人和估价机构以外的无利害关系的第三人见证,并在估价报告中作出相应说明。

四、争议问题

本案中争议问题在于李维玲请求公开的信息是否处于浦东建交委的保管之下,后者是否应对相应信息予以公开。

五、简要评论

本案中争议焦点所对应的是《政府信息公开条例》第十七条之规定:"行政机关制作的政府信息,由制作该政府信息的行政机关负责公开;行政机关从公民、法人或者其他组织获取的政府信息,由保存该政府信息的行政机关负责公开。法律、法规对政府信息公开的权限另有规定的,从其规定。"这类案件在实践中存在两种情况:第一种情况是被申请的行政机关不拥有相关政府信息,也没有制作相关政府信息的法定职责;第二种情况是被申请人拥有相关的政府信息,但不具备制作相关政府信息的法定职责,如建设局因建设许可审批的需要而获取的拆迁项目规划许可政府信息。本案就属于前述的第二种情况。

从判决书所披露信息可知:李维玲所申请公开的政府信息为其所拥有房屋的拆迁评估报告;其认为根据《上海市房屋拆迁评估管理暂行规定》(2004年,已废止)和《上海市城市房屋拆迁管理实施细则》(2001年,已废止)的规定,浦东建交委在对其房屋作出拆迁决定时应当获取了该拆迁评估报告,并以此为据提出政府信息公开申请,要求其公开相应信息。根据《政府信息公开条例》的规定,行政机关对于政府信息公开的权责分配分别为:有制作机关的制作机关公布;从其他处获取的,保管机关公布。

本案首先进行职权依据审查,就是要查明接受申请的行政机关是否具有制作相关政府信息的法定职责。如果被申请机关拥有相应的法定职责,即使其没有制作相关政府信息,也应该在接到申请后及时履行职责,并向申请人公开相关政府信息。在这种情况下,政府信息不存在并非是驳回申请人的申请的法定事由。根据判决书所披露信息,申请人所申请信息并不属于被申请机关依职权制作的政府信息,因此并不属于《政府信息公开条例》第十七条所规定的内容。

其次进行事实审查。该审查则针对被申请机关是否已经获取并保存了相关政府信息。根据《政府信息公开条例》第十七条规定,政府信息公开采取谁制作谁公开的原则。如果没有制作机关,则由保存该政府信息的行政机关负责公开。如果行政机关确实不具备制作相关政府信息的法定职责,就要进一步查明行政机关是否保存有相关的政府信息。本案中,浦东建交委没有制作相应信息,其仅保存了"上海市城市居住房屋拆迁估价分户报告单",而非申请人所要求的房屋拆迁评估报告;相应信息为估价公司制作并保管的,根据《政府信息公开条例》第十七条和第二十一条规定,被申请机关并没有公开相应信息的义务。因此被申请机关可以以此为由驳回申请人的政府信息公开申请。

案例 4-8 邹慧楠诉中国证券监督管理委员会政府信息公开案

一、基本案情

2012年4月18日,申请人邹慧楠向被申请机关中国证券监督管理委员会(以下简称"中国证监会")提交"中国证监会证券期货监督管理信息公开申请表",申请公开天津市海运股份有限公司(以下简称"天海股份")从1996年上市(A股:600751。B股:900938)直至今日的国有股、国有法人股、社会法人股的初始登记、股权持有人明细及比例、这些股权比例变更和登记情况。2012年4月23日,被申请机关受理申请人的申请,并于同年5月15日作出证监信息公开延期〔2012〕014号《监管信息公开延期答复通知书》,告知申请人其申请的信息需要进一步审查,按照《中国证券监督管理委员会证券期货监督管理信息公开办法(试行)》(以下简称《中国证监会信息公开办法》)第十五条的有关规定,将延期答复,延长时间为十五个工作日。同年5月20日,申请人收到上述延期通知。同年6月4日,被申请机关作出告知书,告知其所申请信息非其所监管信息,建议向公司查询;申请人于同年6月11日收到告知书。后申请人不服告知书,向被申请机关申请行政复议,被申请机关收到申请人复议申请后,于同年9月11日作出证监复延字〔2012〕15号《延期审理通知书》并送达申请人。同年10月30日,被申请机关作出中国证监会〔2012〕21号行政复议决定书(以下简称"21号复议决定"),决定维持被诉告知书对申请人的答复内容,并于同年11月19日委托中国证监会天津监管局向申请人送达上述复议决定。申请人不服,认为被申请机关具有公开证券登记信息的法定职权和职责,且被申请机关监管天海股份相关信息,应当履行告知义务,被申请机关是中国证券登记结算有限责任公司(以下简称中登公司)的行政主管部门,与中登公司是上下级管理关系。中登公司的实际控制人是被申请机关,中登公司收集的相关信息属于被申请机关监管的信息。被申请机关作为证券监管和行政许可机关,应当履行对上市公司的监管职责,在履责过程中应掌握申请人申请公开的信息。申请人邹慧楠于同年12月1日向北京市第一中级人民法院提起行政诉讼。

二、诉讼过程

北京市第一中级人民法院依照《最高人民法院关于执行〈中华人民共和国行政诉讼法〉若干问题的解释》第五十六条第(四)项之规定,作出一审判决:驳回原告邹慧楠的诉讼请求。邹慧楠不服,依法提起上诉。二审法院认为一审法院判决驳回邹慧楠的诉讼请求正确,应予支持。邹慧楠的上诉主张不能成立,法院不予支持。北京市高级人民法院根据《行政诉讼法》第六十一条第(一)项之规定,作出如下判决:驳回原告邹慧楠的诉讼请求。

三、关联法条

《中华人民共和国政府信息公开条例》

第二条　本条例所称政府信息，是指行政机关在履行职责过程中制作或者获取的，以一定形式记录、保存的信息。

《最高人民法院关于审理政府信息公开行政案件若干问题的规定》

第二条　公民、法人或者其他组织对下列行为不服提起行政诉讼的，人民法院不予受理：

（一）因申请内容不明确，行政机关要求申请人作出更改、补充且对申请人权利义务不产生实际影响的告知行为；

（二）要求行政机关提供政府公报、报纸、杂志、书籍等公开出版物，行政机关予以拒绝的；

（三）要求行政机关为其制作、搜集政府信息，或者对若干政府信息进行汇总、分析、加工，行政机关予以拒绝的；

（四）行政程序中的当事人、利害关系人以政府信息公开名义申请查阅案卷材料，行政机关告知其应当按照相关法律、法规的规定办理的。

四、争议问题

本案的争议焦点有三：一是被告是否具有公开证券登记信息的法定职权和职责？二是中国证监会与中登公司是否是上下级管理关系？三是原告所申请公开的信息是否属于被告在履行对天海股份监管职责的过程中应当获取的政府信息？

五、简要评论

对于第一个争议点，关于原告认为被告具有公开证券登记信息的法定职权和职责的主张。根据《股票发行与交易管理暂行条例》第五条，1999年7月1日起施行的《中华人民共和国证券法》（以下简称旧《证券法》）第一百六十六、第一百六十七条，2006年6月1日起施行的修订后的《中华人民共和国证券法》（以下简称新《证券法》）第一百七十八、第一百七十九条中关于证券监督管理机构性质与职责的规定，被告中国证监会依法对证券市场实施监督管理，但并不具有在行使证券监管行政职责中制作涉及上市公司股东变更与股权登记等事项的职责。原告所援引的《中国证监会信息公开办法》第七条第（七）项之规定，系中国证监会对包括证券登记、托管、结算机构在内的相关单位的章程以及自律规则等的批准、备案结果具有信息公开义务，而非对"证券登记"信息负有公开职责。

对于第二个争议点，关于原告认为被告中国证监会与中登公司是上下级管理关系，中登公司的实际控制人是被告中国证监会，中登公司制作收集的相关信息属于被告中国证监会的监管信息的主张。根据《股票发行与交易管理暂行条例》第五十六条，1996年8

月 21 日国务院证券委员会发布的《证券交易所管理办法》第三条、第四条、第十一条第（七）项,旧《证券法》第一百四十六条,新《证券法》第一百五十五条的规定,参照《证券登记结算管理办法》第八条、第十条、第十一条的规定,以及参考《中登公司证券登记规则》等规定中关于证券登记结算机构的性质、职能范围及需要报被告批准或备案的事项的相关规定,证券登记结算机构属于独立于被告的机构或法人,而非被告的下属机构或派出机构,其进行证券登记等业务事项虽然受被告监督,但不能认为其制作或获取证券登记相关信息就等同于被告中国证监会制作或获取。

对于第三个争议点,关于原告认为其所申请公开的信息属于被告在履行对天海股份监管职责的过程中应当获取的政府信息的主张。原告所申请公开的信息是天海股份从 1996 年上市直至今日的国有股、国有法人股、社会法人股的初始登记、股权持有人明细及比例、这些股权比例变更和登记情况,而相关法律、法规及规章均未规定被告负有专门制作或获取上述信息并进行档案管理的法定义务,因此,要求被告公开自 1996 年至今其在履行对天海股份监管职责过程中获取的与原告申请相关的信息,实质上就是要求被告查找 1996 年至今其对天海股份进行监管的全部档案材料,并对其中是否存在涉及原告申请的信息进行分析并搜集汇总,而根据《最高人民法院关于审理政府信息公开行政案件若干问题的规定》第二条第(三)项之规定,要求行政机关为其制作、搜集政府信息,或者对若干政府信息进行汇总、分析、加工,行政机关予以拒绝的,公民、法人或者其他组织对该行为不服提起诉讼的,人民法院不予受理。据此可以认为,行政机关在政府信息公开中不负有针对申请人的申请对信息进行搜集、汇总、加工的法定义务。

案例 4-9　北京市丰台区源头爱好者环境研究所诉北京市环境保护局政府信息公开案

一、基本案情

2013 年 4 月 12 日,北京市丰台区源头爱好者环境研究所(以下简称"源头爱好者研究所")填写了北京市政府信息公开申请表,要求北京市环境保护局(以下简称"市环保局")公开"北京市密六县工业开发区 C 区西统路 51 号凯比(北京)制动系统有限公司(以下简称"凯比公司")所属工厂自运营之日起到 2013 年 3 月为止的危险废弃物监管信息"。其他特征描述为:"包括危险废弃物的:1. 产生情况(包括类型、各自的产生量以及成分);2. 转移情况(包括类型、转移量、成分、运输单位、每次危险废弃物转移联单的复印件);3. 处理情况(各类危废的处理单位、处理方法、处理量)。"2013 年 4 月 16 日,市环保局收到上述申请,并作出登记回执。2013 年 5 月 6 日,市环保局作出第 45 号告知书,告知源头爱好者研究所其申请公开的信息,市环保局未制作和获取,请向北京市密云县环保局提出申请。源头爱好者研究所不服该告知书,向法院提起行政诉讼。

二、诉讼过程

一审法院经过审理查明，被告对政府信息公开申请所作回应不符法律规定，依法判决撤销其所作政府信息公开告知书，并责令其在十五个工作日内重新作出答复。

三、关联法条

《中华人民共和国政府信息公开条例》

第十七条　行政机关制作的政府信息，由制作该政府信息的行政机关负责公开；行政机关从公民、法人或者其他组织获取的政府信息，由保存该政府信息的行政机关负责公开。法律、法规对政府信息公开的权限另有规定的，从其规定。

第二十一条　对申请公开的政府信息，行政机关根据下列情况分别作出答复：

（一）属于公开范围的，应当告知申请人获取该政府信息的方式和途径；

（二）属于不予公开范围的，应当告知申请人并说明理由；

（三）依法不属于本行政机关公开或者该政府信息不存在的，应当告知申请人，对能够确定该政府信息的公开机关的，应当告知申请人该行政机关的名称、联系方式；

（四）申请内容不明确的，应当告知申请人作出更改、补充。

《最高人民法院关于审理政府信息公开行政案件若干问题的规定》

第九条　被告对依法应当公开的政府信息拒绝或者部分拒绝公开的，人民法院应当撤销或者部分撤销被诉不予公开决定，并判决被告在一定期限内公开。尚需被告调查、裁量的，判决其在一定期限内重新答复。

被告提供的政府信息不符合申请人要求的内容或者法律、法规规定的适当形式的，人民法院应当判决被告按照申请人要求的内容或者法律、法规规定的适当形式提供。

人民法院经审理认为被告不予公开的政府信息内容可以作区分处理的，应当判决被告限期公开可以公开的内容。

被告依法应当更正而不更正与原告相关的政府信息记录的，人民法院应当判决被告在一定期限内更正。尚需被告调查、裁量的，判决其在一定期限内重新答复。被告无权更正的，判决其转送有权更正的行政机关处理。

四、争议问题

本案中的争议焦点问题是原告所申请公开的信息是否属于被告在其履行职责的过程中应当获取的政府信息。

五、简要评论

本案中，原告源头爱好者研究所申请要求北京市环保局公开凯比公司所属工厂自运营之日起到2013年3月为止的危险废弃物监管信息，其他特征描述为："包括危险废弃物的:1. 产生情况(包括类型、各自的产生量以及成分);2. 转移情况(包括类型、转移量、成分、运输单位、每次危险废弃物转移联单的复印件);3. 处理情况(各类危废的处理单位、处理方法、处理量)。"北京市环保局作出告知书回复称市环保局未制作和获取,请向密云县环保局提出申请。从形式上看貌似其行为符合《政府信息公开条例》第二十一条第(三)项"对申请公开的政府信息,行政机关根据下列情况分别作出答复:(三)依法不属于本行政机关公开或者该政府信息不存在的,应当告知申请人,对能够确定该政府信息的公开机关的,应当告知申请人该行政机关的名称、联系方式"的规定。但事实上,根据调查发现,凯比公司作为危险废物的产生单位,其在北京市环保局网站的固体废物管理信息系统中,申报了年度危险废物计划产生总量、年度内单次危险废物计划转移量等相关信息。市环保局获取并保存了凯比公司申报的上述信息,该信息属于源头爱好者研究所申请公开的相关政府信息的范围。而市环保局在第 45 号告知书中对源头爱好者研究所申请公开的政府信息概括性认定为未制作和未获取,属于认定事实不清。因此根据《政府信息公开条例》第十七条规定"行政机关制作的政府信息,由制作该政府信息的行政机关负责公开;行政机关从公民、法人或者其他组织获取的政府信息,由保存该政府信息的行政机关负责公开。法律、法规对政府信息公开的权限另有规定的,从其规定",北京市环保局所作告知书的行为违反了《政府信息公开条例》规定的法定义务。此外,对源头爱好者研究所申请公开的信息能否予以公开,尚需市环保局进行调查、裁量,因此法院责令其对源头爱好者研究所的政府信息公开申请重新答复的认定甚为妥当。

案例 4-10　赵正军诉中华人民共和国卫生部政府信息公开案

一、基本案情

原告赵正军于 2012 年 1 月 4 日向被告卫生部申请公开"生乳(gb19301-2010)等 66 项食品安全国家标准审查、讨论中专业分委员会编写的会议纪要",用途为"购买生乳、了解标准制定情况",所需信息的提供方式为"纸质",获取信息的方式为"邮寄"。2012 年 1 月 20 日,被告针对原告的政府信息公开申请,作出卫政申复〔2012〕1001 号《非本机关政府信息告知书》(以下简称"被诉告知书"),内容如下:"赵正军:我办于 2012 年 1 月 10 日收到您寄来的'政府信息公开申请表',要求公开生乳(gb19301-2010)等 66 项食品安全国家标准审查、讨论中专业分委员会编写的会议纪要。根据《政府信息公开条例》《国务院办公厅关于施行〈中华人民共和国政府信息公开条例〉若干问题的意见》和《卫生部关于做好贯彻实施〈中华人民共和国政府信息公开条例〉工作的通知》,答复如下:食品安全国家标准审评委员会是负责审查食品安全国家标准草案科学性和实用性等内容的技术机构,其会议纪要不属于卫生部政府信息公开范围。"该会议纪要属于过程性信息,一旦公开可能影响社会稳定,增加行政管理工作负担。原告认为被告作为掌握会议纪要信息的行政机关,负有公开信息的法定义务,被告的答复事实不清,适用法律错误。原告要求法院判决撤销被诉告知书,判令被告公开原告申请的政府信息。

二、诉讼过程

北京市第一中级人民法院依照《行政诉讼法》(1990年施行;新版于2014年、2017年修正)第五十四条第(二)项第1目、《最高人民法院关于审理政府信息公开行政案件若干问题的规定》第九条第一款、《最高人民法院关于执行〈中华人民共和国行政诉讼法〉若干问题的解释》(1999年,已废止)第五十六条第(四)项的规定,判决:撤销被告卫生部于2012年1月20日作出的卫政申复〔2012〕1001号《非本机关政府信息告知书》;被告卫生部于法定期限内对原告的政府信息公开申请予以重新答复。驳回原告赵正军的其他诉讼请求。

三、关联法条

《中华人民共和国政府信息公开条例》

第十七条 行政机关制作的政府信息,由制作该政府信息的行政机关负责公开;行政机关从公民、法人或者其他组织获取的政府信息,由保存该政府信息的行政机关负责公开。法律、法规对政府信息公开的权限另有规定的,从其规定。

第二十一条 对申请公开的政府信息,行政机关根据下列情况分别作出答复:

(一)属于公开范围的,应当告知申请人获取该政府信息的方式和途径;

(二)属于不予公开范围的,应当告知申请人并说明理由;

(三)依法不属于本行政机关公开或者该政府信息不存在的,应当告知申请人,对能够确定该政府信息的公开机关的,应当告知申请人该行政机关的名称、联系方式;

(四)申请内容不明确的,应当告知申请人作出更改、补充。

第二十四条 行政机关收到政府信息公开申请,能够当场答复的,应当当场予以答复。

行政机关不能当场答复的,应当自收到申请之日起15个工作日内予以答复;如需延长答复期限的,应当经政府信息公开工作机构负责人同意,并告知申请人,延长答复的期限最长不得超过15个工作日。

申请公开的政府信息涉及第三方权益的,行政机关征求第三方意见所需时间不计算在本条第二款规定的期限内。

四、争议问题

本案的争议焦点为:卫生部是否是上述会议纪要的制作机关?

五、简要评论

本案中,原告赵正军向被告卫生部申请公开"生乳(gb19301-2010)等66项食品安全国家标准审查、讨论中专业分委员会编写的会议纪要",针对此申请被告作出《非本机关政府信息告知书》,认为审评委员会属于技术机构,其会议纪要不属于卫生部政府信息公开的范围,因此本案的争议焦点即为卫生部是否是上述会议纪要的制作机关。

《中华人民共和国食品安全法》(2009年施行;新版于2015年修订)第二十一条第一款规定:"食品安全国家标准由国务院卫生行政部门负责制定、公布,国务院标准化行政部门提供国家标准编号。"第二十三条第一款规定:"食品安全国家标准应当经食品安全国家标准审评委员会审查通过。食品安全国家标准审评委员会由医学、农业、食品、营养等方面的专家以及国务院有关部门的代表组成。"《中华人民共和国食品安全法实施条例》(2009年施行;新版于2016年修订)第十七条第一款规定:"食品安全法第二十三条规定的食品安全国家标准审评委员会由国务院卫生行政部门负责组织。"《食品安全国家标准审评委员会章程》第六条规定:"委员会设委员若干,由医学、农业、食品、营养等方面的专家以及国务院有关部门的代表组成。由国务院有关部门和相关机构推荐的专家,经遴选并向社会公示后,由卫生部聘任……"第二十六条规定:"委员会的工作经费纳入卫生部部门预算管理……"第三十条规定:"本章程经主任会议审议通过,由卫生部批准生效。"根据上述规定可以发现,审评委员会的委员由卫生部聘任,其经费由卫生部予以保障,系卫生部为履行其制定食品安全国家标准的法定职责而组织成立的不具有独立法人资格的专业技术机构。同时,《中华人民共和国食品安全法实施条例》第十七条第二款规定:"食品安全国家标准审评委员会负责审查食品安全国家标准草案的科学性和实用性等内容。"《食品安全国家标准管理办法》第三条第二款规定:"审评委员会设专业分委员会和秘书处。"第二十条规定:"食品安全国家标准草案按照以下程序审查:(一)秘书处初步审查;(二)审评委员会专业分委员会会议审查;(三)审评委员会主任会议审议。"第二十八条规定:"秘书处对报批材料进行复核后,报送卫生部卫生监督中心。"第二十九条第二款规定:"审核通过的标准由卫生部卫生监督中心报送卫生部。"根据上述规定可以发现,卫生部是食品安全国家标准的制定机关,审评委员会对于食品安全国家标准的审查是制定食品安全国家标准的一项必经程序,该程序既是法律法规的明确规定,亦属于卫生部履行其制定食品安全国家标准这一法定职责的一个环节,故审评委员会专业分委员会编写的会议纪要属于卫生部在履行其法定职责过程中制作的政府信息。被告以原告申请公开的政府信息非由其制作为由不予公开,该理由缺乏事实和法律依据。

案例 4-11 黄同振诉阜阳市人民政府信息公开案

一、基本案情

2014年10月30日,黄同振通过EMS方式,向阜阳市人民政府提出政府信息公开申请。其申请公开在阜阳市三角洲东岸人居环境综合治理建设中,每家每户征收或者征用土地、房屋拆迁及其补偿、补助费用的发放、使用情况,要求具体明细的政府信息报告。

阜阳市人民政府在接到申请后，于2014年11月3日作出《政府信息公开告知书》，认为黄同振申请公开的相关信息因涉及个人隐私而不予公开。黄同振不服阜阳市人民政府所作出的告知书，向法院起诉。一审法院在查明基本事实的基础上认为，黄同振要求公开的信息与《政府信息公开条例》对隐私权的相关保护规定不符，因而判决驳回黄同振的诉讼请求。黄同振不服提起上诉，在上诉中黄同振坚持认为其申请的征收或者征用土地、房屋拆迁及其补偿、补助费用的发放、使用情况，属于被上诉人阜阳市人民政府重点公开的政府信息内容，即使其不申请，被上诉人也应当主动公开。此外黄同振还提出，被上诉人阜阳市人民政府在未征求相关权利人意见的情况下，直接答复其公开申请，是程序违法行为，要求撤销一审判决。

二、诉讼过程

一审法院经审理认为黄同振要求公开的阜阳市三角洲东岸人居环境综合治理建设中每家每户征收、征用、拆迁补偿费等发放、使用情况，涉及每家每户的个人财产、身份信息及个人家庭隐私等情况，根据《政府信息公开条例》的第十四条第四款的规定，判决驳回黄同振的诉讼请求。黄同振不服提起上诉，并在上诉中提出被上诉人阜阳市人民政府在未征求相关权利人意见的情况下，直接答复其公开申请，是程序违法行为。二审法院在对证据进行分析，案件事实进行查明的基础上，最终驳回了黄同振的上诉，维持了原判。

三、关联法条

《中华人民共和国政府信息公开条例》

第十四条第三款　行政机关对政府信息不能确定是否可以公开时，应当依照法律、法规和国家有关规定报有关主管部门或者同级保密工作部门确定。

第十四条第四款　行政机关不得公开涉及国家秘密、商业秘密、个人隐私的政府信息。但是，经权利人同意公开或者行政机关认为不公开可能对公共利益造成重大影响的涉及商业秘密、个人隐私的政府信息，可以予以公开。

第二十一条　对申请公开的政府信息，行政机关根据下列情况分别作出答复：

（一）属于公开范围的，应当告知申请人获取该政府信息的方式和途径；

（二）属于不予公开范围的，应当告知申请人并说明理由；

（三）依法不属于本行政机关公开或者该政府信息不存在的，应当告知申请人，对能够确定该政府信息的公开机关的，应当告知申请人该行政机关的名称、联系方式；

（四）申请内容不明确的，应当告知申请人作出更改、补充。

四、争议问题

本案的争议焦点有两个：一是阜阳市人民政府不予信息公开的理由是否成立，即黄同振申请公开的相关信息是否涉及个人隐私而不能公开？二是阜阳市人民政府向黄同振作出的不予公开的答复是否程序违法？

五、简要评论

针对本案的第一个焦点：阜阳市人民政府不予信息公开的理由是否成立，我们可以通过对《政府信息公开条例》第十四条第四款的解读得出答案。根据该款的规定"行政机关不得公开涉及国家秘密、商业秘密、个人隐私的政府信息。但是，经权利人同意公开或者行政机关认为不公开可能对公共利益造成重大影响的涉及商业秘密、个人隐私的政府信息，可以予以公开"，政府信息公开是现代法治文明的保障，有利于公众了解政府、监督政府，使得公权力在阳光下运行，同时信息公开也能够有效预防行政腐败。当然，这并不意味着政府对掌握的所有信息都必须公开，更不意味着对申请人申请的相关信息都必须公开。政府信息公开范围有法定要求，哪些信息不能公开更是涉及利益的权衡。《政府信息公开条例》第十四条明确规定了对涉及个人隐私的信息不能公开，这应该是值得欣慰的，因为这很好体现了国家对公民隐私的尊重，对个体人格权的保护。那么在本案中，我们仔细审查下，不难发现黄同振申请公开的每家每户征收或者征用土地、房屋拆迁及其补偿、补助费用的发放、使用情况的确会涉及个人隐私问题。因为随着这类信息的公开，相关群体的个人身份信息、财产状况等个人家庭隐私内容也会随着公开。这将会带来许多负面影响，特别是对相关群体的生活带来诸多不便与麻烦。因此从这个角度来说，阜阳市人民政府不予公开黄同振申请的信息是合法的。

关于本案的第二个焦点，阜阳市人民政府作出的不予公开答复是否程序违法，这涉及对《政府信息公开条例》第十四条第三款、第四款的综合理解。其中第三款明确规定了"行政机关对政府信息不能确定是否可以公开时，应当依照法律、法规和国家有关规定报有关主管部门或者同级保密工作部门确定"。由此可知，只有行政机关对相关信息是否公开不确定时才适用该条，而在本案中，阜阳市人民政府对黄同振申请的信息性质有清楚的认识，因这类信息涉及个人隐私，属于法定不予公开的范围，故而也不涉及报有关主管部门或者同级保密工作部门确定的工作。此外依据第四款的规定，对涉及个人隐私的信息，行政机关只有在需要公开时才需要经权利人的同意，在行政机关决定不予公开时则没有相关要求。因此，正如二审法院最终判决中所认为的"行政机关对涉及国家秘密、商业秘密、个人隐私的信息，以不公开为原则，公开为例外。决定不予公开的无需征求权利人同意"，因而本案中阜阳市人民政府在没有经过相关权利人同意的情况下直接作出不予公开的决定是程序合法的。综上可知，二审法院最终判决驳回黄同振的上诉，维持原判是合法公正的。

案例 4-12　张义诉湖南省教育考试院不履行信息公开法定职责案

一、基本案情

原告张义参加了 2014 年湖南省普通高等学校统一招生考试,在考试成绩及参考答案公布后,张义认为语文、文综两科某些题目出题过偏,导致自己考试成绩过低,与实际水平不符。2014 年 7 月 14 日,原告张义向被告湖南省教育考试院递交申请,要求公开:(1) 2014 年高考湖南省考题中语文科命题人员名单、命题及评分程序和"作文"评分标准;(2) 2014 年高考湖南省考题语文卷评分情况;(3) 湖南省高考 2014 文综第 25 题评分标准答案的依据和理由。2014 年 7 月 23 日,被告湖南省教育考试院对原告作出《关于张义同志申请政府信息公开的答复》,并于当天按照原告提交申请时所留地址邮寄给原告。答复认为:(1) 原告申请公开的 2014 年高考湖南省考题中语文科命题人员名单、命题程序和"作文"评分标准以及湖南省高考 2014 文综第 25 题评分标准答案的依据和理由,属国家秘密事项,不能公开。(2) 原告申请公开的语文科目评分程序被告已多次通过媒体向社会公布,并在答复中再次介绍了评分程序。(3) 原告申请公开的 2014 年高考语文卷评分情况,经被告复核,原告的语文成绩没有差错,并详细列举了原告语文卷各题的具体得分,合计得分 72.5 分,公布成绩为 73 分,全省语文科目的平均分为 94.37 分(2013 年为 93.62 分,2012 年为 92.62 分),不存在原告所认为的题目出题过偏的情况。张义不服湖南省教育考试院的答复,遂诉至法院。

二、诉讼过程

一审法院认为被告湖南省教育考试院在收到原告的政府信息公开申请后,在法定期限内予以书面答复,已经依法履行了政府信息公开的法定职责,且原告的各项诉讼请求均没有法律依据,故判决驳回原告张义的全部诉讼请求。张义不服一审判决提起上诉,认为一审法院对上诉人申请公开信息定性错误,适用法律错误,依法应当纠正。二审法院经审查后认定:原审判决认定事实清楚,适用法律正确,审判程序合法。上诉人张义的上诉理由不能成立,故判决驳回上诉,维持原判。

三、关联法条

《中华人民共和国政府信息公开条例》

第十四条第四款　行政机关不得公开涉及国家秘密、商业秘密、个人隐私的政府信息。但是,经权利人同意公开或者行政机关认为不公开可能对公共利益造成重大影响的涉及商业秘密、个人隐私的政府信息,可以予以公开。

第二十四条　行政机关收到政府信息公开申请,能够当场答复的,应当当场予以答复。

行政机关不能当场答复的,应当自收到申请之日起 15 个工作日内予以答复;如需延长答复期限的,应当经政府信息公开工作机构负责人同意,并告知申请人,延长答复的期限最长不得超过 15 个工作日。

申请公开的政府信息涉及第三方权益的,行政机关征求第三方意见所需时间不计算在本条第二款规定的期限内。

四、争议问题

本案主要的争议焦点为:被上诉人湖南省教育考试院是否履行了信息公开的法定职责,即其作出的《关于张义同志申请政府信息公开的答复》是否符合法律规定?

五、简要评论

本案中张义申请公开的信息主要涉及 2014 年湖南省高考语文和文综科目的三方面:(1) 语文科命题人员名单、命题及评分程序和"作文"评分标准;(2) 语文卷评分情况;(3) 文综第 25 题评分标准答案的依据和理由。那么这些信息是如何定性的?关乎着每个学生命运的高考,相关命题、评分标准等信息公众是否有权知道?众所周知,国家对高考考务工作的管理极其严格,根据教育部会同国家保密局制订的《教育工作中国家秘密及其密级具体范围的规定》第三条第(三)项和教育部办公厅颁布的《普通高等学校招生全国统一考试评卷工作考务管理办法》第三条的规定,命题人员名单、命题程序、评分标准均属于秘密级事项。而根据《政府信息公开条例》第十四条第四款的规定,"行政机关不得公开涉及国家秘密、商业秘密、个人隐私的政府信息"。本案中,显然张义申请公开的第一项内容中除"评分程序"外的其他部分均属于国家秘密,不能公开。而张义申请被告湖南省教育考试院公开的第二项内容及第一项中的"评分程序",湖南省教育考试院都已经按照法定程序予以公开。至于原告张义申请被告公开的第三项内容,也存在申请主体错误问题。2014 年湖南省高考使用的文科综合试卷由教育部考试中心统一命题,试卷答案及评分参考也是由教育部考试中心统一提供,因此该试卷试题答案的依据和理由依法不属于被告湖南省教育考试院公开。

此外,我们再对湖南省教育考试院履职情况进行一番审查。首先是答复期限问题。原告张义于 2014 年 7 月 14 日向湖南省教育考试院提出相关信息的公开申请,被告湖南省教育考试院于 2014 年 7 月 23 日对原告作出《关于张义同志申请政府信息公开的答复》,并于当天按照原告提交申请时所留地址邮寄给原告,符合《政府信息公开条例》第二十四条第二款规定的期限。其次是告知说明义务的履行问题。根据《政府信息公开条例》第二十一条第(二)项的规定"属于不予公开范围的,应当告知申请人并说明理由"。针对张义提出的三方面申请信息公开内容,被告湖南省教育考试院对不予公开的原因分别作了详尽说明。张义对文综第 25 题评分标准答案的依据和理由等是否属于国家秘密仍然质疑。根据教育部相关规章及其规范性文件的规定,虽然对此没有明确的表述,但既然评分标准属于国家秘密级事项,那么把评分标准答案的依据和理由归于秘密级范畴,并无不当。因而湖南省教育考试院可谓履行了信息公开的法定职责。综上,二审法院在查明事实,厘清案件后判决驳回张义上诉请求,维持原判是合法合理的。

案例 4-13　郭卫诉中华人民共和国台州海关政府信息公开案

一、基本案情

2016年3月9日,郭卫以生产、生活需要为由,通过网络向中华人民共和国台州海关政府提出政府信息公开申请,要求其书面公开椒江解放南路台州海关职工宿舍楼临街自行车房一至三层营业用房2010年至2015年每年租金收入及支出明细等相关政府信息,指定提供方式为纸质版,获取信息的方式为邮寄。2016年4月21日,被告作出答复,并以邮递和电子邮件的方式向郭卫送达。郭卫不服被告作出的答复,向台州市中级人民法院提起行政诉讼。台州市中级人民法院判决撤销信息公开答复并限期重新答复。

而后,被告在"中国台州"网站上主动公开了涉案房屋2014—2015年的建设、维修改造、使用、运行费用支出等情况,被告于同日向郭卫邮寄公开答复,告知郭卫于2016年8月31日前向被告提供相关证明材料,用以说明申请获取信息与其自身生产、生活、科研等特殊需要相关。2016年9月1日,被告对郭卫于2016年3月9日提出的政府信息公开申请重新作出答复。郭卫不服,认为被告以同一事实和理由作出台关公复〔2016〕2号《海关政府信息公开申请答复书》,作出的行政行为与原行政行为相同,告知郭卫不予提供。根据《中华人民共和国行政诉讼法》有关规定,被告不得以同一事实和理由作出与原行政行为基本相同的行政行为。被告的行政行为侵犯了郭卫的合法权益。遂原告再次诉至法院。

二、诉讼过程

第二次诉讼过程中,台州市中级人民法院在审理过程中重点审查了相应的实施情况,经过审理,台州市中级人民法院认为被告所作公开行为符合法律规定,原告应当补足相应的申请材料,遂判决驳回原告郭卫的诉讼请求。

三、关联法条

《中华人民共和国海关政府信息公开办法》

第十六条　公民、法人或者其他组织依照本办法第十三条规定申请获取海关政府信息的,应当填制《海关政府信息公开申请表》(格式见附件)或者以其他书面形式(包括数据电文形式)向海关提出申请。采用书面形式确有困难的,申请人可以口头提出申请,由受理该申请的海关代为填写《海关政府信息公开申请表》,并交申请人核对或者向其宣读后,由申请人签字或者盖章确认。

海关政府信息公开申请应当包括下列内容：
（一）申请人的姓名或者名称、联系方式；
（二）申请公开的海关政府信息的内容描述；
（三）申请公开的海关政府信息的形式要求。

公民、法人或者其他组织向海关申请公开海关政府信息的，海关可以要求申请人提供相关证明材料，用以说明申请获取海关政府信息与其自身生产、生活、科研等特殊需要相关。

《中华人民共和国政府信息公开条例》
第九条　行政机关对符合下列基本要求之一的政府信息应当主动公开：
（一）涉及公民、法人或者其他组织切身利益的；
（二）需要社会公众广泛知晓或者参与的；
（三）反映本行政机关机构设置、职能、办事程序等情况的；
（四）其他依照法律、法规和国家有关规定应当主动公开的。

四、争议问题

本案的争议问题在于中华人民共和国台州海关要求郭卫提供证明材料说明其要求公开的信息与其生产、生活、科研需要有关系，是否合法？

五、简要评论

本案中，原告郭卫要求被告台州海关政府公开的是椒江解放南路台州海关职工宿舍楼临街自行车房一至三层营业用房2010年至2015年每年租金收入及支出明细等相关政府信息。在台州市中级人民法院作出（2016）浙10行初101号行政判决后，被告已于2016年8月23日在"中国台州"网站上主动公开了《中华人民共和国海关政府信息公开办法》施行后的2014—2015年涉案房屋的建设、维修改造、使用、运行费用支出等情况。从原告的申请内容看，其知晓涉案房屋用于出租这一使用情况，其要求被告公开的系涉案房屋2010—2015年的租金收入及支出明细。然而《中华人民共和国政府信息公开条例》第九条规定："行政机关对符合下列基本要求之一的政府信息应当主动公开：（一）涉及公民、法人或者其他组织切身利益的；（二）需要社会公众广泛知晓或者参与的；（三）反映本行政机关机构设置、职能、办事程序等情况的；（四）其他依照法律、法规和国家有关规定应当主动公开的。"根据该规定租金收入及支出明细信息不属于被告应当主动公开的政府信息。

关于被告要求原告提供材料用以说明申请获取信息与其自身生产、生活、科研等特殊需要相关是否合法的问题，根据《中华人民共和国海关政府信息公开办法》第十六条第三款规定，公民、法人或者其他组织向海关申请公开海关政府信息的，海关可以要求申请人提供相关证明材料，用以说明申请获取海关政府信息与其自身生产、生活、科研等特殊需要相关。《国务院办公厅关于施行〈中华人民共和国政府信息公开条例〉若干问题的意见》规定,行政机关对申请人申请公开与本人生产、生活、科研等特殊需要无关的政府信息,可以不予提供。本案被告要求原告说明申请获取信息与其生产、生活、科研特殊需要相关,而原告不能合理说明申请获取政府信息系根据自身生产、生活、科研等特殊需要,故被告据此不予提供涉案房屋的租金收入及支出明细信息符合法律规定。

案例 4-14　郭伙佳诉佛山市南海区国土城建和水务局政府信息公开案

一、基本案情

2014年2月14日,郭伙佳向佛山市南海区国土城建和水务局(以下简称"南海国土局")提交了19份"佛山市南海区国土城建和水务局政府信息公开申请表"及其身份证,申请南海国土局公开对应的原南海市国土局申请的"建设用地协议书(1998年3月28日签订)"。郭伙佳在上述政府信息公开申请表中"所需政府信息用途"一栏处选择"自身生活需要"及"自身生产需要"。2014年3月7日,南海国土局决定对郭伙佳上述19份政府信息公开申请延期至2014年3月28日前作出答复。同年3月27日,南海国土局作出《关于政府信息公开补正申请告知书》,告知郭伙佳补充提供申请公开的政府信息与其自身生产、生活、科研等特殊需要有关的关联性证明;次日,南海国土局将该补正申请告知书邮寄给郭伙佳。同年4月1日,郭伙佳向南海国土局发出告知书,告知南海国土局其要求公开的19份政府信息是政府征用土地和使用土地,属《政府信息公开条例》第九条、第十条、第十一条、第十二条规定的行政机关主动公开的政府信息,无需补交提供特殊有关联性证明,凡是持三山东区、中区合法居民身份证的都有权申请公开此19份政府信息。南海国土局收到郭伙佳的告知书后,于2014年4月4日,答复郭伙佳:其提出申请公开的政府信息与其自身生产、生活、科研等特殊需要没有关联性,不予公开。南海国土局于2014年4月4日将上述答复邮寄给郭伙佳,郭伙佳于同月11日收到。郭伙佳不服,于2014年4月16日向法院提起行政诉讼。

二、诉讼过程

一审法院经审理认为被告在本案中对郭伙佳所提出的政府信息公开申请没有超出法定期限要求,所作答复也符合法律规定,因此判决驳回郭伙佳的诉讼请求。郭伙佳不服提起上诉,二审法院判决驳回上诉,维持原判。

三、关联法条

《中华人民共和国政府信息公开条例》

第十一条　设区的市级人民政府、县级人民政府及其部门重点公开的政府信息还应当包括下列内容：

（一）城乡建设和管理的重大事项；

（二）社会公益事业建设情况；

（三）征收或者征用土地、房屋拆迁及其补偿、补助费用的发放、使用情况；

（四）抢险救灾、优抚、救济、社会捐助等款物的管理、使用和分配情况。

第十三条　除本条例第九条、第十条、第十一条、第十二条规定的行政机关主动公开的政府信息外，公民、法人或者其他组织还可以根据自身生产、生活、科研等特殊需要，向国务院部门、地方各级人民政府及县级以上地方人民政府部门申请获取相关政府信息。

四、争议问题

本案的争议的焦点有二：一是原告申请公开的政府信息是否属于政府主动公开的信息范围，无需适用"三需要"的原则予以审查？二是被告适用"三需要"原则对上诉人申请公开的政府信息不予公开的理由是否成立？

五、简要评论

针对第一个问题，关于原告申请公开的政府信息是否属于政府主动公开的信息范围的问题。原告认为其向被告申请公开的建设用地协议书是原南海市国土局与被征地单位签署的协议，属于征地批文的依据材料，根据《中华人民共和国政府信息公开条例》第十一条的规定，属于被告主动公开的内容，无需适用"三需要"的原则予以审查。在本案中，原告向被告申请公开的建设用地协议书是原南海市国土局与被征地单位签署的征地补偿协议，根据《中华人民共和国政府信息公开条例》第十一条第（三）项的规定，原告申请公开的上述政府信息确实属于行政机关应当主动公开的信息范畴。但涉案征地补偿协议均产生于20世纪90年代，而《政府信息公开条例》施行于2008年5月1日，故原告获取上述政府信息，应适用依申请公开渠道，而不适用被告主动公开方式。根据《政府信息公开条例》第十三条及《国务院办公厅关于施行〈中华人民共和国政府信息公开条例〉若干问题的意见》第五条第（十四）项的规定，原告向行政机关依申请公开上述政府信息，被告需适用"三需要"原则对原告申请公开的政府信息予以审查。原告认为本案申请公开的政府信息无需适用"三需要"的原则予以审查的理由不成立。

针对第二个问题，关于被告适用"三需要"原则对原告申请公开的政府信息不予公开的理由是否成立的问题。在本案中，原告在提出政府信息公开申请时，仅提交了19份政府信息公开申请表及其身份证，并在上述申请表中"所需政府信息用途"一栏处选择"自身生活需要"及"自身生产需要"，但没有提交其他材料证明其申请获取的政府信息与其本人生产、生活等特殊需要具有关联性，且经被告告知其补充提交后亦没有提交。原告认为其提供的本人身份证可以证明原告是被征收土地范围内的居民，申请公开涉案土地的建设用地协议书与其生产、生活具有关联性。事实上，原告提交的本人身份证，仅能证明其是申请信息公开的建设用地协议书中被征收集体土地范围内的居民,并不足以证明原告是涉案政府信息所对应集体土地的相关权益人。故被告以原告申请政府信息公开时所提供的材料不符合"三需要"的相关规定为由不予公开并无不当。原告仅凭身份证就要求被告对其申请公开的政府信息予以公开理据不足。

案例 4–15　刘红刚诉济南市人民政府国有资产监督管理委员会政府信息公开案

一、基本案情

2012年3月23日,原告刘红刚向被告济南市人民政府国有资产监督管理委员会(以下简称"济南市国资委")提交了《申请原济南汽车配件厂改制信息公开》,要求被告济南市国资委向其公开包括某规范性文件、某批复、某补偿说明、某债务处理方案、某产权交割协议等在内的十五项政府信息公开申请。被告济南市国资委于4月10日向原告作出告知书:某规范性文件、某补偿说明可供查阅,不再另行答复;某批复1为其他部门制作,建议原告向该部门索取;某批复2、某债务处理方案经查不存在;某产权交割协议因涉及第三方,经询问第三方未同意予以公开。原告对被告所作告知书不服,依法向法院提起诉讼,请求撤销被告所作告知书,并判令被告对相应政府信息按照请求予以公开。

二、诉讼过程

一审法院经审理认为,某规范性文件、某补偿说明为依法应当主动公开的政府信息,被告根据《政府信息公开条例》有关规定已经予以公开,并在告知书中答复了获取信息的方式、途径,因此并无不当;某批复1非被告制作或保存,并且被告已经告知了原告所需信息的部门和方式,亦无不妥;某批复2和某债务处理方案不存在,被告所作答复符合法律法规的有关规定和一般社会认知,无不当;被告将某产权交割协议认定为商业秘密不予公开不符合法律规定,依法对告知书中相应答复予以撤销。

三、关联法条

《中华人民共和国政府信息公开条例》

第十四条第四款　行政机关不得公开涉及国家秘密、商业秘密、个人隐私的政府信息。但是,经权利人同意公开或者行政机关认为不公开可能对公共利益造成重大影响的涉及商业秘密、个人隐私的政府信息,可以予以公开。

第二十一条　对申请公开的政府信息,行政机关根据下列情况分别作出答复:

(一)属于公开范围的,应当告知申请人获取该政府信息的方式和途径;

(二)属于不予公开范围的,应当告知申请人并说明理由;

(三)依法不属于本行政机关公开或者该政府信息不存在的,应当告知申请人,对能

够确定该政府信息的公开机关的,应当告知申请人该行政机关的名称、联系方式;

(四)申请内容不明确的,应当告知申请人作出更改、补充。

第二十三条　行政机关认为申请公开的政府信息涉及商业秘密、个人隐私,公开后可能损害第三方合法权益的,应当书面征求第三方的意见;第三方不同意公开的,不得公开。但是,行政机关认为不公开可能对公共利益造成重大影响的,应当予以公开,并将决定公开的政府信息内容和理由书面通知第三方。

四、争议问题

本案中的争议焦点在于:(1)被告济南市国资委就某规范性文件、某补偿说明所作出的告知是否妥当?(2)被告济南市国资委对某产权交割协议的处理是否妥当?

五、简要评论

针对本案的第一个争议焦点,原告申请人通过政府信息公开申请的方式要求被告济南市国资委公开某规范性文件和某补偿说明,并将该公开的方式限制为书面、查阅或复制,后在行政复议阶段变更为要求提供文件以供复印;被告对其所提交的申请审查后表示相关文件事实存在,告知其查阅方式和途径。根据《政府信息公开条例》第二十一条的规定,被告在审查后对属于公开范围的信息,告知了申请人获取该政府信息的方式和途径,本无争议之处。但是,申请人要求被告提供的方式为提供文件以供复印,被告作出的答复仅为查阅,二者存在一定的偏差,申请人即以此为由对该行为提起诉讼。根据《政府信息公开条例》第二十六条规定,无法按照申请人要求的形式提供政府信息的,可以通过安排申请人查阅相关资料、提供复制件或者其他适当方式提供。实践中,为降低行政成本,对一些所涉及的信息量过于庞大的政府信息,行政机关往往希望通过电子数据的形式进行公开;有些以图纸为载体的政府信息,有时难以用书面的形式复制,行政机关往往希望用较为便捷的方式提供。而一些当事人基于种种原因,不愿意接受行政机关所推荐的政府信息公开形式。此时就需要对当事人拒绝的理由进行合理性审查。如果行政机关确实无法采用申请人申请公开的方式公开相关信息,且其推荐采用的信息公开方式能够保证申请人及时了解相关信息的,申请人拒绝接受行政机关所推荐的信息公开方式,应认定行政机关可以拒绝公开相关信息。如果行政机关确实无法采用申请人申请公开的方式公开相关信息,但其推荐的方式又不能保证申请人及时获取相关信息的,申请人如拒绝行政机关推荐的信息公开方式,则行政机关不得以此为由拒绝公开相关信息,否则法院应认定被诉行政行为因缺乏事实依据而违法。在本案中,被告就申请人提出的政府信息公开申请审查后提供了查阅方式和途径,虽然与申请人申请公开的方式不完全相同,但是该方式同样能够保证申请人及时获取有关信息,应当认为达到了公开政府信息的目的,该公开行为无不妥之处。

在本案的第二个争议焦点中,原告申请人请求被告济南市国资委公开其与第三方之间签订的某产权交割协议,被告认为该产权交割协议为民事协议,遂以其牵涉到第三方,应询问第三方是否同意予以公开,后经询问后以该第三方不同意公开为由拒绝提供该信息。《政府信息公开条例》第十四条第三款和第二十三条的规定,"行政机关认为申请公开的政府信息涉及商业秘密、个人隐私,公开后可能损害第三方合法权益的,应当书面征求第三方的意见;第三方不同意公开的,不得公开……"。依照该规定,当且仅当申请公开的政府信息涉及商业秘密或者个人隐私并且公开后可能损害第三方合法权益的情形下,才应当书面征求第三方意见,而并非所有涉及第三方民事权利义务的政府信息都应当征求第三方意见。被告济南市国资委作出的告知书认定有关信息属于一般民事合同并涉及第三方,并未认定涉及商业秘密、个人隐私,且根据判决书中所披露信息显示,在庭审中从被告提交证据的情况来看,亦无证据证明其涉及第三方商业秘密或者个人隐私。故应当认为,被告对某产权交割协议的处理方式不妥。

案例4-16 夏欣诉国家卫生和计划委员会信息公开上诉案

一、基本案情

2015年2月11日,夏欣通过电子邮件向中华人民共和国国家卫生和计划委员会(以下简称"国家卫计委")提交了"国家卫生计生委政府信息公开申请表",申请公开国家卫计委2010—2014年收到的各个重大、特大医疗质量安全事件的完整报告及其统计、汇总等信息。被告根据原告申请时提交的材料,进行审核后于2015年3月10日向原告作出了政府信息公开答复,根据《政府信息公开条例》第二条、第八条、第二十一条第二款的规定,以"医疗质量安全事件数据信息公开,可能会对居民就医产生误导,影响到居民的医疗救治,从而影响公共安全;公开此类数据,会对医疗服务业行业产生负面影响,对行业的管理不利,甚至会加剧医患矛盾,影响社会稳定;医疗质量安全事件的信息还涉及患者隐私。依据《政府信息公开条例》第八条,行政机关公开政府信息,不得危及国家安全、公共安全、经济安全和社会稳定"为由不予公开。夏欣对此不服,向北京市第一中级人民法院提起诉讼。

二、诉讼过程

一审法院审理认为国家卫生和计划生育委员会所作出的不予公开的行政行为合法,判决驳回夏欣的诉讼请求。夏欣不服一审判决,提起上诉,二审判决维持原判,驳回上诉。

三、关联法条

《中华人民共和国政府信息公开条例》

第八条 行政机关公开政府信息,不得危及国家安全、公共安全、经济安全和社会稳定。

第二十一条　对申请公开的政府信息,行政机关根据下列情况分别作出答复:

(一)属于公开范围的,应当告知申请人获取该政府信息的方式和途径;

(二)属于不予公开范围的,应当告知申请人并说明理由;

(三)依法不属于本行政机关公开或者该政府信息不存在的,应当告知申请人,对能够确定该政府信息的公开机关的,应当告知申请人该行政机关的名称、联系方式;

(四)申请内容不明确的,应当告知申请人作出更改、补充。

《最高人民法院关于审理政府信息公开行政案件若干问题的规定》

第十二条　有下列情形之一,被告已经履行法定告知或者说明理由义务的,人民法院应当判决驳回原告的诉讼请求:

(一)不属于政府信息、政府信息不存在、依法属于不予公开范围或者依法不属于被告公开的;

(二)申请公开的政府信息已经向公众公开,被告已经告知申请人获取该政府信息的方式和途径的;

(三)起诉被告逾期不予答复,理由不成立的;

(四)以政府信息侵犯其商业秘密、个人隐私为由反对公开,理由不成立的;

(五)要求被告更正与其自身相关的政府信息记录,理由不成立的;

(六)不能合理说明申请获取政府信息系根据自身生产、生活、科研等特殊需要,且被告据此不予提供的;

(七)无法按照申请人要求的形式提供政府信息,且被告已通过安排申请人查阅相关资料、提供复制件或者其他适当形式提供的;

(八)其他应当判决驳回诉讼请求的情形。

四、争议问题

本案的争议焦点问题为:国家卫计委能否以夏欣申请公开的医疗质量安全事件数据信息不符合"三安全一稳定"的规定而不予公开?

五、简要评论

本案争议焦点所牵涉的是《政府信息公开条例》第八条的规定:行政机关公开政府信息不得危及国家安全、公共安全、经济安全和社会稳定。而这一规定简称为"三安全一稳定"。实践中,当事人申请政府信息公开因不符合"三安全一稳定"的规定而引发的行政诉讼案件很多,其关键是对于"三安全一稳定"的理解。

本案中,原告夏欣向被告国家卫计委申请公开其于2010—2014年收集到的各个重大、特大医疗质量安全事件的完整报告及其统计、汇总等信息。据此,我们可以做一个客观的分析:这些信息是否符合"三安全一稳定"的规定。首先是公共安全方面。医疗质量安全事件的发生除了与医疗水平有关联,此外还与患者就诊量、疾病种类有一定的关系。如果将医疗质量安全事件数据信息公开,的确可能会对居民就医产生误导,影响居民的医疗救治,进而影响公共安全。其次是社会稳定方面。众所周知,由于医疗机构管理水平及医疗服务质量存在的瑕疵、医患双方沟通不足等原因,当前的医患矛盾十分严峻,暴力伤医事件频发。而夏欣申请公开医疗质量安全事件数据信息,不难想象此类数据一旦公开,势必会对医疗服务业行业产生负面影响,不利于行业的管理,从而加剧医患矛盾,影响社会稳定。因而,从这两个角度来看,国家卫计委以夏新的申请不符合"三安全一稳定"的规定是合法合理的。当然,我们也可以从隐私保护的角度去分析。根据《政府信息公开条例》第十四条第四款的规定"行政机关不得公开涉及国家秘密、商业秘密、个人隐私的政府信息。但是,经权利人同意公开或者行政机关认为不公开可能对公共利益造成重大影响的涉及商业秘密、个人隐私的政府信息,可以予以公开",在本案中,显然如果将夏欣申请的医疗质量安全数据信息予以公开,将不可避免地导致相关患者的个人身份信息、病史、医疗情况等比较隐私的信息泄露,对患者工作、生活等将造成不可逆转的伤害。而且本案中不公开夏欣申请的医疗质量安全数据信息也不涉及《政府信息公开条例》后半段所规定的可能对公共利益造成重大影响。从这一角度来看,国家卫计委不予公开医疗质量安全事件数据信息也是有法有据的。

当然,我们在关注实质正义的同时,也不能忽视了程序正义。在本案中,我们同样需要审查国家卫计委所作出的行政行为是否程序合法。首先是答复的期限。根据《政府信息公开条例》第二十四条第二款的规定"行政机关不能当场答复的,应当自收到申请之日起15个工作日内予以答复;如需延长答复期限的,应当经政府信息公开工作机构负责人同意,并告知申请人,延长答复的期限最长不得超过15个工作日",本案中,国家卫计委于2月11日收到夏欣通过电子邮件提交的"国家卫生计生委政府信息公开申请表",并于3月10日进行正式答复。但因法定事由其在规定期限内曾向原告夏欣提交了延期答复告知书,因此期限方面完全合法。其次是告知义务的履行。《政府信息公开条例》第二十一条第(二)项明确规定"属于不予公开范围的,应当告知申请人并说明理由"。本案中,国家卫计委在给夏欣的答复中从公共安全、社会稳定、个人隐私等角度详细阐明了其不予答复的原因,履行了其应尽的告知义务。综上,我们不难得出国家卫计委所作出的不予公开医疗质量安全事件数据信息的行政行为是合法的。

案例 4-17　衡立忠诉北京市规划委员会行政公开案

一、基本案情

原告衡立忠房屋位于北京市海淀区某房屋,北京市东钓鱼台建设项目部在东钓鱼台启动国家重点综合科研项目拆迁项目,衡立忠的房屋位于拆迁范围内。因此原告衡立忠向被告北京市规划委员会(以下简称"市规委")申请公开国家重点综合科研项目建设用地规划许可证、附图、附件政府信息,被告市规委向衡立忠作出市规划委〔2013〕告知书(以下简称"被诉告知书"),称衡立忠申请获取的信息涉及公开可能危及国家安全、公共安全、经济安全、社会稳定,故决定不予公开。原告衡立忠认为被告作出的被诉告知书违法。根据《政府信息公开条例》《城乡规划法》及相关拆迁法律、法规之规定,市规委作为制作、获取衡立忠所申请信息的政府部门,应当对衡立忠所申请获取的政府信息予以公开,且该信息不涉及公开可能危及国家安全、公共安全、经济安全、社会稳定的情形,市规委对衡立忠申请获取的政府信息不予公开行为违法。被告认为原告所申请信息涉及驻京部队建设项目,其一旦对社会公开可能严重影响国家安全、公共安全、经济安全和社会稳定,遂决定不予公开。原告衡立忠不服被告北京市规划委员会于2013年11月25日作出的市规划委〔2013〕告知书,向北京市西城区人民法院提起行政诉讼。

二、诉讼过程

北京市西城区人民法院依法组成合议庭,公开开庭审理了本案。法院经审查认为:原告衡立忠的申请获取的"国家重点综合科研项目建设用地规划许可证附图附件(建设单位:北京市东钓鱼台建设项目部)"政府信息涉及驻京部队建设项目,一旦公布可能危及国家安全、公共安全、经济安全和社会稳定,属于不予公开的政府信息范围,被告北京市规划委员会的答复决定不存在违反政府信息公开法律规范的情形。遂判决驳回原告的诉讼请求。

三、关联法条

《中华人民共和国政府信息公开条例》

第八条 行政机关公开政府信息,不得危及国家安全、公共安全、经济安全和社会稳定。

第二十一条 对申请公开的政府信息,行政机关根据下列情况分别作出答复:

(一)属于公开范围的,应当告知申请人获取该政府信息的方式和途径;

(二)属于不予公开范围的,应当告知申请人并说明理由;

(三)依法不属于本行政机关公开或者该政府信息不存在的,应当告知申请人,对能够确定该政府信息的公开机关的,应当告知申请人该行政机关的名称、联系方式;

(四)申请内容不明确的,应当告知申请人作出更改、补充。

《最高人民法院关于审理政府信息公开行政案件若干问题的规定》

第十二条第(一)项 有下列情形之一,被告已经履行法定告知或者说明理由义务的,人民法院应当判决驳回原告的诉讼请求:

(一)不属于政府信息、政府信息不存在、依法属于不予公开范围或者依法不属于被告公开的。

四、争议问题

本案争议焦点主要为：原告信息是否属于可能影响"三安全一稳定"的情况，被告不予公开的决定是否正确？

五、简要评论

本案事实清楚，北京市东钓鱼台建设项目部在东钓鱼台启动国家重点综合科研项目拆迁项目，原告衡立忠因其房屋在拆迁范围内，因此申请公开该项目，被告北京市规划委员会认为该信息涉及驻京部队建设项目，一旦公布可能危及国家安全、公共安全、经济安全和社会稳定，遂决定不予公开。法院支持了被告的观点，认为被告北京市规划委员会的答复决定不存在违反政府信息公开法律规范的情形，因此判决驳回原告的诉讼请求。

该案透视的是我国信息公开制度中"三安全一稳定"这一规定，即《政府信息公开条例》第八条的规定：行政机关公开政府信息，不得危及国家安全、公共安全、经济安全和社会稳定。但究竟何者属于国家安全、社会安全、经济安全和社会稳定，信息公开条例并没有规定，这就造成"三安全一稳定"的范围难以把握，也留给了承担信息公开的政府机关很大的裁量余地，此举很容易造成政府信息公开机构以"三安全一稳定"为由拒绝公开本属于可以公开的政府信息，即"三安全一稳定"容易成为政府不公开政府信息的"口袋"。对于此，有人认为"三安全一稳定信息"（公开后可能危及国家安全、公共安全、经济安全和社会稳定的信息）作为不确定法律概念，涵盖的信息范围过于宽泛，且与国家秘密等制度之间存在竞合关系，没必要单独列举。

随着我国法制建设的不断完善，"三安全一稳定"也在不断完善构建中，如 2015 年 7 月 1 日，我国新的《中华人民共和国国家安全法》实施，该法一大亮点就是界定了"国家安全"的概念，即国家安全是指国家政权、主权、统一和领土完整、人民福祉、经济社会可持续发展和国家其他重大利益相对处于没有危险和不受内外威胁的状态，以及保障持续安全状态的能力。该条规定为我国在审理涉及国家安全的政府信息公开申请案件提供了很好的判断标准。但是究竟何为公共安全、何谓经济安全与社会稳定，我国在实践中并没有一个衡量的标准或范围，仍然依靠的是行政机关与法院的自由裁量。

在我国的实践中，还存在一些关于信访突出问题以及一些群体性事件的信息公开申请，这类信息往往被定义为敏感信息，由于敏感信息具有敏感性，行政机关或其他公开主体对此类信息的处理往往偏于保守，甚至倾向于不公开此类信息。但是敏感信息不能等同于定密信息。定密信息是法定不予公开的事项，而敏感信息则需要业务部门根据具体情况具体分析。这即是"三安全一稳定"因欠缺一定的范围和标准界定，导致实践中适用混乱的情况。

案例 4-18　赵青霞诉北京市规划委员会规划管理信息公开案

一、基本案情

2014 年 3 月 10 日，赵青霞向北京市规划委员会（以下简称"市规委"）提交了政府信息公开申请表，要求北京市规划委员会公开京规函〔2011〕992 号《关于通州地表水厂选址及配套供水干线规划方案的批复》（以下简称《批复》）。北京市规划委员会于 2014 年 3 月 19 日对赵青霞作出告知书。在告知书中，北京市规划委员会提到因赵青霞申请获取的政府信息涉及公开可能危及国家安全、公共安全、经济安全、社会稳定，根据《政府信息公开条例》的相关规定因此对其申请获取的信息不予公开。赵青霞收到告知书后不服，提出行政复议申请，住房和城乡建设部作出行政复议决定书，维持了告知书。赵青霞遂向法院起诉。

二、诉讼过程

一审中，赵青霞向法院诉称在其他案件诉讼中，北京市通州区台湖镇铺头村村民委员会将《批复》作为证据向北京市通州区人民法院提交，故公开《批复》不可能危及国家安全、公共安全、经济安全、社会稳定。一审法院在审理查明事实后判决驳回了赵青霞的诉讼请求。赵青霞不服提起上诉，二审法院在认定一审法院审理查明的事实基础上，最终维持了一审判决，驳回了赵青霞的上诉。

三、关联法条

《中华人民共和国政府信息公开条例》

第四条　各级人民政府及县级以上人民政府部门应当建立健全本行政机关的政府信息公开工作制度，并指定机构（以下统称政府信息公开工作机构）负责本行政机关政府信息公开的日常工作。

政府信息公开工作机构的具体职责是：

（一）具体承办本行政机关的政府信息公开事宜；

（二）维护和更新本行政机关公开的政府信息；

（三）组织编制本行政机关的政府信息公开指南、政府信息公开目录和政府信息公开工作年度报告；

（四）对拟公开的政府信息进行保密审查；

（五）本行政机关规定的与政府信息公开有关的其他职责。

第八条　行政机关公开政府信息，不得危及国家安全、公共安全、经济安全和社会稳定。

《最高人民法院关于审理政府信息公开行政案件若干问题的规定》

第五条　被告拒绝向原告提供政府信息的，应当对拒绝的根据以及履行法定告知和说明理由义务的情况举证。

因公共利益决定公开涉及商业秘密、个人隐私政府信息的,被告应当对认定公共利益以及不公开可能对公共利益造成重大影响的理由进行举证和说明。

被告拒绝更正与原告相关的政府信息记录的,应当对拒绝的理由进行举证和说明。

被告能够证明政府信息涉及国家秘密,请求在诉讼中不予提交的,人民法院应当准许。

被告主张政府信息不存在,原告能够提供该政府信息系由被告制作或者保存的相关线索的,可以申请人民法院调取证据。

被告以政府信息与申请人自身生产、生活、科研等特殊需要无关为由不予提供的,人民法院可以要求原告对特殊需要事由作出说明。

原告起诉被告拒绝更正政府信息记录的,应当提供其向被告提出过更正申请以及政府信息与其自身相关且记录不准确的事实根据。

四、争议问题

本案的争议焦点问题有两个:第一,赵青霞申请公开北京市规划委员会的《批复》是否危及国家安全、公共安全、经济安全、社会稳定?第二,北京市规划委员会所作出的不予公开《批复》的行政行为是否程序合法?

五、简要评论

针对本案的第一个争议焦点,我们可以从《批复》的性质及其公开可能带来的影响进行简要分析,从而得出《批复》的公开是否会危机国家安全、公共安全、经济安全及社会稳定。本案中赵青霞要求公开的是京规函〔2011〕992号《关于通州地表水厂选址及配套供水干线规划方案的批复》,其属于政府信息,而此类政府信息定然关乎民生,与民众生活息息相关。当然,这并不意味着此类信息就一定能公开,其公开与否还必须考虑到"三安全一稳定"。那么在本案中,我们怎么去考量这一个要素呢?在学界,"三安全一稳定"历来受批评,因为其比较宏观,作为总则性的法律原则,很难把握它的标准。而在司法实践中,由于"三安全一稳定"的宽泛、好用,它也往往成为政府拒绝公开相关信息的法定理由。在赵青霞诉北京市规划委员会规划管理信息公开案中,我们或许可以从另一个角度去探讨这个问题:《批复》被作为证据在其他诉讼案件中使用。根据赵青霞向一审法院提供的证据,这个事实是被法院认定的。既然《批复》可以在一个公开审判的案件中被作为证据使用,其无疑是处于一种被公众知悉的状态,而这种状态下所产生的社会影响也是一目了然的。那么北京市规划委员会坚持认为的"公开《批复》会危及国家安全、公共安全、经济安全及社会稳定"理由似乎就不是那么充分了。

本案的第二个争议焦点是北京市规划委员会所作出的不予公开《批复》的行政行为是否程序合法。根据《政府信息公开条例》第二十一条第(二)项的规定"属于不予公开范围的,应当告知申请人并说明理由",本案中北京市规划委员会在告知书中明确提出"赵青霞申请公开的政府信息可能危及国家安全、公共安全、经济安全和社会稳定,故不予公开",这似乎已经说明了理由,一审法院也据此认为北京市规划委员会所作出的行政行为符合法律规定,而判决驳回了赵青霞的诉讼请求。然而仔细推敲,这样的理由似乎过于空洞,缺少合理的说明过程,直接得出结论。申请公开的信息不符合"三安全一稳定"的要求,判决认定难以令人信服。此外,根据《最高人民法院关于审理政府信息公开行政案件若干问题的规定》第五条第一款"被告拒绝向原告提供政府信息的,应当对拒绝的根据以及履行法定告知和说明理由义务的情况举证"。而在本案中北京市规划委员会的法定告知和说明义务履行得显然不到位,以具有原则性的"三安全一稳定"为拒绝公开的理由,而不对其作具体解释说明,实不可取。当然二审法院认识到了这一问题,在裁判中指出"市规委对所作《告知书》作出了一定证明和说明,但尚有不足"。

案件最后二审法院是以赵青霞在其他案件诉讼中已取得作为定案证据使用的《批复》复印件,其知情权已得到实现为由,而驳回上诉,维持一审判决的。但通过对两个争议焦点的分析,本案留给我们的思考还是很多的。其一,对"三安全一稳定"的理解和把握,法律规定得较为概括与原则,在适用时我们该如何把握它的度,是需要法律进一步细化规定,也需要理论学者进一步研究的。其二,行政机关应如何履行告知和说明义务。行政机关不予公开时,应给予相应的理由说明,否则行政机关就是违法的。

案例4-19 钱惊涛诉如皋市人民政府如城街道办事处政府信息公开案

一、基本案情

原如皋市如城镇人民政府,于2011年年底对其辖区内如皋市如城镇大明村163户房屋进行搬迁,并为此通过召开会议的形式设立百亿花木产业创意园项目搬迁指挥部,并以该指挥部为拆迁人与各被拆迁户签订房屋拆迁补偿安置协议。2014年5月15日,钱惊涛通过网络平台向被告如皋市人民政府如城街道办事处(以下简称"如城街道办")提出政府信息公开申请,以个人维权需要为由要求公开所有163户的拆迁补偿费用详细。如城街道办答复称经过书面征求意见,161户不愿意公开信息,故仅公开同意公开两人的相关信息。钱惊涛不服,向如皋市人民政府申请行政复议,并提交十多位同意公开信息的人员名单。如城街道办此时补充公开上述十多位人员的相关信息。如皋市人民政府复议维持。钱惊涛不服,向法院提起诉讼,请求确认如城街道办答复违法,并要求重新答复。

二、诉讼过程

一审法院判决:(1)撤销如城街道办作出的关于钱惊涛信息公开申请事项的答复及补充答复。(2)责令如城街道办于判决生效之日起15个工作日内对钱惊涛公开其申请公开的政府信息。钱惊涛不服一审判决，提起上诉。二审法院判决驳回上诉，维持一审判决。

三、关联法条

《中华人民共和国政府信息公开条例》

第二条　本条例所称政府信息，是指行政机关在履行职责过程中制作或者获取的，以一定形式记录、保存的信息。

第九条　行政机关对符合下列基本要求之一的政府信息应当主动公开：

（一）涉及公民、法人或者其他组织切身利益的；

（二）需要社会公众广泛知晓或者参与的；

（三）反映本行政机关机构设置、职能、办事程序等情况的；

（四）其他依照法律、法规和国家有关规定应当主动公开的。

第十四条　行政机关应当建立健全政府信息发布保密审查机制，明确审查的程序和责任。

行政机关在公开政府信息前，应当依照《中华人民共和国保守国家秘密法》以及其他法律、法规和国家有关规定对拟公开的政府信息进行审查。

行政机关对政府信息不能确定是否可以公开时，应当依照法律、法规和国家有关规定报有关主管部门或者同级保密工作部门确定。

行政机关不得公开涉及国家秘密、商业秘密、个人隐私的政府信息。但是，经权利人同意公开或者行政机关认为不公开可能对公共利益造成重大影响的涉及商业秘密、个人隐私的政府信息，可以予以公开。

第二十三条　行政机关认为申请公开的政府信息涉及商业秘密、个人隐私，公开后可能损害第三方合法权益的，应当书面征求第三方的意见；第三方不同意公开的，不得公开。但是，行政机关认为不公开可能对公共利益造成重大影响的，应当予以公开，并将决定公开的政府信息内容和理由书面通知第三方。

四、争议问题

本案争议问题有二：一是钱惊涛申请要求公开的信息是否属于规定的应予公开的政府信息？二是涉诉信息是否涉及商业秘密、个人隐私，是否存在公开后损害第三方合法权益的问题？

五、简要评论

关于争议问题一，《政府信息公开条例》第二条规定，所谓政府信息，是指行政机关在履行职责过程中制作或者获取的，以一定形式记录、保存的信息。因征地工作事关农民的切身利益，依据《中华人民共和国土地管理法》及相关法律法规的规定，征收农民土地要确保农民的知情权、参与权,市县国土资源部门应严格按照有关规定,在征地报批前、在依法办理相关的征地审批、确定征地补偿安置方案后,相关地方人民政府应予公告,并听取被征地农村集体经济组织和农民的意见。本案中涉及的如皋市如城镇大明村在如城街道办的行政辖区内,2011年10月,原如皋市如城镇人民政府以会议的形式决定设立百亿花木产业创意园项目搬迁指挥部,由该指挥部具体负责对原如皋市如城镇大明村163户的搬迁工作,并以拆迁人的名义与各被拆迁户签订房屋拆迁补偿安置协议。这表明在征用土地过程中所制作或保存的涉及征地、房屋拆迁及其补偿、补助费用发放、使用情况,属于如城镇人民政府在履行行政管理职责过程中形成或获取,并以一定形式记录并保存的信息,这些信息符合《政府信息公开条例》规定的政府信息的特征,属于政府信息。依照条例第十二条规定,乡(镇)人民政府应在其职责范围内主动并重点公开涉征收或者征用土地、房屋拆迁及其补偿、补助费用的发放、使用情况方面的信息。如城街道办作为上述信息的制作或保存机关依法应在其行政区域内以一定的形式主动公开上述信息。

关于第二个问题,即本案涉诉信息是否涉及商业秘密、个人隐私,是否存在公开后损害第三方合法权益的问题。如城街道办依据《政府信息公开条例》第二十三条规定,认为钱惊涛申请要求公开的信息涉及商业秘密、个人隐私,公开后可能损害第三方合法权益,故在书面征询各拆迁户意见后,对于不同意公开的被拆迁户信息不予公开。关于涉案信息是否涉及商业秘密,《政府信息公开条例》第十四条第四款规定,行政机关不得公开涉及国家秘密、商业秘密、个人隐私的政府信息,可见商业秘密、个人隐私和国家秘密一道被条例明确规定为政府信息公开的例外,但即便申请人要求公开的信息涉及商业秘密,依据《政府信息公开条例》规定精神,商业秘密并非不予公开的强制性的例外,也就是说,在政府信息公开的场合中,对商业秘密并非刻意、专门或绝对的保护。在所涉政府信息涉及商业秘密时,如权利人同意公开或者即便权利人不同意公开,但行政机关认为不公开可能对公共利益造成重大影响的,可以予以公开。对照上述规定,钱惊涛申请要求公开的"如皋花木大世界扩建工程涉及的如城街道大明居委会所属的163户拆迁户拆迁补偿费用明细",首先房屋拆迁补偿费用来源于如皋市如城镇人民政府财政;其次房屋拆迁补偿的使用、发放情况并不具有商业秘密的特征;最后即便上述信息涉及商业秘密,因房屋拆迁补偿费用涉及各被拆迁农民的切身利益,依据《政府信息公开条例》第九条第(一)、(二)项规定,涉及公民、法人或者其他组织切身利益的、需要社会公众广泛知晓或参与的,属于行政机关应当公开的政府信息;如城街道办也应公开涉诉信息。此外,关于钱惊涛申请要求公开的信息是否涉及个人隐私。所谓个人隐私,一般是指公民个人生活中不向公众公开的、不愿公众知悉的、与公共利益无关的个人信息。个人信息包括个人的身体信息、通信信息、社会信息及工作履历、奖惩记录、身份证和机动车号码等,上述信息均可纳入隐私范围。结合到本案,钱惊涛申请要求公开的房屋拆迁补偿费用,系拆迁人依照我国集体土地和国有土地房屋拆迁补偿标准的规定,在征收国家集体土地单位、个人的房屋时,拆迁人对各被拆迁户的具体补偿明细,并不涉及特定公民的个人信息,明显不属个人隐私。且《国有土地上房屋征收与补偿条例》等法律法规规范性文件明确规定,房屋征收与补偿应当遵循决策民主、程序正当、结果公开的原则。被告如城街道办以涉诉信息涉及个人隐私,故在被拆迁户不同意的情况下不予公开,明显不当。

案例4-20 北京北方国讯通讯有限责任公司诉北京市海淀区人民政府政府信息公开案

一、基本案情

2009年9月4日,原告北京北方国讯通讯有限责任公司向被告北京市海淀区人民政府提出政府信息公开申请,申请获取"海淀区政府与北京市五棵松文化体育中心有限公司2003年9月30日签订的《北京市海淀区人民政府与项目公司之间的五棵松体育中心开发协议》(以下简称《开发协议》)中有关征用海淀区玉渊潭农工商总公司所属的集体土地,土地地上物以及其他相关补偿信息"。被告受理上述申请后,认为《开发协议》涉及第三人利益,故于同年9月11日书面征求第三人意见,是否同意公开原告所申请公开的内容。同年9月16日,第三人书面函复被告,以《开发协议》第二十八条商定了对五棵松开发项目其他全部信息和文件予以保密,且处于保密有效期为由,要求被告履行《开发协议》要求,为此协议保密。2009年9月25日,被告作出海政公开字〔2009〕第33号-不告《政府信息不予公开告知书》(以下简称"不予公开告知书"),认为原告提出的政府信息公开申请涉及法律、法规及相关规定不予公开的其他情形,具体是第三方不同意公开。故根据《政府信息公开条例》相关规定,对原告申请获取的信息决定不予公开。原告不服被告的不予公开决定,向法院提起行政诉讼。

二、诉讼过程

一审法院认为被告作出的不予公开告知书缺乏事实及法律依据,依法应予撤销。判决撤销被告北京市海淀区人民政府所作出的不予公开告知书。被告机关不服,提起上诉。二审法院经审理,判决驳回上诉,维持一审判决。

三、关联法条

《中华人民共和国政府信息公开条例》

第十四条 行政机关应当建立健全政府信息发布保密审查机制,明确审查的程序和责任。

行政机关在公开政府信息前,应当依照《中华人民共和国保守国家秘密法》以及其他法律、法规和国家有关规定对拟公开的政府信息进行审查。

行政机关对政府信息不能确定是否可以公开时,应当依照法律、法规和国家有关规定报有关主管部门或者同级保密工作部门确定。

行政机关不得公开涉及国家秘密、商业秘密、个人隐私的政府信息。但是，经权利人同意公开或者行政机关认为不公开可能对公共利益造成重大影响的涉及商业秘密、个人隐私的政府信息，可以予以公开。

第二十三条　行政机关认为申请公开的政府信息涉及商业秘密、个人隐私，公开后可能损害第三方合法权益的，应当书面征求第三方的意见；第三方不同意公开的，不得公开。但是，行政机关认为不公开可能对公共利益造成重大影响的，应当予以公开，并将决定公开的政府信息内容和理由书面通知第三方。

四、争议问题

本案中争议问题为：北京市海淀区人民政府以第三方不同意公开信息为由作出《政府信息不予公开告知书》的行为是否合法？

五、简要评论

本案中，原告北京北方国讯通讯有限责任公司向被告北京市海淀区人民政府提出"海淀区政府与北京市五棵松文化体育中心有限公司2003年9月30日签订的《开发协议》中有关征用海淀区玉渊潭农工商总公司所属的集体土地，土地地上物以及其他相关补偿信息"政府信息公开申请。被告以第三方不同意公开为由拒绝公开。根据《政府信息公开条例》第十四条第四款规定，行政机关不得公开涉及国家秘密、商业秘密、个人隐私的政府信息。但是，经权利人同意公开或者行政机关认为不公开可能对公共利益造成重大影响的涉及商业秘密、个人隐私的政府信息，可以予以公开。《政府信息公开条例》第二十三条规定，行政机关认为申请公开的政府信息涉及商业秘密、个人隐私，公开后可能损害第三方合法权益的，应当书面征求第三方意见；第三方不同意公开的，不得公开。从上述规定可以发现，行政机关对涉及商业秘密的信息具有进行审查的法定职权，并对此负有举证责任。行政机关在不作审查的情况下，径行征求第三方意见，并以第三方不同意公开作为信息不予公开的理由，于法无据。而在本案中，被告在未经对可能涉及商业秘密的本信息进行审查的情况下，只是向第三方公司发送征询意见书，在得到第三方公司的要求保密的回复后，在不予公开告知书中明确其理由为：法律、法规及相关规定不予公开的其他情形，具体是第三方不同意公开。该理由显然不符合上述法律规定，被告以此为由对原告申请获取的信息不予公开，是缺乏法律依据的。

案例4-21　刘华琼诉恩施土家族苗族自治州人民政府、咸丰县人民政府政府信息公开案

一、基本案情

申请人于2013年11月2日向被申请人咸丰县人民政府申请获取"刘华琼吃空饷"

内容的政府信息,被申请人咸丰县人民政府在十五日的法定期限内未履行政府信息公开职责,逾期未答复。申请人又于2013年12月31日以邮寄方式向被申请人恩施土家族苗族自治州人民政府(以下简称"州人民政府")提起行政复议申请,被申请人州人民政府于2014年3月4日作出"驳回行政复议申请决定书"。申请人认为,被申请人州人民政府捏造咸丰县人民政府已履行相应法定职责的事实,决定驳回申请人行政复议申请的具体行政行为,违背了《中华人民共和国行政复议法》第四条、《政府信息公开条例》第五条、第六条、第十三条、第三十三条第二款之规定。为此,申请人依法提起诉讼,请求判决:(1)判决确定州人民政府不作出行政复议决定、不履行行政法定职责违法,判决撤销驳回行政复议申请决定书;(2)判决确定咸丰县人民政府不履行政府信息公开的具体行政行为违法,判令咸丰县人民政府依申请公开"刘华琼吃空饷"内容的政府信息。

二、诉讼过程

审理过程中,被申请人咸丰县人民政府辩称:(1)关于"刘华琼吃空饷"内容的政府信息,答辩人已经履行了公开职责;(2)咸丰县人民政府未侵犯申请人合法权益,申请人的诉讼请求不应当予以支持。法院审查认为原告要求判决确定被告不作出行政复议决定、不履行行政法定职责违法并撤销驳回行政复议申请决定书的诉讼请求,缺乏事实和法律依据,遂判决驳回原告的诉讼请求。原、被告双方均未上诉,一审判决生效。

三、关联法条

《中华人民共和国政府信息公开条例》

第九条 行政机关对符合下列基本要求之一的政府信息应当主动公开:

(一)涉及公民、法人或者其他组织切身利益的;

(二)需要社会公众广泛知晓或者参与的;

(三)反映本行政机关机构设置、职能、办事程序等情况的;

(四)其他依照法律、法规和国家有关规定应当主动公开的。

第十三条 除本条例第九条、第十条、第十一条、第十二条规定的行政机关主动公开的政府信息外,公民、法人或者其他组织还可以根据自身生产、生活、科研等特殊需要,向国务院部门、地方各级人民政府及县级以上地方人民政府部门申请获取相关政府信息。

《中华人民共和国行政诉讼法》(1990年施行,2014年修正;新版于2017年修正)

第六十九条 行政行为证据确凿,适用法律、法规正确,符合法定程序的,或者原告申请被告履行法定职责或者给付义务理由不成立的,人民法院判决驳回原告的诉讼请求。

四、争议问题

本案争议焦点问题为:被告对于原告所申请的"刘华琼吃空饷"内容的政府信息是

否已经公开,原告是否已经获知相关信息?

五、简要评论

首先,必须认定的是"刘华琼吃空饷"即刘华琼被列为吃"空饷"人员并被辞退的事实,涉及刘华琼的切身利益,该政府信息属必须主动公开并非依申请公开的范围,根据《政府信息公开条例》第九条第(一)项的规定:涉及公民、法人或者其他组织切身利益的政府信息应当主动公开。因此,该政府信息不属于《政府信息公开条例》第十三条的规定,"除本条例第九条、第十条、第十一条、第十二条规定的行政机关主动公开的政府信息外,公民、法人或者其他组织还可以根据自身生产、生活、科研等特殊需要,向国务院部门、地方各级人民政府及县级以上地方人民政府部门申请获取相关政府信息"。即原告的申请并不符合我国政府信息公开条例的规定。因此,该案的关键是审查政府是否对"刘华琼吃空饷"这一事关公民切身利益的政府信息主动公开,政府是否尽到了公开义务。根据本案事实,2006年10月26日,咸丰县机构编制委员会办公室作出《关于对机关事业单位财政供养人员吃"空饷"问题的处理意见》(附咸丰县清理机关事业单位财政供养人员吃"空饷"情况汇总表),将刘华琼列为吃"空饷"人员。2007年4月5日,咸丰县人事局作出《关于对机关事业单位吃"空饷"人员予以辞职、辞退处理的决定》,将刘华琼予以辞退。2007年10月25日,咸丰县人民政府在咸丰县财政与编制政务公开网上分别公示了上述处理意见和决定。此后,刘华琼因对此不服向县、州两级政府进行了信访,且州政府已经明确复核终结该信访事项的意见。刘华琼遂进行了政府信息公开申请,请求咸丰县人民政府依申请公开刘华琼吃"空饷"内容的政府信息,在所需信息的用途一栏中填写为:确定咸丰县人民政府批复批准刘华琼辞退的依据。被告咸丰县人民政府办公室于2014年1月10日对刘华琼作出《政府信息公开告知书》,该告知书载明:经查,您所申请公开的相关政府信息已于2007年10月25日在"咸丰县财政与编制政务公开网"公布,请您自行上网查询。刘华琼对此不服,向州政府进行了行政复议申请,州政府作出了驳回行政复议的申请,至此,刘华琼仍不服,向恩施土家族苗族自治州中级人民法院提起了诉讼。

结合案情分析可以认定,政府对刘华琼的政府信息公开申请处理正确,程序正当,符合《政府信息公开条例》的相关规定,并不不当之处。刘华琼从2007年开始信访后,就已经充分知晓其被列为吃"空饷"人员及辞退的事实经过,获取了相关政府信息。我国政府信息公开条例的立法功能之一,旨在保护公民、法人和其他组织依法获取其没有知晓的政府信息的权利。而本案原告在知晓并获取信息,且该信息已公开的前提下,仍然申请公开,是对权利的滥用,不符合立法精神。就本案来讲,刘华琼其实已经获知了相关政府信息,其最为关心的其实是行政机关对其处理的决定是否正确的问题,其是想借助信访和法院诉讼来审查该行政机关的处理决定,但这显然不属于该案所要处理的问题,也不属于政府信息公开的内容。

透视本案，我们可以总结，现实中存在很多重复的政府信息公开申请，即一些申请人反复以同样理由申请关于房屋拆迁、土地征收、工程建设等问题的政府信息公开申请，但其实他们所申请的政府信息的确已经公开，申请人也已经获知，其主要想借用信息公开的手段来处理其真正关注的实体问题，这其实已经偏离了信息公开的本来目的，造成资源的浪费。解决此类问题，一方面应坚持法律的相关规定，要严格依法处理；另一方面，应丰富社会矛盾的纠纷解决机制，妥善解决公民的相关实体问题，减少信息公开的压力。

案例 4‑22　王红玉诉遵化市人民政府信息公开案

一、基本案情

王红玉以邮寄方式向遵化市人民政府邮寄了政府信息公开申请表，申请其以书面方式公开遵化市人民政府沙河治理工程项目临时占用遵化市侯家寨乡北小厂村五道沟土地的临时占地审批手续、签订的临时占地合同和土地补偿费的补偿领取花名册、发放土地补偿费的相关凭证。遵化市人民政府收到该申请后，经过调查了解，于2015年6月12日作出信息公开告知书并于6月18日将该告知书邮寄送达王红玉。告知书载明王红玉所申请公开之信息已经在其所参加的诉讼活动中获取，故不再作出政府信息公开。王红玉认为遵化市人民政府未履行信息公开的法定职责，诉至法院。

二、诉讼过程

一审法院经过审理查明被申请机关作出公开答复超过法定期限并且没有提供合理理由，属程序违法；但是鉴于王红玉已经通过其他途径获得相关信息，依法被申请机关可以不予以公开，因此这并未对王红玉的权利造成实质损害，因此一审判决确认被申请机关公开行为违法。王红玉不服，提起上诉，二审法院确认一审法院对有关程序违法部分的判断，但是对于被申请机关所主张以王红玉已获得相关信息为由拒绝公开的审理，二审法院认为其依据不足，因此二审判决公开行为违法，判决撤销回复并限期重作。

三、关联法条

《中华人民共和国政府信息公开条例》

第二十四条　行政机关收到政府信息公开申请，能够当场答复的，应当当场予以答复。

行政机关不能当场答复的，应当自收到申请之日起15个工作日内予以答复；如需延长答复期限的，应当经政府信息公开工作机构负责人同意，并告知申请人，延长答复的期限最长不得超过15个工作日。

申请公开的政府信息涉及第三方权益的，行政机关征求第三方意见所需时间不计算在本条第二款规定的期限内。

四、争议问题

本案中的争议问题在于被申请机关所主张的申请人已经掌握相关信息为由拒绝公开是否合法？

五、简要评论

在本案中，遵化市人民政府在政府信息公开告知书中称王红玉所申请公开的内容，已在其行政诉讼过程中知悉，(2013)唐行初字第16号行政判决、(2014)唐行初字第56号行政裁定、(2014)冀行终字第137号行政裁定已有结论性记载，遵化市人民政府对此进行了确认。但上述三份裁判文书记载的信息与王红玉申请公开的政府信息不能对应，遵化市人民政府提交的证据不能够证实王红玉在行政诉讼过程中知悉了其所申请公开的政府信息，其作出该政府信息公开告知书证据不足。因此二审法院撤销一审判决并确认被申请机关所作公开回复违法并要求限期重作。

本案中争议问题的核心在于申请人如果已经具有相关信息，再次向行政机关申请公开相应政府信息的情况下，应该如何答复的问题。《政府信息公开条例》对其并没有明确的规定，但是有一个可以确定的是对于同一申请人向同一行政机关就同一内容反复提出公开申请的，行政机关可以不重复答复。在审判实践中，申请人向同一行政机关就同一内容重复提出公开申请的情况相对较少。但存在申请人在已经知道相关政府信息的情况下依然申请政府信息公开，并以不服政府信息公开行为为由提起行政诉讼的情形。其目的是希望法院通过政府信息公开案件的审理，解决其与被告的其他行政争议。

从审判实践看，对此类案件的审理要注意以下几个问题：

（1）申请人在申请前或申请期间已经知悉政府信息，被申请人可以据此拒绝公开相关政府信息。当事人提起政府信息公开申请，是为了获取相关信息。判断行政机关是否依法履行了政府信息公开职责，其标准主要是行政机关是否依法全面、准确、及时地公开了相关政府信息。从这个意义上讲，获取政府信息属于实体性权益，而非程序性权益。由于相同的政府信息不具有累加性，当事人申请行政机关公开其已经知悉的政府信息，除了无谓地耗费行政资源外，没有任何积极意义。在对接受申请所耗费的行政资源和单纯的不具有任何实体权益价值的程序性权利进行权衡后，我们认为没有必要为了这些所谓的程序权益而重复耗费行政资源。因此，如果申请人在申请前或者在申请过程中已经获悉相关信息，行政机关完全可以以此为由，拒绝其申请。

（2）只有在申请人已经完整、准确地获知相关政府信息的情况下，行政机关才能够拒绝其申请。如果申请人从其他渠道所知悉的政府信息不完整、不准确，申请公开政府信息对其而言仍然具有积极意义。因此，法院对此类案件的审查，依然要对申请人是否已经完整、准确地获知相关政府信息进行审查。在本案中，被告已经在诉讼过程中全面、准确地公开了相关政府信息，原告在获悉这些信息后再次提出政府信息公开申请，被告据此驳回其申请并无不当。

案例 4‑23　钱海军诉南通市人民政府信息公开案

一、基本案情

2014 年 8 月 7 日，钱海军不服南通市住房保障和房产管理局作出的《关于钱海军申请对违法拆迁监督查处的调查处理意见》以及《政府信息公开答复书》，向南通市人民政府(以下简称"南通市政府")申请行政复议。南通市政府分别于 2014 年 9 月 23 日和 9 月 30 日作出通政复决〔2014〕184 号、179 号行政复议决定书，维持了被申请人对钱海军作出的答复。2014 年 10 月 8 日，钱海军通过邮寄方式向南通市政府递交《政府信息公开申请书》，要求书面复印通政复决〔2014〕179 号、184 号行政复议决定书的承办人，审核、批准人员名单及被申请人提供的所有资料。2014 年 10 月 17 日，南通市政府作出《南通市人民政府信息公开申请答复书》(〔2014〕通依复第 141 号)(以下简称《141 号答复书》)并向钱海军邮寄送达，钱海军于 10 月 21 日收到上述答复书。钱海军不服《141 号答复书》，向江苏省人民政府申请行政复议，江苏省人民政府于 2014 年 12 月 10 作出〔2014〕苏行复第 187 号行政复议决定书，维持了《141 号答复书》。钱海军不服，依法起诉至法院。

二、诉讼过程

一审法院经审理查明钱海军所申请公开的信息为政府在相应工作中的内部信息，因此南通市政府所作出的该信息为内部信息不予公开的理由正确，判决驳回钱海军诉讼请求。钱海军不服，提起上诉。二审法院审理后判决驳回上诉，维持原判。

三、关联法条

《中华人民共和国政府信息公开》

第二十四条　行政机关收到政府信息公开申请，能够当场答复的，应当当场予以答复。

行政机关不能当场答复的，应当自收到申请之日起 15 个工作日内予以答复；如需延长答复期限的，应当经政府信息公开工作机构负责人同意，并告知申请人，延长答复的期限最长不得超过 15 个工作日。

申请公开的政府信息涉及第三方权益的，行政机关征求第三方意见所需时间不计算在本条第二款规定的期限内。

《国务院办公厅关于做好政府信息依申请公开工作的意见》(国办〔2010〕5 号)

第二条　准确把握政府信息的适用范畴

《条例》所称政府信息，是指行政机关在履行职责过程中制作或者获取的，以一定形式记录、保存的信息。

行政机关向申请人提供的政府信息,应当是正式、准确、完整的,申请人可以在生产、生活和科研中正式使用,也可以在诉讼或行政程序中作为书证使用。因此,行政机关在日常工作中制作或者获取的内部管理信息以及处于讨论、研究或者审查中的过程性信息,一般不属于《条例》所指应公开的政府信息。

行政机关向申请人提供的政府信息,应当是现有的,一般不需要行政机关汇总、加工或重新制作(作区分处理的除外)。依据《条例》精神,行政机关一般不承担为申请人汇总、加工或重新制作政府信息,以及向其他行政机关和公民、法人或者其他组织搜集信息的义务。

《最高人民法院关于审理政府信息公开行政案件若干问题的规定》

第二条 公民、法人或者其他组织对下列行为不服提起行政诉讼的,人民法院不予受理:

(一) 因申请内容不明确,行政机关要求申请人作出更改、补充且对申请人权利义务不产生实际影响的告知行为;

(二) 要求行政机关提供政府公报、报纸、杂志、书籍等公开出版物,行政机关予以拒绝的;

(三) 要求行政机关为其制作、搜集政府信息,或者对若干政府信息进行汇总、分析、加工,行政机关予以拒绝的;

(四) 行政程序中的当事人、利害关系人以政府信息公开名义申请查阅案卷材料,行政机关告知其应当按照相关法律、法规的规定办理的。

四、争议问题

本案中争议问题的焦点在于:被申请机关以相应信息为政府工作内部信息为由拒绝公开是否合法?

五、简要评论

就本案具体情况而言,首先要对钱海军所提出的政府信息公开申请中请求公开的信息进行定性。根据《政府信息公开条例》第二条的规定,政府信息是指行政机关在履行职责过程中制作或者获取的,以一定形式记录、保存的信息。《国务院办公厅关于做好政府信息依申请公开工作的意见》第二条规定,行政机关在日常工作中制作或者获取的内部管理信息以及处于讨论、研究或者审查中的过程性信息,一般不属于《政府信息公开条例》所指应公开的政府信息。《最高人民法院关于审理政府信息公开行政案件若干问题的规定》第二条第(四)项规定,行政程序中的当事人、利害关系人以政府信息公开名义申请查阅案卷材料,行政机关告知其应当按照相关法律、法规的规定办理的,公民、法人或者其他组织对此行为不服提起行政诉讼的,人民法院不予受理。本案中,上诉人钱海军称其作为通政复决〔2014〕179号、184号行政复议案件的申请人,为"诉讼维权"的需要,要求公开"通政复决〔2014〕179号、184号行政复议决定书的承办人,审核、批准人员名单及被申请人提供的所有资料"。但钱海军申请公开的"通政复决〔2014〕179号、184号行政复议决定书的承办人,审核、批准人员名单"系行政复议机关在履行行政复议法定职责过程中的内部信息,因此不属于《政府信息公开条例》所指应予公开的政府信息。《国务院办公厅关于做好政府信息依申请公开工作的意见》第二条规定,行政机关在日常工作中制作或者获取的内部管理信息以及处于讨论、研究或者审查中的过程性信息,一般不属于《政府信息公开条例》所指应公开的信息。内部审批、内部讨论的东西,从发展的趋势看,应当公开。但这需要一个过程。从现行的情况看,如果简单地要求都公开,确实可能会引发许多不必要的纠纷。因此,在目前的情况下,对内部信息、过程信息是否应当公开,需要具体情况具体分析。如果这些是法定的必经程序,如需要负责人审批才能立案查处,需要集体研究才能定案,这些内部审批、内部讨论的信息就应当公开。但是,由于集体研究、内部审批属于程序性事项,对这些信息公开的范围,一般也应当限于对程序信息的公开。也就是说,用以证明已经经过内部审批、经过集体研究的程序信息应当公开。而内部研究的具体内容,会议的记录等则不属于公开的范围。所以,本案中钱海军所提出的诉讼请求被驳回具有相应的法律依据。

对于钱海军所提出的诉讼请求而言,对于"被申请人提供的所有资料"部分,属于其可依据行政复议程序中的当事人身份提请查阅的资料,故其提出的上述请求属于行使案件卷宗查阅权,其应通过《中华人民共和国行政复议法》等法律、法规规定的途径获取其所需信息。

案例4-24 彭明全诉内江市住房和城乡建设局政府信息公开案

一、基本案情

彭明全于2016年5月8日向内江市住房和城乡建设局(以下简称"内江市住建局")邮寄政府信息公开申请表一份。该申请表载明:"所需的政府信息:请贵局公开其2014年12月3日作出的《关于彭明全信访事项的复核意见》中举证主要文件依据(隆昌县建委〔1997〕第05号房屋拆迁许可证前置颁发依据,'一书两证、计委的基本建设立项批文及拆迁安置方案批文等')文件内容的政府信息公开。所需政府信息的用途:申请获取与自身利益相关的政府信息。政府信息的载体形式:纸质文本。"内江市住房和城乡建设局于同年5月10日收到申请后迟迟未向原告彭明全作出书面答复,彭明全遂提起诉讼。且根据庭审信息可知,被告未提供证据证明已告知彭明全找隆昌县住建局查询相关资料及隆昌县住建局的联系方式。

二、诉讼过程

本案在审理过程,被申请机关以其并非申请人所申请信息的具体实施机关,不掌握相应信息无法公开,且同一案件已经另案起诉并已作出判决让隆昌县住建局作出答复,请求法院驳回起诉。法院审理认为内江市住建局未在规定期限内作出答复,因此判决内江市住建局违法,要求其限期内作出答复。

三、关联法条

《中华人民共和国政府信息公开条例》(1990 年施行,2014 年修正;新版于 2017 年修正)

第二十一条　对申请公开的政府信息,行政机关根据下列情况分别作出答复:

(一)属于公开范围的,应当告知申请人获取该政府信息的方式和途径;

(二)属于不予公开范围的,应当告知申请人并说明理由;

(三)依法不属于本行政机关公开或者该政府信息不存在的,应当告知申请人,对能够确定该政府信息的公开机关的,应当告知申请人该行政机关的名称、联系方式;

(四)申请内容不明确的,应当告知申请人作出更改、补充。

第二十四条　行政机关收到政府信息公开申请,能够当场答复的,应当当场予以答复。

行政机关不能当场答复的,应当自收到申请之日起 15 个工作日内予以答复;如需延长答复期限的,应当经政府信息公开工作机构负责人同意,并告知申请人,延长答复的期限最长不得超过 15 个工作日。

申请公开的政府信息涉及第三方权益的,行政机关征求第三方意见所需时间不计算在本条第二款规定的期限内。

四、争议问题

本案中主要争议问题是内江市住建局未在规定时间内作出信息公开答复是否合法,但是从裁判文书中可以发现另一问题,即申请人对有关政府信息公开主体产生疑问应当如何处理?

五、简要评论

本案中因为内江市住建局未按照法定期限作出政府信息公开答复,所以有关期限部分相对简单,但是对于有关政府信息公开主体疑问的处理问题较为复杂。

实践中,一些行政机关为了方便信息公开申请人及时获取政府信息,也为了分散政府信息公开的压力,通过规范性文件,将政府信息公开的职责委托给其下属单位,由其下属单位直接向申请人提供相关政府信息。一些申请人对此不服,提起了诉讼。对这类案件,其核心问题是政府信息公开的责任人问题。为此,我们应当从以下两个方面进行审查:

(1)谁是政府信息公开的责任人。需要对政府信息公开的责任人按照一定的标准进行区分。一是程序上的责任人。从程序上讲,接受政府信息公开申请的行政机关是当然的责任人,他有责任对申请人的申请进行回应。符合受理条件的,就依法受理,并依法处理;申请材料不完整、申请内容不清晰的,就通知申请人补正;不符合受理条件的,就予以驳回。以案例 4-6 为例,国土资源厅收到政府信息公开申请后,就是程序上的责任人,必须对申请人的申请作出回应。国土资源厅在程序上作出了回应,要求申请人对申请书中不清楚的事项予以澄清,这就履行了程序上的义务。如果不作回应,不管申请人的申请是否应当受理,被申请人都构成不履行法定职责。二是实体上的责任人。其判断标准是法律,谁具有公开相关政府信息的法定职责,谁就是实体意义上的责任人。根据谁制作谁公开的原则,只有在没有制作机关的情况下,保管机关才承担信息公开的职责。因此,本案中可以确定相应信息的公开主体应当为隆昌县住建局,但是内江市住建局未在规定期限内作出答复,依然构成违法。

(2) 政府信息公开事项是否可以委托。判断行政机关是否依法履行了政府信息公开法定职责,核心标准是是否通过适当的方式,依法全面、准确、及时地向申请人公开相关政府信息。即使委托其他机关公开相关政府信息,只要符合上述标准,就没有侵害到申请人的权益。尤其是委托申请人所在地的行政机关公开政府信息,不仅可以降低行政成本,也可以方便申请人。因此,具有公开相关政府信息法定职责的行政机关可以委托其他行政机关公开信息。当然,委托不能成为推卸责任的避风港。对委托行为应当从以下几个方面进行审查:一是是否存在委托关系。二是是否有助于申请人及时、便捷地获取政府信息。受申请机关应当及时将委托其他机关公开政府信息这一行为通知申请人,且不能因委托而给申请人增加额外负担。三是受委托机关是否有能力全面、准确地提供政府信息。如果受委托机关不具备全面、准确提供政府信息的能力,委托行为明显不当。最后,需要特别强调,委托不能改变政府信息公开的责任主体。申请人对政府信息公开行为不服,仍然应该以委托人为被告,提起诉讼。

案例 4-25 陈某某诉上海市某区住房保障和房屋管理局政府信息公开案

一、基本案情

申请人诉称其与家人一直居住在本市某路某号,该房屋于 2002 年被拆迁。申请人于 2011 年 5 月 30 日向被申请人申请公开内容为"某房地拆许字〔2001〕第 17 号房屋拆迁许可证及沪某房地拆延字〔2002〕第 2 号上海某项目建设拆迁安置用房证明(含购房合同、房地产证、调拨单)"的政府信息,申请人发现收到的被申请人公开的信息内容所提供的房源证明没有某路某弄某支弄的安置房屋,而且日期也不对。申请人认为被申请人提供的信息内容不真实,起诉至法院请求撤销被申请人所作某房管公开复〔2011〕第 161 号《政府信息公开答复书》的具体行政行为。

二、诉讼过程

法院审查认为被告在向原告作出信息公开答复时,公开的信息不完整、不准确,被告作出被诉政府信息公开决定认定事实不清,证据不足,其并未按照《政府信息公开条例》的规定,准确、完整履行其政府信息公开的职责,遂作出判决撤销被告上海市某区住房保障和房屋管理局于2011年6月13日作出的某房管公开复〔2011〕第161号《政府信息公开答复书》的具体行政行为;被告上海市某区住房保障和房屋管理局应对原告陈某某重新作出政府信息公开答复。该案一审判决作出后,双方均未上诉,一审判决为生效判决。

三、关联法条

《中华人民共和国行政诉讼法》(1990年施行;2014年修正;新版于2017年修正)

《中华人民共和国行政诉讼法》(1989年版)第五十四条第(二)项之规定,《中华人民共和国行政诉讼法》(2014修正)第七十条:行政行为有下列情形之一的,人民法院判决撤销或者部分撤销,并可以判决被告重新作出行政行为:

(一)主要证据不足的;

(二)适用法律、法规错误的;

(三)违反法定程序的;

(四)超越职权的;

(五)滥用职权的;

(六)明显不当的。

《中华人民共和国政府信息公开条例》

第四条 各级人民政府及县级以上人民政府部门应当建立健全本行政机关的政府信息公开工作制度,并指定机构(以下统称政府信息公开工作机构)负责本行政机关政府信息公开的日常工作。

政府信息公开工作机构的具体职责是:

(一)具体承办本行政机关的政府信息公开事宜;

(二)维护和更新本行政机关公开的政府信息;

(三)组织编制本行政机关的政府信息公开指南、政府信息公开目录和政府信息公开工作年度报告;

(四)对拟公开的政府信息进行保密审查;

(五)本行政机关规定的与政府信息公开有关的其他职责。

《上海市政府信息公开规定》(2008年施行;2010年修正)

第五条第二款第(二)项 政府信息公开工作机构的主要职责是:

(二)受理和处理向本机关提出的政府信息公开申请。

第十七条(国家档案馆和公共图书馆) 市和区(县)政府应当在市或者区(县)国家

档案馆和公共图书馆设置政府信息查阅场所,配备相应的设施、设备,为公民、法人或者其他组织获取政府信息提供便利。

行政机关应当将本机关的政府信息公开指南和目录以及属于主动公开范围的政府信息,自编制完成、形成或者更新、变更之日起20个工作日内,送交市或者区(县)国家档案馆、公共图书馆。

第十四条第(二)款　行政机关依职权从公民、法人或者其他组织获取的政府信息,由获取该政府信息的行政机关负责公开。

第二十一条第(一)项　公民、法人或者其他组织依照《政府信息公开条例》第十三条规定向行政机关申请公开政府信息的,应当提交载明下列内容的申请书:

(一)申请人的姓名或者名称、联系方式;

(二)明确的政府信息内容,包括能够据以指向特定政府信息的文件名称、文号或者其他特征描述;

(三)获取政府信息的方式及其载体形式。

第二十三条第(一)项　对公民、法人或者其他组织提出的政府信息公开申请,行政机关应当按照下列规定分别作出答复:

(一)属于公开范围的,应当告知申请人获取该政府信息的方式和途径。

第二十四条第二款　行政机关应当按照申请人要求的方式和载体形式提供政府信息;无法按照申请人的要求提供的,可以通过安排申请人查阅相关资料或者其他适当的方式和载体形式提供。

第二十六条第一款　行政机关收到政府信息公开申请,能够当场答复的,应当当场予以答复;不能当场答复的,应当自收到申请之日起15个工作日内予以答复。行政机关需延长答复期限的,应当经政府信息公开工作机构负责人同意,并告知申请人。延长答复的期限最长不得超过15个工作日。

四、争议问题

该案件主要的争议问题是针对原告所申请的政府信息,被告是否完整、正确地履行了公开义务,即被告公开的所申请政府信息是否完整和正确?

五、简要评论

我国制定《政府信息公开条例》的目的就是为了依法保障公民的知情权,不仅保障公民依法应获得、知晓相关政府信息的权利,更主要的是保障公民获取的政府信息是完整的、正确的、真实的,即政府信息公开不应该是形式意义上的公开,而应该是实实在在的真实反映和公开。本案中,原告的房屋被拆,原告因此向被告申请公开内容为"某房地拆许字〔2001〕第17号房屋拆迁许可证及沪某房地拆延字〔2002〕第2号上海某项目建设拆迁安置用房证明(含购房合同、房地产证、调拨单)"的政府信息,原告的申请符合政府信息公开申请的条件和程序。根据《政府信息公开条例》第二十一条第一项的规定,申请公开的政府信息,属于公开范围的,行政机关应当告知申请人获取该政府信息的方式和途径。即行政机关对于合法的政府信息公开申请,应当告知申请人该政府信息的内容,或者告知该政府信息的获取方式或途径。

但本案中,针对原告的信息公开申请,被告公开的政府信息并不完整。被告认为其已经向原告提供了原告所申请的"某房地拆许字〔2001〕第17号房屋拆迁许可证及沪某房地拆延字〔2002〕第2号上海某项目建设拆迁安置用房证明"在被告档案室所保存的全部房源信息,即将被告证据中23页房屋调用单等材料复印后提供给了原告,但其并未提供相关证据证明其向原告交付了全部23页材料。而原告提供的材料则证明被告并未提供完整的政府信息,原告提交的被告答复附件原件14页材料,侧面骑缝加盖了被告政府信息公开专用章,该骑缝章印迹完整,可以证明原告提出的其仅收到14页材料的诉讼意见。因此,可以认定被告向原告所公开的信息不完整、不准确,其没有完整地履行政府信息公开的义务。

此外,原告陈某某向被告提出信息公开申请时,明确提出其所申请公开的信息中含"购房合同、房地产证、调拨单",被告在向原告公开信息时,仅提供了相关房屋调用单,既未要求申请人对申请事项予以补正,又未在答复中告知申请人是否保存有购房合同、房地产证信息的情况,这也是其未尽到政府信息公开义务的表现。综上,原告申请政府信息公开合法有据,被告公开的政府信息不完整,其未尽到政府信息公开义务,须承担继续履行该政府信息公开的责任。

当前,我国很多地方政府在公布政府信息时,往往公布的信息不全或有选择性地公布相关政府信息,即公布的政府信息不完整、不正确,这种现象的背后往往是政府相关行政行为及相关程序不合法、不合理等问题。政府信息公开的目的就是希冀以公开政府信息,让政府行为受到公众的监督,以此来规范政府权力的行使,最终保障公民的利益,因此,对于此类问题一定要坚持依法裁决。在全面推进依法治国的背景下,地方政府应全面、及时、主动公开相关政府信息,以信息公开促进依法行政水平的提升,此举才是政府的应有之举。

案例4-26 华允鉴诉苏州市规划局政府信息公开案

一、基本案情

原告华允鉴以其所有的人民路×号房屋所在地块正处于被征收过程中,对申请人的生产、生活有重大影响为由,于2014年5月6日向苏州市规划局提出政府信息公开申请,请求公开苏州市轨道交通4号线(城区段)观前街站的:(1)项目规划意见及附属规划红线图(按1∶1复印加盖印章);(2)苏州市轨道交通集团有限公司申请材料;(3)建设用地规划许可证及附属核准用地红线图(按1∶1复印后加盖公章);(4)规划方案技术审查意见书及附件附图。

苏州市规划局分别于2014年7月7日、7月18日对华允鉴的政府信息公开申请作出答复：(1)向华允鉴公开了建设用地规划许可证及附图；(2)告知华允鉴其所申请的建设工程规划许可证及附图不存在；(3)规划方案与技术审查意见书及附图（苏规〔2014〕建审字第001号）不予公开。华允鉴对苏州市规划局的答复不服，向苏州市姑苏区人民法院提起行政诉讼。

二、诉讼过程

一审法院经审理认为苏州市规划局所作公开行为违法，判决撤销苏州市规划局于2014年7月7日对华允鉴所作《政府信息公开答复意见》第四项中"关于规划方案技术审查意见书"的答复意见及2014年7月18日对华允鉴所作《政府信息公开答复意见》第五项"关于苏州市轨道交通集团有限公司申请项目规划意见所提交申请材料"的答复意见；苏州市规划局应对华允鉴的上述两项政府信息公开申请重新作出答复。华允鉴不服，提起上诉。二审法院审理后判决驳回上诉，维持原判。

三、关联法条

《中华人民共和国政府信息公开条例》

第二条　本条例所称政府信息，是指行政机关在履行职责过程中制作或者获取的，以一定形式记录、保存的信息。

《最高人民法院关于审理政府信息公开行政案件若干问题的规定》

第十二条第（一）项、第（六）项、第（八）项　有下列情形之一，被告已经履行法定告知或者说明理由义务的，人民法院应当判决驳回原告的诉讼请求：

（一）不属于政府信息、政府信息不存在、依法属于不予公开范围或者依法不属于被告公开的；

（六）不能合理说明申请获取政府信息系根据自身生产、生活、科研等特殊需要，且被告据此不予提供的；

（八）其他应当判决驳回诉讼请求的情形。

《中华人民共和国行政诉讼法》（1990年施行，2014年修正；新版于2017年修正）

第六十九条　行政行为证据确凿，适用法律、法规正确，符合法定程序的，或者原告申请被告履行法定职责或者给付义务理由不成立的，人民法院判决驳回原告的诉讼请求。

四、争议问题

本案诉讼过程主要的争议焦点是苏州市规划局作出的关于规划方案技术审查意见书"苏规〔2014〕建审字第001号"不予公开的决定是否正确，政府是否已经完整履行了公开义务?

五、简要评论

本案经历了信息公开申请与诉讼两个阶段,且针对政府两个阶段的政府信息公开行为(第一次为依原告申请而答复公开的行为,第二次为政府按照法院的判决重新进行的政府信息公开行为),原告都认为信息公开不完整、不正确,进而都提起了行政诉讼,诉讼过程较为复杂。本案当中,被告苏州市规划局针对原告的信息公开申请答复并不符合规定,按照法院的裁判意见即苏州市姑苏区人民法院作出(2014)姑苏行初字第00121号行政判决,判决主文第二项明确:撤销苏州市规划局于2014年7月7日对华允鉴所作《政府信息公开答复意见》第四项中"关于规划方案技术审查意见书"的答复意见及2014年7月18日对华允鉴所作《政府信息公开答复意见》第五项"关于苏州市轨道交通集团有限公司申请项目规划意见所提交申请材料"的答复意见,责令苏州市规划局就上述两项申请重新答复,从案例可以推断,苏州市规划局第一次的信息公开申请答复并不完整,确实需要补正。

苏州市规划局随后按照该判决重新进行了答复,主要内容是:(1)关于苏州市轨道交通集团有限公司申请项目规划意见所提交的申请材料(以下简称"轨交公司申请材料")。根据《政府信息公开条例》相关规定,现提供建设项目报建申请表、情况说明、国家发改委"发改基础〔2012〕2412号"和江苏省发改委"苏发改设施发〔2012〕1407号"文件,所附规划红线图在前述事项中已提供。(2)关于规划方案技术审查意见书"苏规〔2014〕建审字第001号"(以下简称"规划方案技术审查意见书"),规划方案技术审查意见书不是办理征收决定的依据,与华允鉴所有的人民路×号房屋的征收事宜无关,因此该信息不予公开。同时根据相关规定,公开规划方案技术审查意见书的附件附图涉及危及国家安全、公共安全和社会稳定,故对华允鉴申请的规划方案技术审查意见书的附件附图不予公开。华允鉴不服,遂向一审人民法院提起行政诉讼。原告华允鉴主要认为该规划方案技术审查意见书以"三安全一稳定"为由不予公开,苏州市规划局并未尽到举证责任,遂对此提出了诉讼,并对一审法院的驳回诉讼请求判决提起了上诉。

因此,我们可以判断该案本质上是原告认为政府信息公开不完整,且原告认为被告对不予公开的理由证明不充分,被告以相关信息涉及"三安全一稳定"为由作出不予公开的决定。该案本质上涉及的是信息公开的范围的问题。首先,本案中,华允鉴申请公开"规划方案技术审查意见书",但该意见书与原告的申请无关,因原告房屋被征收是由于房屋征收决定而非规划方案技术审查意见书及附件附图,因此该信息与华允鉴生产、生活、科研需要无关,不属于公开的内容。其次,根据住房和城乡建设部办公厅(建办厅函〔2008〕618号)《关于城市基础设施专项控制性详细规划公开问题的复函》的意见:轨道交通等城市基础设施的专项控制性详细规划关系到国家的战略安全、城市的正常运转、社会的稳定有序和群众的正常生活,向社会公开会对国家的安全和利益带来威胁,也不利于反恐和防恐工作。因此,该信息确实涉及国家安全、公共安全和社会稳定,理应不予公开。总的来说,该案认定事实较为清楚,适用法律正确,并无不当之处。这里,需要说明的是,政府信息公开是有范围的,在公民的知情权与国家利益、公共安全产生冲突的时候,正确的衡量应是以国家和社会公众安全为重,因此涉及"三安全一稳定"的政府信息,理应不予公开。但我们同时也应不断地完善"三安全一稳定"的认定标准,以避免该条款成为政府不予公开相关政府信息的挡箭牌。

案例 4-27　王建芬诉无锡市规划局政府信息公开案

一、基本案情

2012年6月9日,原告王建芬向无锡市规划局申请政府信息公开,要求无锡市规划局以纸面形式提供"锡沪路(团结大道—锡张高速)城市化改造工程规划方案批前公示及该项目所需的建设用地规划许可证、规划定点图"的相关信息。无锡市规划局2012年6月25日收到申请,并于2012年6月27日作出锡规锡信公复〔2012〕第0003号政府信息公开答复书。王建芬不满无锡市规划局所做的答复,向法院提起诉讼。其认为无锡市规划局答复的信息内容、形式与其要求不符,其不具备上网条件,不便上网查询,无锡市规划局要求其从网上查阅的具体行政行为违反了《政府信息公开条例》第二十六条规定,且无锡市规划局不存在无法按照申请人要求的形式提供的问题。王建芬请求法院判令无锡市规划局以符合其要求的形式和内容公开涉案政府信息。

二、诉讼过程

王建芬不服无锡市规划局政府信息公开答复,于2014年8月1日向法院提起了诉讼。法院于同年9月24日进行了公开开庭审理,在查明事实的基础上最终判决驳回了王建芬的诉讼请求。

三、关联法条

《中华人民共和国政府信息公开条例》

第二十四条第二款　行政机关不能当场答复的,应当自收到申请之日起15个工作日内予以答复;如需延长答复期限的,应当经政府信息公开工作机构负责人同意,并告知申请人,延长答复的期限最长不得超过15个工作日。

第三十三条第二款　公民、法人或者其他组织认为行政机关在政府信息公开工作中的具体行政行为侵犯其合法权益的,可以依法申请行政复议或者提起行政诉讼。

《最高人民法院关于审理政府信息公开行政案件若干问题的规定》

第十二条　有下列情形之一,被告已经履行法定告知或者说明理由义务的,人民法院应当判决驳回原告的诉讼请求:

（一）不属于政府信息、政府信息不存在、依法属于不予公开范围或者依法不属于被告公开的；

（二）申请公开的政府信息已经向公众公开，被告已经告知申请人获取该政府信息的方式和途径的；

（三）起诉被告逾期不予答复，理由不成立的；

（四）以政府信息侵犯其商业秘密、个人隐私为由反对公开，理由不成立的；

（五）要求被告更正与其自身相关的政府信息记录，理由不成立的；

（六）不能合理说明申请获取政府信息系根据自身生产、生活、科研等特殊需要，且被告据此不予提供的；

（七）无法按照申请人要求的形式提供政府信息，且被告已通过安排申请人查阅相关资料、提供复制件或者其他适当形式提供的；

（八）其他应当判决驳回诉讼请求的情形。

四、争议问题

本案的争议问题有两个：一是无锡市规划局有没有履行其政府信息公开义务？二是无锡市规划局没有按照王建芬的要求所作的政府信息公开答复是否合法？

五、简要评论

本案案情相对简单，所涉及的两个争议焦点也容易厘清。关于第一个争议问题，无锡市规划局有没有履行其政府信息公开义务。本案被告无锡市规划局于2012年6月25日收到王建芬的申请，经审查相关政府信息，认为王建芬申请的"锡沪路（团结大道—锡张高速）城市化改造工程规划方案批前公示"的政府信息，属于主动公开的范围，且已在其政府网站公开；而"该项目所需的建设用地规划许可证、规划定点图"的政府信息不存在。同年6月27日，无锡市规划局以书面形式作出答复，对"锡沪路（团结大道—锡张高速）城市化改造工程规划方案批前公示"的政府信息，向王建芬告知了获取政府信息的方式和途径；对"该项目所需的建设用地规划许可证、规划定点图"的政府信息，因该信息不存在而告知了申请人王建芬。根据《政府信息公开条例》第二十一条第（一）项、第（三）项的规定，对申请公开的政府信息，行政机关应根据不同情况分别作出答复：属于公开范围的，应当告知申请人获取该政府信息的方式和途径；依法不属于本行政机关公开或者该政府信息不存在的，应当告知申请人，对能够确定该政府信息的公开机关的，应当告知申请人该行政机关的名称、联系方式。不难看出，本案中无锡市规划局所作的政府信息公开答复完全符合相关法律法规的规定，且程序合法。

至于本案的第二个争议焦点，无锡市规划局没有按照王建芬的要求进行公开，即无锡市规划局信息公开的方式不符合申请人王建芬的要求是否合法。根据《最高人民法院关于审理政府信息公开行政案件若干问题的规定》第一条第（二）项规定：公民、法人或者其他组织认为行政机关提供的政府信息不符合其在申请中要求的内容或者法律、法规规定的适当形式,依法提起行政诉讼的,人民法院应当受理。本案中,王建芬以自己不具备上网条件、不便上网查询为由,认为无锡市规划局未按其要求的内容和形式进行答复,答复方式不合理而起诉。然而仔细分析可知,无锡市规划局对王建芬要求公开的信息在政府网站上已有公开,属于政府主动公开的信息。王建芬自己虽不具备上网条件,不便上网,但完全可以借助外力实现其知情权。根据行政效率原则,行政机关可谓已经在最大范围限度内保护了公众的知情权。此外根据王建芬的申请,无锡市规划局也是作了书面答复并详细说明情况的,因而无锡市规划局已经履行了法定告知义务。王建芬要求法院判决无锡市规划局以符合其要求的形式和内容公开政府信息的理由显然是不能成立的。

本案给我们的启示还是很多的,在政府信息公开这方面,公众往往存在很多误解,特别是对公开的内容、方式等,所以我们的行政机关在条件允许的情况下还应该加强相关宣传、教育。这样也可以避免不必要的行政诉讼,节省司法资源。

案例 4-28 董春梅诉中华人民共和国住房和城乡建设部信息公开案

一、基本案情

原告董春梅于 2015 年 8 月 26 日向被告中华人民共和国住房和城乡建设部(以下简称"住建部")提出政府信息公开申请,申请公开"批准设立位于河北省邯郸市峰峰矿区太行西路响堂山文化风景名胜区的文件"。被告住建部于同月 28 日收到申请后,于 9 月 14 日按照董春梅预留的通信地址向其邮寄建公开补函〔2015〕684 号补充申请通知书,通知董春梅明确申请公开的具体信息内容(如信息名称、文号等),并提供所需信息与申请人自身生产、生活、科研等特殊需要相关的证明材料。后该补正通知书被邮局退回,退回批条上载明的退回理由为"家中长期无人"。住建部在收到退回的补正通知书后,未通过电话联系董春梅或采取其他方式向董春梅继续送达。原告董春梅遂于同年 9 月 26 日向被告申请行政复议,请求确认住建部未对其政府信息公开申请进行答复违法。住建部于同年 10 月 26 日作出复议决定,认为其不存在不履行法定职责的情形,并驳回了原告的复议申请。董春梅认为住建部不履行政府信息公开法定职责的行为违法,其作出的复议决定亦违法,故向北京市第一中级人民法院提起诉讼。

二、诉讼过程

一审法院经审理认为被申请机关所作答复行为满足期限的要求,判决驳回起诉,申请人不服提起上诉;二审判决认为被申请机关所作公开行为未以合理方式履行信息公开法定职责,判决被申请机关依法予以改正。

三、关联法条

《中华人民共和国政府信息公开条例》

第二十一条 对申请公开的政府信息,行政机关根据下列情况分别作出答复:

(一) 属于公开范围的,应当告知申请人获取该政府信息的方式和途径;

(二) 属于不予公开范围的,应当告知申请人并说明理由;

(三) 依法不属于本行政机关公开或者该政府信息不存在的,应当告知申请人,对能够确定该政府信息的公开机关的,应当告知申请人该行政机关的名称、联系方式;

(四) 申请内容不明确的,应当告知申请人作出更改、补充。

《最高人民法院关于适用〈中华人民共和国行政诉讼法〉若干问题的解释》(2015年,已废止)

第十条 人民法院对原行政行为作出判决的同时,应当对复议决定一并作出相应判决。

人民法院判决撤销原行政行为和复议决定的,可以判决作出原行政行为的行政机关重新作出行政行为。

人民法院判决作出原行政行为的行政机关履行法定职责或者给付义务的,应当同时判决撤销复议决定。

原行政行为合法、复议决定违反法定程序的,应当判决确认复议决定违法,同时判决驳回原告针对原行政行为的诉讼请求。

原行政行为被撤销、确认违法或者无效,给原告造成损失的,应当由作出原行政行为的行政机关承担赔偿责任;因复议程序违法给原告造成损失的,由复议机关承担赔偿责任。

四、争议问题

本案的最大争议焦点问题是被告住建部是否以合理的方式履行了其政府信息公开法定职责?

五、简要评论

本案的争议问题包括两层:(1) 住建部有没有履行其法定职责?(2) 方式合不合理?围绕这两个问题,我们可以先审查下住建部在接到原告的信息公开申请后做了些什么。原告董春梅于2015年8月26日向被告住建部提出政府信息公开申请,住建部于同月28日收到申请书,经审查后认为原告关于公开涉案信息的申请内容不明确,且缺乏证明原告对涉案信息的获取具有生产、生活、科研方面需要的证据,故于2015年9月14日按照原告预留地址向其邮寄了补正申请通知书。诉讼中被告住建部坚持认为对原告的政府信息公开申请依法进行了办理,不存在不作为的情形,且其在收到原告的复议申请后,亦履行了法定复议程序并在期限内作出了合法的被诉复议决定,请求法院驳回原告的诉讼请求。但是不能忽视的一个细节是,虽然住建部向原告邮寄了补正申请通知书,但后来该补正通知书又被邮局退回,退回理由为"家中长期无人"。此外,庭审中被告陈述其收到退回的涉案补正通知书后,未通过电话联系原告或采取其他方式向原告继续送达。而根据《政府信息公开条例》第二十一条第四款的规定"申请内容不明确的,应当告知申请人作出更改、补充"。本案中,住建部在收到退回的涉案补正申请通知书后,在可以通过其他途径告知原告的情况下并未继续通过其他方式向原告董春梅送达,显然履行职责不当。

综上分析,我们不难得出,本案中住建部没有通过合理方式履行其法定职责,因而法院最终判决住建部于法定期限内对原告董春梅申请公开的政府信息进行答复也就是合理的。

案例 4-29　深圳市凯铭电气照明有限公司诉广东省人民政府金融工作办公室政府信息公开案

一、基本案情

原告深圳市凯铭电气照明有限公司(以下简称"凯铭公司")于 2015 年 1 月 8 日向被告广东省人民政府金融工作办公室(以下简称"广东省金融办")申请更正政府信息,其认为被告作出的粤金担核〔2010〕50 号批复,即深圳市凯铭电气照明有限公司被广东省金融办批复成为杰某融资担保有限公司(以下简称"杰某公司")股东,出资额为 2 400 万元的批复有误,该申请人成为公司股东是杰某公司通过伪造申请人印章(有深圳市公安机关司法鉴定中心公(福)鉴(文检)字〔2014〕0189 号、0199 号鉴定文书、广州市公安局天河区分局以穗公天(南)受案字〔2014〕01756 号"涉嫌伪造公司印章罪"立案通知书证实)、以虚假资料在银行开立申请人账户,由他人转入 2 400 万元资金并划入同行杰某公司开立的"验资账户"的手段,将其列为公司股东,原告对此毫不知情,因此,其依据《政府信息公开条例》第二十五条第二款规定,要求广东省金融办就申请人"被成为"杰某公司股东予以更正。被告广东省金融办于 2015 年 1 月 20 日收到原告申请,经初步审查后于同年 2 月 6 日决定就原告申请更正涉案政府信息期限延长至 30 个工作日,于同年 3 月 3 日作出答复并于次日以邮寄方式送达书面答复函件。原告认为该特快专递于 2015 年 1 月 10 日已由被告签收,至原告起诉日已逾 15 个工作日,但仍未见被告答复,因此其向法院起诉,请求判决:(1)确认被告逾期不答复原告政府信息更正申请为不作为的违法行政行为;(2)判令被告履行政府信息更正义务,对原告申请更正之信息在 15 个工作日内予以更正。

二、诉讼过程

一审法院经审理认为被申请机关就申请人所提出的信息更正申请的处理时间是符

合法定期限要求的,因此一审判决驳回申请人的诉讼请求;申请人不服提起上诉,二审法院维持了一审判决。

三、关联法条

《中华人民共和国政府信息公开条例》

第二十四条 行政机关收到政府信息公开申请,能够当场答复的,应当当场予以答复。

行政机关不能当场答复的,应当自收到申请之日起15个工作日内予以答复;如需延长答复期限的,应当经政府信息公开工作机构负责人同意,并告知申请人,延长答复的期限最长不得超过15个工作日。

申请公开的政府信息涉及第三方权益的,行政机关征求第三方意见所需时间不计算在本条第二款规定的期限内。

第二十五条 公民、法人或者其他组织向行政机关申请提供与其自身相关的税费缴纳、社会保障、医疗卫生等政府信息的,应当出示有效身份证件或者证明文件。

公民、法人或者其他组织有证据证明行政机关提供的与其自身相关的政府信息记录不准确的,有权要求该行政机关予以更正。该行政机关无权更正的,应当转送有权更正的行政机关处理,并告知申请人。

《中华人民共和国行政诉讼法》(1990年施行,2014年修正;新版于2017年修正)

第六十九条 行政行为证据确凿,适用法律、法规正确,符合法定程序的,或者原告申请被告履行法定职责或者给付义务理由不成立的,人民法院判决驳回原告的诉讼请求。

四、争议问题

该案的争议主要有两点:其一,被告未在15日内进行信息公开申请答复的行为是否属于拖延履行政府信息公开义务?其二,针对原告的变更政府信息的申请,被告作出的不予变更政府信息决定是否正确?

五、简要评论

根据《政府信息公开条例》第二十四条第一款、第二款的规定:行政机关收到政府信息公开申请,能够当场答复的,应当当场予以答复。行政机关不能当场答复的,应当自收到申请之日起15个工作日内予以答复;如需延长答复期限的,应当经政府信息公开工作机构负责人同意,并告知申请人,延长答复的期限最长不得超过15个工作日。本案中,被告广东省人民政府金融工作办公室经审查认为,原告申请事项案情复杂,答辩人查阅杰某公司自纳入监管以来的全部审批资料及核实杰某公司增资时的相关情况需一定时间。因此,被告广东省金融办于2015年2月6日决定就该政府信息更正申请的处理期限延长至30个工作日。2015年3月3日,被告就政府信息更正申请事宜以传真方式向原告作出答复,并于2015年3月4日再以邮寄形式送达书面答复函件。从被告2015年1月20日收悉原告提交的政府信息更正申请的次日至被告作出答复之日,其间包含春节假期5天,应为25日,不超期,因此,应当确认被告未逾期答复。

再者,根据我国《政府信息公开条例》第二十五条第二款的规定:公民、法人或者其他组织有证据证明行政机关提供的与其自身相关的政府信息记录不准确的,有权要求该行政机关予以更正。该行政机关无权更正的,应当转送有权更正的行政机关处理,并告知申请人。因此,该案中,原告认为其被被告批复成为杰某融资担保有限公司股东的这一政府信息不准确,这符合该条的规定,可以向被告进行政府信息更正申请。但就该更正信息申请中所涉及的杰某融资担保有限公司,被告广东省人民政府金融工作办公室已于2014年8月20日撤销杰某融资担保有限公司的经营许可,注销其融资性担保机构经营许可证,并在省金融办政务网上公告。因此,目前来说,杰某融资担保有限公司已不属融资性担保公司,不属广东省人民政府金融工作办公室的监管对象。因公司因虚假材料取得的股东登记事项需要更正撤销的,属于工商行政管理部门依据《中华人民共和国公司登记管理条例》的规定行使的职权,被告并没有更正公司股东登记信息的职责。被告依据上述事实对原告的申请进行了答复,并告知其可向工商登记管理部门申请撤销该公司的公司登记或吊销营业执照,并同时告知了原告该办公场所、时间、地点等相关信息。因此,原告认为被告未履行更正义务于法无据,因被告不具有监管权限而无法进行处理,且被告已经告知原告处理方法,所以被告已经依法履行了信息公开的答复义务。原告起诉被告未履行政府信息公开的义务的诉讼请求无法律依据,不应支持。

政府信息公开应当遵循平等、便民、及时、准确的原则。因此,对于错误的政府信息,允许当事人申请更正请求是许多国家政府信息公开法治的组成内容。在当前,我国政府信息公开的水平还不够高,且在我国经济社会高速发展的情况下,信息更新变化速度较快,信息错误也较多,因此建立错误政府信息更正申请制度具有重要的意义。

案例4-30 胡亚芬诉宁波市镇海区征地拆迁管理所、宁波市镇海区人民政府政府信息公开案

一、基本案情

原告于2015年8月15日向被告宁波市镇海区征地拆迁管理所要求对其父亲胡元根及其兄弟胡昌兆、胡昌林在2008年度房屋拆迁安置存档资料予以纠正,并提供了相关证据。被告宁波市镇海区征地拆迁管理所于2015年9月2日作出答复,不予纠正。原告不服,于2015年10月6日向被告宁波市镇海区人民政府申请行政复议,要求被告宁波市镇海区征地拆迁管理所履行对相关存档资料予以纠正的法定职责。被告宁波市镇海区人民政府根据相关规定,于2015年11月25日14时召开听证会,并于12月1日作

出镇政复决字〔2015〕9号行政复议决定,认为其已向原告说明拒绝更正其申请的理由,决定驳回其行政复议申请。另外,原告于2015年4月就涉案房屋拆迁相关事项向宁波市中级人民法院提起诉讼,一审判决(2015)甬镇行初字第12号及(2015)甬镇行初字第13号行政判决书均写明公开的政府信息是否准确,不属于案件的审查范围,原告根据上述判决,故申请更正政府信息记录。2015年12月,原告就涉案房屋拆迁相关事项向宁波市中级人民法院提出诉讼。

二、诉讼过程

一审过程中,被告辩称原告未提供事实依据并且已经就自己的拒绝行为说明了理由,原告要求更正信息的请求也已由生效法律文书查明并认定;一审法院审理后支持了被告的主张,驳回原告的诉讼请求。原告不服提起上诉,二审法院判决驳回上诉,维持原判。

三、关联法条

《中华人民共和国政府信息公开条例》

第二十五条第二款　公民、法人或者其他组织有证据证明行政机关提供的与其自身相关的政府信息记录不准确的,有权要求该行政机关予以更正。该行政机关无权更正的,应当转送有权更正的行政机关处理,并告知申请人。

《中华人民共和国行政诉讼法》(1990年施行,2014年修正;新版于2017年修正)

第六十九条　行政行为证据确凿,适用法律、法规正确,符合法定程序的,或者原告申请被告履行法定职责或者给付义务理由不成立的,人民法院判决驳回原告的诉讼请求。

《中华人民共和国行政复议法实施条例》

第四十八条第(一)项　有下列情形之一的,行政复议机关应当决定驳回行政复议申请:

(一)申请人认为行政机关不履行法定职责申请行政复议,行政复议机关受理后发现该行政机关没有相应法定职责或者在受理前已经履行法定职责的。

四、争议问题

本案的争议问题有两点:(1)申请人所申请的存档资料信息是否准确,是否需要纠正?(2)被申请机关所作出的公开答复和行政复议答复是否合法合理?

五、简要评论

本案的争议问题,即被告宁波市镇海区征地拆迁管理所拒绝变更的信息供公开更正申请答复是否正确,以及被告宁波市镇海区人民政府作出的驳回行政复议裁定是否正确,而判断这两个问题正确与否的关键在于2008年度对原告父亲胡元根及兄弟胡昌兆、胡昌林房屋安置存档资料的信息是否准确。

根据案例中事实,原告所提供的证据主要是其申请更正政府信息的事实,以及被告宁波市镇海区征地拆迁管理所与宁波市镇海区人民政府答复的事实,而对于该案的关键问题即2008年度对原告父亲胡元根及兄弟胡昌兆、胡昌林房屋安置存档资料的信息错误并没有相关的证据证明。而2015年4月,原告就涉案房屋拆迁相关事项向宁波市中级人民法院提出诉讼,经审理后,查明涉案房屋拆迁信息已经包括原告在内的多位当事人确认并作为签订房屋拆迁安置协议的依据,且该房屋拆迁安置协议已经履行完毕。据此,宁波市中级人民法院作出(2015)浙甬行初字第86号行政判决书,原告不服提起上诉后,浙江省高级人民法院作出(2015)浙行终字第323号行政判决书,判决驳回上诉,维持原判。上述生效法律文书,均查明原告要求更正的信息是准确的。被告宁波市镇海区征地拆迁管理所据此作出了拒绝变更的答复。被告宁波市镇海区人民政府认为波市镇海区征地拆迁管理所的答复向原告胡亚芬说明了拒绝更正其申请的理由,即关于其父兄的住宅拆迁相关资料,九龙湖拆迁办已提供给原告,且提供的信息均准确,无需纠正。而且其作出的行政复议决定事实清楚,程序合法,适用法律正确。

根据法院的审查,原告胡亚芬父亲胡元根生前有位于宁波市镇海区九龙湖镇长石村黄杨桥里14号房屋。2008年6月13日,原告胡亚芬、案外人胡赛芬、胡小芬、胡四芬、胡昌贤、胡昌林与被告宁波市镇海区征地拆迁管理所就涉案房屋拆迁安置补偿事宜签订协议。原告胡亚芬因与被告宁波市镇海区征地拆迁管理所就涉案拆迁安置补偿协议纠纷诉至法院,经宁波市镇海区人民法院及宁波市中级人民法院审理后,认定拆迁安置补偿协议合法有效。原告因此进行了向被告宁波市镇海区征地拆迁管理所申请更正政府信息,随后向宁波市镇海区人民政府申请行政复议的上述行为。但根据原告被告双方提供的证据来看,原告所申请更正的政府信息并无不准确之处,因此,两个被告的答复行为与复议裁定行为也并无不当。

本案背后的原因是原告对其父亲及其兄弟房屋安置补偿面积合法性的质疑,安置房补偿面积对被征收人利益的影响甚重,理应妥善处理,这也反映了我国房屋拆迁和土地征收类信息公开申请一直是我国政府信息公开申请量最多的事实。

案例4-31 邓某某诉长沙市开福区人民政府信息公开案

一、基本案情

2013年5月10日,长沙市开福区人民政府(以下简称"开福区政府")对邓某某作出开政征补字(2013)第210号《房屋征收补偿决定》,该决定中被征收人基本情况资料包括原告的姓名、性别、民族、住址、身份证号码。随后,开福区政府将该决定在征收范围内进行了张贴。邓某某认为开福区政府以张贴方式公告补偿决定的行为,违法泄露了其居民身份信息,向法院提起行政诉讼。

二、诉讼过程

长沙市中级人民法院于 2013 年 10 月 9 日作出(2013)长中行初字第 00043 号行政裁定,驳回了邓某某的起诉。邓某某不服,向湖南省高级人民法院提出上诉。该法院于 2013 年 12 月 12 日作出(2013)湘高法行终字第 159 号行政裁定,指令长沙市中级人民法院继续审理本案。长沙市中级人民法院继续审理后,于 2014 年 8 月 25 日作出判决。后邓某某不服判决,提出上诉。二审法院认为上诉人的上诉理由部分成立。一审判决认定事实清楚,但适用法律错误,处理结果不当,依法应予纠正。判决撤销一审判决并确认被告公告原告身份证号码的行为违法,但是对原告的 1 万元精神损失补偿金的诉讼请求予以驳回。

三、关联法条

《中华人民共和国居民身份证法》

第十三条　公民从事有关活动,需要证明身份的,有权使用居民身份证证明身份,有关单位及其工作人员不得拒绝。

有关单位及其工作人员对履行职责或者提供服务过程中获得的居民身份证记载的公民个人信息,应当予以保密。

《中华人民共和国国家赔偿法》

第三十五条　有本法第三条或者第十七条规定情形之一,致人精神损害的,应当在侵权行为影响的范围内,为受害人消除影响,恢复名誉,赔礼道歉;造成严重后果的,应当支付相应的精神损害抚慰金。

《中华人民共和国政府信息公开条例》

第十四条　行政机关应当建立健全政府信息发布保密审查机制,明确审查的程序和责任。

行政机关在公开政府信息前,应当依照《中华人民共和国保守国家秘密法》以及其他法律、法规和国家有关规定对拟公开的政府信息进行审查。

行政机关对政府信息不能确定是否可以公开时,应当依照法律、法规和国家有关规定报有关主管部门或者同级保密工作部门确定。

行政机关不得公开涉及国家秘密、商业秘密、个人隐私的政府信息。但是,经权利人同意公开或者行政机关认为不公开可能对公共利益造成重大影响的涉及商业秘密、个人隐私的政府信息,可以予以公开。

第二十二条　申请公开的政府信息中含有不应当公开的内容,但是能够作区分处理的,行政机关应当向申请人提供可以公开的信息内容。

《最高人民法院关于审理行政赔偿案件若干问题的规定》

第三十三条　被告的具体行政行为违法但尚未对原告合法权益造成损害的,或者原告的请求没有事实根据或法律根据的,人民法院应当判决驳回原告的赔偿请求。

四、争议问题

本案中争议问题有二:一是开服区人民政府公开邓某某的个人信息是否违法?二是邓某某要求支付精神损害赔偿金1万元的诉讼请求是否于法有据?

五、简要评论

针对争议问题一,《政府信息公开条例》第九条、《国有土地上房屋征收与补偿条例》第二十六条、《长沙市国有土地上房屋征收与补偿实施办法》第四十三条规定,涉及公民、法人或者其他组织切身利益的政府信息,行政机关应当主动公开。房屋征收部门与被征收人在征收补偿方案确定的签约期限内达不成补偿协议,或者被征收房屋所有权人不明确的,由房屋征收部门报请作出房屋征收决定的市、县级人民政府依照本条例的规定,按照征收补偿方案作出补偿决定(补偿决定应当包括被征收房屋及权利人的基本情况、征收的依据和理由等内容),并在房屋征收范围内予以公告。本案中,开福区政府根据上述规定,将含有被征收房屋及权利人基本情况的《房屋征收补偿决定》在房屋征收范围内予以公告,是依法主动公开政府信息的行为。

但是,《政府信息公开条例》第十四条、第二十二条规定,行政机关在公开政府信息前,应当依照《中华人民共和国保守国家秘密法》以及其他法律、法规和国家有关规定对拟公开的政府信息进行审查。对依法公开的政府信息中含有不应当公开的内容,但是能够作区分处理的应当提供可以公开的信息内容。根据《中华人民共和国居民身份证法》第一条、第三条的规定,居民身份证,是为了证明居住在境内的公民的身份,保障公民的合法权益,便利公民进行社会活动,维护社会秩序,由公安机关统一制作、发放的证件。居民身份证登记的项目包括了居民身份号码,它是每个公民唯一的、终身不变的身份代码,属于公民个人的基本信息。而根据《中华人民共和国居民身份证法》第十三条、第十四条规定,有关单位及其工作人员对履行职责或者提供服务过程中获得的居民身份证记载的公民个人信息,应当予以保密。除法律、行政法规规定需要用居民身份证证明身份的情形外,公民可以拒绝公开其公民身份信息。包含被征收房屋权利人基本情况的《房屋征收补偿决定》依法应当在房屋征收范围内予以公告,但包含有居民身份号码的该公告不属于法律、行政法规规定的应当公开居民身份号码的情形。故被上诉人将被征收房屋权利人的全部居民身份号码公开,违反了法律规定对履行职责或者提供服务过程中获得居民身份证记载的公民个人信息应当予以保密的要求。

而且,通过判决书了解到,本案中上诉人在被上诉人开始公告《房屋征收补偿决定》时曾多次要求保护其个人隐私,去掉其身份证号码或者隐去身份证号码中的部分数字,但被上诉人在既不妨碍行政目的实现也无任何技术障碍的情况下未适当考虑上诉人的合理请求,不加区分地公开了上诉人全部的居民身份号码,违反了《政府信息公开条例》

中"能够作区分处理的应当区分"的规定,其行为明显不当。

针对争议问题二,关于上诉人在起诉时要求赔偿精神损失的请求,鉴于在一审期间被上诉人已经将公告清除,而上诉人未提交充分证据证明"公开全部的居民身份号码"造成了《中华人民共和国国家赔偿法》第三十五条规定的"严重后果",所以上诉人要求支付精神损害赔偿金1万元的诉讼请求不存在合法的依据,应当予以驳回。

案例4-32 陆红霞诉南通市发展和改革委员会政府信息公开案

一、基本案情

原告向被告南通市发展和改革委员会(以下简称"南通市发改委")申请公开"长平路西延绿化工程的立项批文",被告南通市发改委在法定时间内作出被诉答复并提供了通发改投资〔2010〕67号《市发改委关于长平路西延工程的批复》。原告认为自己申请公开的是"长平路西延绿化工程",而被告公开的却是"长平路西延工程",虽只有两字之差,但内容完全不同。请求依法撤销被告作出的通发改信复〔2013〕14号《政府信息公开申请答复书》并责令重新作出答复。

二、诉讼过程

一审法院审理过程中查明,原告陆红霞及其父陆富国、伯母张兰三人在2013年至2015年1月期间,以生活需要为名,分别向南通市人民政府、南通市城乡建设局、南通市发改委等多个政府部门累计共提起94次政府信息公开申请,请求公开包括政府财政预算、公车数量、牌照号码、拘留人数、出警人数、接警次数、土地使用信息、项目立项文件等在内的诸多广泛、庞杂的政府信息;且三人在收到《政府信息公开申请答复书》后,分别向省人民政府、省公安厅等部门累计提起39次行政复议;行政复议后又以形式不完整等为由提起行政诉讼累计36次。一审法院认为,原告等三人滥用获取政府信息权、滥用诉权,判决对其起诉不做实体审理,同时限制原告向法院提起类似行政诉讼时,需要依据《政府信息公开条例》严格审查,同时原告需要举证说明申请和诉讼的必要性,否则将承担不利后果。二审法院审理后判决驳回一审原告上诉,维持原裁定。

三、关联法条

《中华人民共和国政府信息公开条例》

第一条 为了保障公民、法人和其他组织依法获取政府信息,提高政府工作的透明度,促进依法行政,充分发挥政府信息对人民群众生产、生活和经济社会活动的服务作用,制定本条例。

第十三条 除本条例第九条、第十条、第十一条、第十二条规定的行政机关主动公开的政府信息外,公民、法人或者其他组织还可以根据自身生产、生活、科研等特殊需要,向国务院部门、地方各级人民政府及县级以上地方人民政府部门申请获取相关政府信息。

《中华人民共和国行政诉讼法》(1990年施行,2014年修正;新版于2017年修正)

第二条第一款 公民、法人或者其他组织认为行政机关和行政机关工作人员的行政行为侵犯其合法权益,有权依照本法向人民法院提起诉讼。

四、争议问题

本案中的争议焦点问题有两点:(1)原告陆红霞等人行为是否构成滥用获取政府信息权和滥用诉权?(2)法院是否有权限制原告陆红霞等人的诉权?

五、简要评论

针对第一个争议焦点,通过判决书中了解到:2012年年底上诉人陆红霞与港闸区政府产生拆迁争议,自2013年开始,陆红霞三人先后提起至少94次政府信息公开申请。其中,所提申请多有相同或类似,如重复申请市、区两级人民政府年度财政预算报告、二十余次申请城北大道相关审批手续等信息。申请公开的内容繁多、形式各异,如政府公车数量、牌照及品牌,接处警电话号码及监控录像,拘留所伙食标准等信息,且很多系以信息公开的名义进行咨询询问。陆红霞持续申请公开众多政府信息,借此表达自己不满情绪,通过重复、大量提起信息公开的方式给有关部门施压,从而达到实现拆迁补偿安置利益最大化目的。这种行为已经明显偏离了公民依法、理性、正当行使知情权和监督权的正常轨道,超过了正当行使知情权的合理限度,背离了政府信息公开制度的初衷与立法目的,属于滥用法律所赋予的获取政府信息权。

公民在行使权利的时候,不得损害国家的、社会的、集体的利益和其他公民的合法权利。一审原告陆红霞因其与政府的拆迁争议,在滥用获取政府信息权的基础上,多次提起行政复议,并多次提起轻率的、相同或类似的诉讼请求,甚至明知无正当理由而反复提起诉讼,严重浪费司法资源。第一,一审原告的起诉明显缺乏诉的利益。诉的利益是原告存在司法救济的客观需要,没有诉讼利益或仅仅是为了借助诉讼攻击对方当事人的不应受到保护。本案原告的起诉源于政府信息公开申请,作为一项服务于实体权利的程序性权利,由于对获取政府信息权利的滥用,原告在客观上并不具有此类诉讼所值得保护的合法的、现实的利益;第二,一审原告的起诉不具有正当性。修改前的《中华人民共和国行政诉讼法》(1989年版)第二条明确规定:"公民、法人或者其他组织认为行政机关和行政机关工作人员的具体行政行为侵犯其合法权益,有权依照本法向人民法院提起诉讼。"显然,行政诉讼是保护公民、法人和其他组织合法权益的制度,一审原告不断将诉讼作为向政府及其相关部门施加压力、谋求私利的手段,此种起诉已经背离了对受到侵害的合法权益进行救济的诉讼本旨;第三,一审原告起诉违背诚实信用原则。诚实信用原则要求当事人实施诉讼行为、行使诉讼权利必须遵守伦理道德,诚实守诺,并在不损害对方合法利益和公共利益的前提下维护自身利益。骚扰、泄愤、盲目、重复、琐碎性质的起诉显然不符合诚实信用原则的要求。原告本已滥用了政府信息公开申请权,所提起的数十起诉讼要么起诉理由高度雷同,要么是在已经获取、知悉所申请政府信息的情形下仍坚持提起诉讼,这种对诉讼权利任意行使的方式有违诚实信用原则。因此,认定一审原告繁复的诉讼行为为滥用诉权并无不妥。

保障当事人的诉权与制约恶意诉讼、无理缠诉均是审判权的应有之义。对于个别当事人反复多次提起轻率的、相同的或者类似的诉讼请求,或者明知无正当理由而反复提起的诉讼,人民法院对其起诉应严格依法审查。一审原告所提起的相关诉讼因明显缺乏诉的利益、目的不当、有悖诚信,违背了诉权行使的必要性,因而也就失去了权利行使的正当性,属于典型的滥用诉权行为。但是在现行法律规范尚未对滥用获取政府信息权、滥用诉权行为进行明确规制的情形下,因此并无直接的法律规定可作为限制原告陆红霞等人诉讼权利的依据。但是审查《政府信息公开条例》和《行政诉讼法》的立法精神,放任陆红霞等人滥用获取政府信息权和滥用诉权不仅不是对相应权利的保障,而是大规模浪费行政资源、司法资源,是对行政诉权的侵害。保障当事人的诉权与制约恶意诉讼、无理缠诉均是审判权的应有之义。因此,对于滥诉、缠诉行为应当通过相应的方式加以限制。限于我国目前立法尚存在不足,适用该限制应当相当谨慎并戒备,必须严格限缩适用范围,明定适用标准;同时限制范围亦应相当,以保障其权利。本案中,一审法院以原告陆红霞滥用获取政府信息权和滥用诉权为由,要求其提起类似诉讼时需要证明其存在必要性,符合立法精神,是妥当的。

但是,正是由于《政府信息公开条例》中缺乏相应的约束限制条款,导致类似行为的出现,也导致法院审理过程中的问题;本案中一审法院该行为毕竟是没有直接的法律规定作为支撑,运用立法精神作为审理依据将导致执法官自由裁量权过大的风险。要最终解决这一问题,最终还是需要在立法层面加以限制,从源头解决问题。

案例 4-33　徐永庆等诉天津市滨海新区人民政府大沽街道办事处政府信息公开案

一、基本案情

原告徐永庆、徐永发、任玉胜于 2014 年 8 月 13 日以邮政挂号信方式向被告天津市滨海新区人民政府大沽街道办事处邮寄政府信息公开申请表,申请公开"2010 年 9 月 10 日,天津市滨海新区人民政府大沽街道办事处、天津市塘沽区劳动和社会保障局、天津市塘沽区殡葬事业管理处、天津市塘沽区海洋局、天津市塘沽区水产局和天津市塘沽城建拆迁有限公司共同作出的《关于〈关于天津市驴驹河整体搬迁所发生的一系列补偿问题亟需解决,切实维护广大渔民合法权益的函〉的复函》(以下简称《复函》)"的政府信息。被告于 2014 年 8 月 14 日收到该申请表,后被告作出答复,告知三原告其不是组织起草该信息的行政机关。被告于 2014 年 9 月 4 日将该答复以某快递邮寄到付方式送达三原告。三原告于2014年9月5日收到并支付了快递费9元。三原告收到后申请行政复议，天津市滨海新区人民政府于2014年11月17日作出津滨政复决〔2014〕80号行政复议决定书，维持了被告作出的答复。三原告认为，被告作为《复函》的制作者，拒绝公开该政府信息，且在未办理收费许可证的情况下通过其他组织以有偿服务方式提供政府信息，违反了《政府信息公开条例》的规定，侵害了原告依法获得政府信息的合法权益，故诉至法院，请求撤销被告之前作出的答复，判令被告重新回复并补偿邮寄费用9元。

二、诉讼过程

一审法院经审理认为被告所作的政府信息公开答复不符合法律规定，判决撤销其对原告信息公开申请的答复并于15个工作日内重新作出答复，另判决被告于10个工作日内补偿原告9元邮寄费损失。

三、关联法条

《中华人民共和国政府信息公开条例》

第四条　各级人民政府及县级以上人民政府部门应当建立健全本行政机关的政府信息公开工作制度，并指定机构（以下统称政府信息公开工作机构）负责本行政机关政府信息公开的日常工作。

政府信息公开工作机构的具体职责是：

（一）具体承办本行政机关的政府信息公开事宜；

（二）维护和更新本行政机关公开的政府信息；

（三）组织编制本行政机关的政府信息公开指南、政府信息公开目录和政府信息公开工作年度报告；

（四）对拟公开的政府信息进行保密审查；

（五）本行政机关规定的与政府信息公开有关的其他职责。

第十七条　行政机关制作的政府信息，由制作该政府信息的行政机关负责公开；行政机关从公民、法人或者其他组织获取的政府信息，由保存该政府信息的行政机关负责公开。法律、法规对政府信息公开的权限另有规定的，从其规定。

四、争议问题

本案的争议问题有二：一是天津市滨海新区人民政府大沽街道办事处拒绝原告政府信息公开的申请是否于法有据？二是邮件以到付性质寄送是否违反法律法规？

五、简要评论

针对问题一，本案中天津市滨海新区人民政府大沽街道办事处拒绝原告政府信息公开的申请，其理由是"原告申请公开的信息是行政机关联合制发的需对外公布的政府信息,由组织起草该信息的行政机关负责公开。本行政机关不是组织起草该信息的行政机关"。但《政府信息公开条例》第十七条规定:"行政机关制作的政府信息,由制作该政府信息的行政机关负责公开;行政机关从公民、法人或者其他组织获取的政府信息,由保存该政府信息的行政机关负责公开。"所以根据上述规定,被告参与了该《复函》的研究修改完稿,其为该《复函》的联合制发单位,故被告应为该政府信息的公开义务机关。同时《政府信息公开条例》第二十一条第(三)项规定:"依法不属于本行政机关公开或者该政府信息不存在的,应当告知申请人,对能够确定该政府信息的公开机关的,应当告知申请人该行政机关的名称、联系方式",其中"不属本行政机关公开"是指申请人申请公开的政府信息既非该行政机关制作亦非该行政机关保存,而本案中的情况现实不属于此条所规定的情形,也即被告天津市滨海新区人民政府大沽街道办事处违反了法律规定的义务。此外通过阅读案卷发现,被告在庭审中主张其答复参照《天津市政府信息发布协调制度》第二条"行政机关联合制发的需对外公布的政府信息,由组织起草该信息的行政机关负责公开"的规定,所以按规定应该由起草该信息的行政机关负责公开而并非自己,但事实上,此规章是天津市人民政府为贯彻落实《政府信息公开条例》而制定的,并不与上位法冲突,且该条款仅适用于行政机关主动公开联合制发政府信息的情况,并不适用于本案中原告申请公开相关信息的情形。被告拒绝公开依法应当公开的政府信息并就此作出被诉《答复》,存在适用法律、法规错误的情形。

针对问题二,关于三原告主张被告在未办理收费许可证的情况下变相收取邮寄费的问题,笔者通过查询得知2014年9月19日,天津市滨海新区人民政府曾发布《天津市滨海新区人民政府关于停征部分行政事业性收费的通知》,该通知系出于惠民目的的授益性行政行为,不违反法律法规的禁止性规定,不损害国家利益、公共利益,因此天津市滨海新区人民政府的下级行政机关应当遵照执行。该通知虽然于2014年9月19日印发,但明确规定该通知适用于2014年9月1日起的部分行政事业性收费(含政府信息公开收费),应当认为该通知对2014年9月1日至2014年9月19日之间的部分行政事业性收费具有溯及力。虽然被告于2014年9月4日向三原告邮寄《答复》时,上述通知尚未发布,但在该通知发布后,由三原告承担邮寄费与惠民政策精神不符,本着有利于行政相对人的原则,对于三原告因此产生的9元邮寄费损失,被告应予补偿。

综上,被诉《答复》适用法律、法规错误,在天津市滨海新区人民政府惠民政策出台以后,被告让三原告承担政府信息公开邮寄费与惠民政策精神不符,对三原告因此产生的9元邮寄费损失应予补偿。